DOS
Version 5.0
Batch-Dateien

So geht's!
Lösungen für Anwender

Herausgegeben von
Rudi Kost
Josef Steiner
Robert Valentin

DOS
Version 5.0

Batch-Dateien

Markt & Technik Verlag

Die Deutsche Bibliothek - CIP-Einheitsaufnahme

DOS 5.0 : Batch-Dateien / hrsg. von Rudi Kost ...
- Haar bei München : Markt-und-Technik-Verl.,
1991
(So geht's)
ISBN 3-87791-121-8
NE: Kost Rudi [Hrsg.]

Die Informationen in diesem Produkt werden
ohne Rücksicht auf einen eventuellen Patent-
schutz veröffentlicht.
Warennamen werden ohne Gewährleistung der
freien Verwendbarkeit benutzt.
Bei der Zusammenstellung von Texten und
Abbildungen wurde mit größter Sorgfalt
vorgegangen.
Trotzdem können Fehler nicht vollständig
ausgeschlossen werden.
Verlag, Herausgeber und Autoren können für
fehlerhafte Angaben und deren Folgen weder eine
juristische Verantwortung noch irgendeine
Haftung übernehmen.
Für Verbesserungsvorschläge und Hinweise auf
Fehler sind Verlag und Herausgeber dankbar.

Alle Rechte vorbehalten, auch die der
fotomechanischen Wiedergabe und der
Speicherung in elektronischen Medien.
Die gewerbliche Nutzung der in diesem Produkt
gezeigten Modelle und Arbeiten ist nicht zulässig.

MS-DOS ist ein eingetragenes Warenzeichen der
Microsoft Corp., USA

15 14 13 12 11 10 9 8 7 6 5 4 3 2
94 93 92 91

ISBN 3-87791-121-8

© 1991 by Markt&Technik Verlag
Aktiengesellschaft, Hans-Pinsel-Straße 2,
D-8013 Haar bei München/Germany
Alle Rechte vorbehalten
Einbandgestaltung: Heinz H. Rauner, München
Typografisches Konzept: Rudolf Paulus Gorbach,
Buchendorf
Belichtung: CD Computer & Dokumentations
GmbH, Aalen
Druck: Triltsch, Würzburg
Printed in Germany

Es ist nicht genug zu wissen,
man muß auch anwenden;
es ist nicht genug zu wollen,
man muß auch tun.
(Goethe)

Vorwort 9

Einleitung 10

Noch nie was von Batch-Dateien gehört? Dann lassen Sie sich mal überraschen!

Was Batch-Dateien sind und wozu man sie braucht 17
Wozu man Batch-Dateien braucht 19
Was Batch-Dateien nun wirklich sind 21
Warum Batch-Dateien batchen 23
Wie man Batch-Dateien schreibt 25
Batch-Datei erstellen mit COPY CON 27
Den Batch-Dateien auf der Spur 29
Ein Platz für die Beispieldateien 31
Ein Pfad zu den Beispieldateien 33

Endlich bietet auch DOS einen brauchbaren Editor, mit allen Möglichkeiten, eine Batch-Datei zu erstellen oder zu überarbeiten.

DOS und sein Editor 35
Vorspiel: DOS und seine Muschel 37
Den Editor starten 39
Der Editor – ein Überblick 41
Dateien öffnen 43
Text bearbeiten 45
Suchen und ersetzen 49

Eine Batch-Datei, die nur aus DOS-Befehlen besteht, ist schon viel Wert. Zu einem leistungsfähigen Instrument werden Batch-Programme aber erst, wenn man auch die besonderen Batch-Befehle einsetzt.

Befehle in Batch-Dateien 51
Der Befehl ECHO 53
Leerzeilen oder nicht 57
Kommentare mit REM 59
Mach mal PAUSE – oder brich ganz ab 63
GOTO und der große Sprung 67
SHIFT und die Variablen 71
IF diktiert seine Bedingungen 75
IF prüft Zeichenfolgen 77
Eingaben überprüfen 79
IF prüft Dateien und Verzeichnisse 81
IF prüft den ERRORLEVEL 85
FOR macht eine Schleife 89
Seitensprünge mit CALL 93

Wir zeigen Ihnen, wie man eine Batch-Datei systematisch aufbaut und mehr und mehr verfeinert.

Von der Idee zum Programm 97
Der erste Entwurf 99
Wenn es etwas gar nicht gibt 101
Fehleingaben und Systemmeldungen abfangen 103
Benutzerführung 105
Meldungen optisch gestalten 107
Gut gesprungen ist halb gewonnen 109
Variante 1: Mehrere Verzeichnisse löschen 111
Variante 2: Die Dateien zuerst anschauen 113

Die Dateiverwaltung ist immer mit viel Tipparbeit verbunden. Batch-Dateien helfen.

Beispiele für die Dateiverwaltung 115
Mehrere Dateien nach Laufwerk A kopieren 117
Mehrere Dateien in ein anderes Verzeichnis kopieren 119
Dateien verschieben 121
Löschen – mal so und mal so 123
Noch einmal Löschen – aber jetzt mit Pfiff 125
Formatieren ohne Risiko 127
Ein Batch-Knigge für alle Fälle 129
Befehle, die man sich nie merken kann 131
Klein, aber fein 133

Auch die Computer-Arbeitsumgebung darf freundlich sein. Dann fällt das Arbeiten leichter und macht womöglich auch mehr Spaß.

Beispiele für die Arbeitsumgebung 135
Tasten neu belegen 137
Die Umgebung und ihre Variablen 139
In Farben schwelgen 141
Pfade durch den Daten-Dschungel 143
AUTOEXEC.BAT kann noch mehr 145
Startdateien für alle Gelegenheiten 147

Menüs sind die hohe Schule der Batch-Programmierung und haben trotz DOS-Shell noch ihren Sinn. Sie nehmen Tipparbeit fast vollständig ab.

Beispiele für die Menügestaltung 149
Menü mit einfacher Auswahl 151
Aufbau eines Menüs und Möglichkeiten der Abfrage 153
Der Ablauf von DOSMENUE.BAT 155
Ein Menü mit vielen Verzweigungen 157
Wie ein Programm das andere ruft 159
Ein Menü mit allem Drum und Dran 161
Mehrfache Abfragen für alle Eventualitäten 163

Mit Zusatzprogrammen kann man Batch-Dateien noch ausgefeilter gestalten

Erweiterte Batch-Befehle 165
Mängelbericht – und ein erster Ansatz zur Abhilfe 167
Verbesserte Möglichkeiten der Abfrage 169
Von diesem und jenem etwas 171
Farbenfroh und musikalisch 173
Wer die Wahl hat ... 175

Die wichtigsten Fachbegriffe 177

Stichwortverzeichnis 181

So geht's weiter 183

Vorwort

Noch eine Computerbuchreihe zu den vielen, die es schon gibt? Natürlich sind wir der Meinung, daß unsere Reihe »So geht's!« besser ist als alle anderen. Aber das denken schließlich alle Autoren mit Fug und Recht von sich.

Trotzdem: warum diese Reihe? Weil es zwar eine Riesenmenge von Computerbüchern gibt (auch von uns selbst), diese aber alle mehr oder weniger dem gleichen Schema folgen.

Damit waren wir nicht länger zufrieden. Also haben wir nachgedacht. Die Bücher, die wir uns vorstellten, müßten wie Kochbücher sein; die Anleitungen so übersichtlich und verständlich wie gute Rezepte; und vielleicht auch so viel Genuß bereiten.

Die Bücher, wie wir sie uns ausmalten, sollten den Leser nicht mit Informationen überfluten. Sie müßten ihm nicht Arbeit aufbürden, sondern ihn zielgerichtet führen. Man nehme dies, verrühre es mit jenem, lasse leise simmern, und fertig ist die Zubereitung.

So ist die Reihe »So geht's!« entstanden. Und wir haben viele Mitstreiter gefunden, die uns bei diesem Konzept unterstützt haben.

Weil wir aber Bücher für Leser machen und weil wir immer bessere Bücher machen wollen, Bücher, mit denen die Leser auch zufrieden sind: Schreiben Sie, was Ihnen nicht gefällt, was Sie sich anders vorstellen können - wo noch die Würze fehlt.

Hoffentlich schmeckt es trotzdem.

Rudi Kost
Josef Steiner
Robert Valentin

Josef Steiner

ist unser Techniker, rastlos auf der Suche nach genau den praktischen Lösungen, über die er jetzt mit uns schreibt: ein schwäbischer Tüftler.

(Wir nennen ihn trotzdem gut bairisch »Sepp«.) Schon lange vor der PC-Ära war er Vorstand für den Bereich Entwicklung in einem deutschen Software-Unternehmen. Und fast genauso lange gehört er zur schreibenden Gilde mit mittlerweile einer stattlichen Reihe erfolgreicher Bücher. Er ist einer der Väter der »Schnell-Übersichten«.

Robert Valentin

ist der jüngste im Team, hat vor seinem Einstieg in die Computerbranche Betriebswirtschaft studiert und ist trotzdem immer fröhlich.

Naja, als Münchner ...
Mit Computern und ihrer Anwendung beschäftigt er sich schon über ein Jahrzehnt. Als Dozent für EDV-Schulungen weiß er, wo die Anwender der Schuh drückt; und das hat seinen Niederschlag gefunden in einer Vielzahl von Büchern, deren Sachkenntnis außer Zweifel steht. Nicht umsonst ist er auch Mitherausgeber der »Schnell-Übersichten«.

Rudi Kost

ist unser alter Hase von der Zeitung. Er war lange Jahre Redakteur und Ressortleiter bei Tageszeitungen und hat sich dort meistens mit Kultur beschäftigt. Viele kennen ihn - auch aus seinen Rundfunk-

sendungen – als Film- und Theaterkritiker und als Krimi-Spezialisten. Mit schwäbischer Dickköpfigkeit und journalistischer Skepsis widmet er sich der Computer-Kultur, seit ihn sein erster PC fast verzweifeln ließ.

Einleitung

Diesem Buchkonzept liegen eine Reihe von Besonderheiten zugrunde, die Ihnen sofort auffallen werden, so zum Beispiel die durchgehende graphische Gestaltung.

Wenn Sie die folgenden Abschnitte aufmerksam durchgelesen haben, werden Sie bestens gerüstet sein, um mit Hilfe dieses Buches Batch-Dateien erstellen zu können, die Ihnen Ihre Arbeit beträchtlich erleichtern werden.

Welche Vorkenntnisse sollten Sie haben?

Über Batch-Dateien selbst gar keine, denn gerade für den sprichwörtlichen »blutigen Anfänger« wurde dieses Buch geschrieben. Was nicht heißt, daß nicht auch der Benutzer mit einigen Vorkenntnissen Nutzen daraus ziehen könnte. Er erfährt sicherlich Techniken und Tricks, wie er seine eigenen Batch-Dateien noch besser machen kann.

Da wir Ihnen in diesem Band aber möglichst viel über Batch-Dateien beibringen möchten, würde eine grundsätzliche Einführung in die Handhabung von Computern, und speziell in die Bedienung des Betriebssystems DOS, den Rahmen sprengen.

Sollten Ihnen dazu die Grundkenntnisse im Moment noch fehlen, können wir Sie auf den DOS-Band »Starthilfen« verweisen.

Die Buchreihe »So geht's«

Sie werden noch des öfteren solche Verweise auf andere »So geht's«-Bände finden. Sie können sich dann gezielt weiteres Wissen aneignen, wenn Sie das Gefühl haben, daß ihr momentanes Grundwissen nicht ganz ausreicht.

Die einzelnen Bände wurden so aufeinander abgestimmt, daß sich möglichst wenig inhaltliche Überschneidungen ergeben. Dies hat es uns ermöglicht, problemorientierte Bücher zu bestimmten Themen zu schreiben, ohne zuerst einen allgemeinen Computerkurs vorausschicken zu müssen, der nur wertvollen Platz im Buch rauben würde. Statt dessen verweisen wir lieber auf die entsprechenden Starthilfen, denn wo könnte man beispielsweise die Grundkenntnisse zu DOS besser vermitteln als in einem speziellen DOS-Starthilfen-Buch?

Starthilfen und Anwendungsbücher

Wenn Sie mit den Starthilfen eine erste (Wissens-)Grundlage geschaffen haben, dann stehen für jedes Programm auch eine Reihe von Anwendungsbüchern bereit, die sich auf der Starthilfe aufbauend mit einzelnen Problemkreisen beschäftigen. Am Ende dieses Buches finden Sie eine Übersicht über »So geht's!«-Bände, die bereits zur Verfügung stehen oder in nächster Zeit erscheinen werden.

Auch hier gilt: Sie müssen sich keine dicken Wälzer zulegen, in denen alles haarklein durchgekaut wird, sondern erhalten in einem »So geht's«-Anwendungsbuch genau die Informationen, die Sie für Ihr Problemgebiet benötigen.

Wir setzen unsere Erfahrung im Umgang mit Computern und Anwendungsprogrammen ein, um Ihnen die oft lästige Einarbeitung in ein Programm einfacher zu machen. Sie brauchen sich nur mit dem zu befassen, was Sie auch wirklich für Ihre Arbeit benötigen.

Wenn Sie bei der Lektüre dieses Buches auf Dinge stoßen sollten, die nicht sofort erklärt werden, dann erfolgt die Erwähnung meist nur der Vollständigkeit halber. Das Wissen über diese Dinge brauchen Sie dann vorerst nicht. Sie werden aber in dem einen oder anderen »So geht's«-Anwendungsbuch Informationen dazu finden.

Text und Bild sind eine Einheit

Beim Durchblättern dieses Bandes wird Ihnen Ungewohntes auffallen: Neben dem Text auf der rechten Seite finden Sie links immer eine ganzseitige Illustration, die Graphiken oder Abbildungen des PC-Bildschirmes zeigt. Der Sinn der Sache? Ganz einfach - ein Bild sagt immer noch mehr als 1000 Worte. Gerade auf die abstrakte Materie der Computeranwendungen kann man manchmal ohne weiteres die erwähnten 1000 Worte verschwenden, wenn mit einem einzigen Bild alles viel verständlicher, einprägsamer und damit zeitsparender verdeutlicht würde. Gerade Programme ohne graphische Benutzeroberfläche profitieren davon.

Deshalb bestehen alle Bücher der »So geht's«-Reihe zu fast 50 Prozent aus Illustrationen, die nicht nur den Text begleiten, sondern einer der Hauptbestandteile des Buches sind. Schauen Sie sich einfach einmal die folgenden Bildseiten an - Sie werden überrascht sein, wieviel Wissen auf Anhieb hängenbleibt, ohne daß Sie auch nur ein einziges Wort lesen müßten.

Ein einheitliches Konzept

Wir haben viel Wert darauf gelegt, daß sämtliche Bände einheitlich gestaltet sind. Für Sie bringt dies eine weitere Erleichterung: Sie müssen nicht zusätzlich zu der Bedienung eines Programms auch noch die Handhabung des dazugehörigen Buches erlernen. Haben Sie sich einmal mit einem »So geht's«-Buch angefreundet, dann finden Sie sich in allen weiteren Bänden zurecht und können sich auf das wirklich Wichtige, die Arbeit mit dem Computer, konzentrieren.

Hier ist die einheitliche »Benutzeroberfläche« schon verwirklicht, der sich die Software-Welt noch mühsam nähert.

So geht's: Übungen und Praxisbeispiele

Sie finden immer wieder Seiten, die mit »So geht's: ...« überschrieben sind. Hier werden Sie zur aktiven Mitarbeit aufgefordert, natürlich vorausgesetzt, Sie sitzen gerade vor Ihrem Computer.

Sie erfahren hier, wie Sie am besten vorgehen, um eine bestimmte Lösung zu erhalten. Schauen Sie sich vorher an, was Sie als Voraussetzung brauchen, um es richtig nachvollziehen zu können. Sie finden außerdem hier einige Sätze zur Ausführung und zum Ergebnis.

Diese Seiten sollen Ihnen helfen, die praktische Erfahrung zu bekommen, die Ihnen beim weiteren Arbeiten mit dem Programm hilfreich sein wird.

Anforderungen an Ihren Computer

Für den Einsatz von Batch-Dateien ist es gleichgültig, welches aus den hunderten von verschiedenen Computermodellen Sie besitzen, und ebenso, ob Sie mit zwei Diskettenlaufwerken oder einer Festplatte arbeiten.

Alle Beispiele in diesem Buch beziehen sich jedoch auf den Betrieb mit der Festplatte. Sollten Sie dennoch mit zwei Diskettenlaufwerken arbeiten wollen, dann müssen Sie den Laufwerksbuchstaben »C:« in den Beispielen durch »A:« oder »B:« (je nachdem, wo sich Ihre Diskette befindet) ersetzen.

Die Beispieldateien der beiliegenden Diskette sollten sich in einem eigenen Verzeichnis auf Ihrer Festplatte befinden, damit Sie jederzeit auf sie zurückgreifen können.

Im ersten Kapitel werden Sie die Beispieldateien installieren. Natürlich mit einer Batch-Datei.

Wie Sie vorgehen sollten

Wir empfehlen, diesen Band von Anfang bis Ende wenn schon nicht durchzuarbeiten, so doch durchzulesen.

Die Kapitel und Beispiele dieses Bandes bauen so aufeinander auf, daß Sie beinahe im Vorübergehen ein fundiertes Batch-Wissen erhalten und Ihre Kenntnisse zunehmend vertiefen.

Das wird es Ihnen ermöglichen, die Beispielprogramme dann zu variieren und Ihren eigenen Bedürfnissen anzupassen. Ratschläge dazu finden Sie zuhauf.

Zur Gestaltung

Wir haben uns viele Gedanken über die Gestaltung dieser Bücher gemacht. Und wir haben fast noch mehr Gespräche darüber geführt.

Schließlich soll eine solche Gestaltung für Sie ansprechend sein und garantieren, daß Sie die Informationen eines Buches optimal und ermüdungsfrei aufnehmen können.

Außerdem soll sie für alle Bände der Reihe passen, also auch noch in Jahren die gestellten Anforderungen erfüllen.

Dazu haben wir einen Gestalter gefunden, dem wir viel Fachwissen und Einfühlungsvermögen in eine Problematik bescheinigen können und der zu den besten Typographen Deutschlands gehört.

Rudolf Paulus Gorbach hat sich bereiterklärt, diese Arbeiten für uns zu übernehmen. Und das Ergebnis zeigt uns, daß wir damit den Richtigen gefunden haben.

So produzieren wir diese Bücher

Vielleicht interessiert es Sie, wie diese Bücher erstellt wurden. Wir haben folgende Programme verwendet.

Wir schreiben die Texte mit Microsoft Word 5. Hier werden die meisten Gestaltungsmerkmale für den späteren Satz schon mit berücksichtigt.

Dann setzen wir diese Texte so um, daß sie mit Ventura Publisher einfach und schnell fertig gesetzt werden können. Damit haben wir die Textseiten.

Jetzt zu den Bildseiten, denn die brauchen eine getrennte Behandlung. Sie werden mit PageMaker gesetzt, die Bildschirmabbildungen werden vorher mit HotShot Graphics, die sonstigen Zeichnungen und Illustrationen mit Corel Draw! erstellt.

Und das ganze wird dann mit einer Linotronic 300 belichtet; damit liegen die Druckvorlagen vor.

Hier nochmal als Liste

Texterfassung: Microsoft Word 5
Satz der Textseiten: Ventura Publisher 2.0 Profi
Satz der Bildseiten: PageMaker 4.0
Bildschirmabbildungen: HotShot Graphics
Illustrationen: Corel Draw!
Schrift: Concorde (Linotype)
Befehle: Letter Gothic (Bitstream)
Tasten: Eigenentwicklung aus Letter Gothic

Who is who

An diesem Band haben mitgewirkt:
☐ Typographisches Konzept: Rudolf Paulus Gorbach, Buchendorf
☐ Illustrationen: Barbara Bijok, Rolf Prim
☐ Mitarbeit: Katharina Kröll
☐ Satz: Jonathan Kraft
☐ Belichtung: CD GmbH, Aalen

MF-II-Tastatur

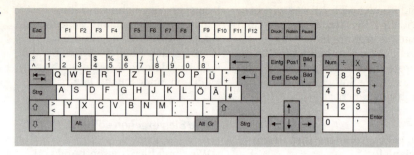

AT-Tastatur

Tastenvergleichstabelle	MF II deutsch	MF II englisch	AT deutsch	PC englisch	Bezeichnung Funktion
	Bild↓	PgDn	Bild↓	PgDn	Bildschirm nach unten
	Bild↑	PgUp	Bild↑	PgUp	Bildschirm nach oben
	Druck	PrtSc	⇧+Druck	PrtSc	Drucken
	Einfg	Ins	Einfg	Ins	Einfügen
	Ende	End	Ende	End	Ende-Position
	Entf	Del	Lösch	Del	Entfernen
	Esc	Esc	EingLösch	Esc	Eingabe löschen
	Num ⇩	NumLock	Num ⇩	NumLock	Zahlenarretierung
	Pos1	Home	Pos1	Home	Position1
	Rollen ⇩	ScrolLock	Rollen ⇩	ScrolLock	Feststelltaste
	Strg	Ctrl	Strg	Ctrl	Steuerung
	Untbr	Break	Abbr	Break	Unterbrechen
	↵	Return	↵	Return	Eingabetaste
	⇥	Tab	⇥	Tab	Tabulatorsprung
	←	Backspace	⇤	Backspace	Rücktaste
	⇧	Shift	⇧	Shift	Hochstelltaste
	⇩	CapsLock	Groß ⇩	CapsLock	Feststelltaste

Befehle, Optionen und ähnliches

Batch- und DOS-Befehle erscheinen als Großbuchstaben, um sie von anderen Eingaben besser unterscheiden zu können und um sie deutlich als vorgegebene Befehlswörter auszuzeichnen.

Sie selber können alle Befehle auch in Kleinbuchstaben eingeben. DOS ist nicht wählerisch und akzeptiert beides.

Menübefehle stehen in Kapitälchen. Beispielsweise DATEI/ÖFFNEN. Kapitälchen bedeutet, daß alle Buchstaben als Großbuchstaben erscheinen, wobei die Zeichen, die als Kleinbuchstaben eingegeben wurden, die Höhe von Kleinbuchstaben haben.

Da Sie Menübefehle in der DOS-Shell und im Editor auch über Buchstaben wählen können, erkennen Sie daran sofort das Zeichen, das Sie eintippen müssen. Es muß sich dabei nicht immer um den Anfangsbuchstaben handeln.

Eingaben

Es ist unvermeidlich, daß Sie DOS etwas mitteilen. Dafür verwenden wir eine spezielle Schrift. Für Interessierte: Sie heißt Letter Gothic und ist der Schrift einer Schreibmaschine ähnlich. Erscheint

1235

so wissen Sie sofort, daß es sich dabei um eine Eingabe handelt, die Sie jetzt vornehmen müssen.

Tasten

Immer, wenn auf eine Taste Bezug genommen wird, ist die entsprechende Taste mit einem Rahmen um die Beschriftung dargestellt. Wenn Sie zwei oder mehr Tasten gleichzeitig betätigen sollen, dann steht zwischen den Tasten ein Pluszeichen.

Wenn Ihnen also so etwas wie [Strg]+[Z] begegnet, dann drücken Sie [Strg] und tippen kurz auf [Z], während Sie die [Strg]-Taste gedrückt halten. Daraufhin lassen Sie beide Tasten wieder los.

Die Tastatur

Tastatur ist nicht gleich Tastatur. Neben Unterschieden in der Qualität oder im Aussehen sind vor allem die Tasten oft unterschiedlich beschriftet. Wir haben uns für die Bezeichnungen der deutschen MFII-Tastatur (Multifunktionstastatur) entschieden.

Eine vergleichende Tabelle der verschiedenen Tastenbezeichnungen finden Sie links.

Verschiedene Modelle

Wir zeigen hier eine normale AT-Tastatur und eine heute gebräuchliche MFII-Tastatur (Multifunktionstastatur), bei der die Tasten anders angeordnet sind und die um ein paar Tasten erweitert ist.

Eines ist gleich: geschrieben wird mit dem sogenannten alphanumerischen Teil, der die Buchstaben und der oberen Zahlenleiste umfaßt, und der ist identisch mit einer Schreibmaschinentastatur.

Und wie bei einer modernen elektrischen Schreibmaschine wird ein Zeichen solange geschrieben, wie man die Taste gedrückt hält.

Der Zahlenblock

Abgesetzt vom alphanumerischen Tastenblock ist der numerische Zahlenblock (auch als »Zehnerblock« bezeichnet). Er dient, wie der Name besagt, der schnellen Zahleneingabe; die Tasten sind wie auf einem Tischrechner angeordnet.

Zudem befinden sich hier die Tasten zur Bewegung des Cursors, zu deutsch etwa »Schreibmarke«. Auf der AT-Tastatur sind die Cursortasten ausschließlich hier angeordnet, während auf der MFII-Tastatur noch ein zusätzlicher Block zur Cursorsteuerung vorhanden ist.

Zwischen Zahleneingabe und Cursorsteuerung wird mit der Taste [Num ⇩] gewechselt.

Bei manchen Programmen und einer MFII-Tastatur wirken die Cursortasten im Zahlenblock so, als würde man die normalen Cursortasten zusammen mit der Taste [⇧] betätigen.

Die Sondertasten

Noch einige weitere Tasten werden Sie auf Ihrer Schreibmaschinentastatur nicht finden. Sie dienen meist der Bewegung in einem Text oder einem Arbeitsblatt.

Da ihre Bedeutungen sich jedoch von Programm zu Programm unterscheiden, werden wir sie in den entsprechenden Bänden dieser Reihe gesondert erläutern.

Weitere Sondertasten sind die Tasten [Strg] (oder [Ctrl]), [Alt] und – ausschließlich bei einer MFII-Tastatur – [AltGr].

Mit diesen Tasten wird, ähnlich wie mit [⇧], eine weitere Ebene der Tastenbelegung erschlossen, vielfach auch in Kombination.

Diese Sondertasten haben eine Wirkung nur zusammen mit einer anderen Taste (oder mehreren anderen Tasten). Auch das ist bei den einzelnen Anwendungsprogrammen verschieden.

	Taste	Funktion
Die Funktionstasten der DOS-Shell	F1	Hilfestellung
	F2	Programme kopieren
	F3	DOS-Shell beenden
	F5	Anzeige aktualisieren
	F7	Dateien verschieben
	F8	Dateien kopieren
	F9	Inhalt einer Datei anzeigen In der Dateiansicht: Wechsel zwischen ASCII und Hexadezimal
	F10	Menüzeile aktivieren
	⇧+F5	Bildschirm neu aufbauen
	⇧+F8	Erweiterungsmodus (Dateien markieren)
	⇧+F9	Zur Eingabeaufforderung (Befehlsebene)
	Alt+F4	DOS-Shell beenden

	Taste	Bedeutung
Die Funktionstasten von DOS (Befehlsebene)	F1	Kopiert die Befehlszeile zeichenweise
	F2	Kopiert die Befehlszeile bis zu einem angegebenen Zeichen
	F3	Kopiert die gesamte Befehlszeile oder deren Rest
	F4	Löscht die Befehlszeile bis zu einem angegebenen Zeichen
	F5	Speichert die neue Befehlszeile
	F6	Fügt das Dateiendezeichen ^Z ein

	Taste	Funktion
Die Funktionstasten von DOSKEY	F7	Zeigt alle gespeicherten Befehle
	F8	Sucht nach einer Eingabe den ersten passenden Befehl im Speicher
	F9	Abruf eines gespeicherten Befehls mit seiner Nummer (anzeigen mit F7)
	F10	Zeigt alle gespeicherten Makros
	Alt+F7	Löscht alle gespeicherten Befehle
	Alt+F10	Löscht alle gespeicherten Makros

Die Bezeichnungen der Tasten haben im Laufe der Zeit eine Änderung erfahren, ohne daß sich an ihrer Funktion etwas geändert hätte. Aus [Ctrl] ist beispielsweise [Strg] (für »Steuerung«) geworden.

Wir orientieren uns in dieser Buchreihe an den Bezeichnungen der allgemein verbreiteten deutschen Version der MFII-Tastatur.

Die Funktionstasten

Am oberen Rand der Tastatur (bei einer AT-Tastatur links neben dem alphanumerischen Block) befinden sich die Funktionstasten.

Wie der Name besagt, werden mit ihnen bestimmte Funktionen ausgelöst, vielfach auch in Kombination mit [Strg], [⇧] und [Alt].

Die Belegung ist wiederum Sache jedes einzelnen Programmes. In DOS 5.0 haben sie zunächst in der DOS-Shell und teilweise im Editor eine Bedeutung. Eine Aufstellung finden Sie auf der linken Seite.

Auf der DOS-Befehlsebene kann mit [F1] bis [F6] zwar nach wie vor die Befehlszeile bearbeitet werden. Mit dem in DOS 5.0 integrierten Befehlszeilen-Editor DOSKEY (der auch die noch freien Funktionstasten verwendet) geht das jedoch weitaus bequemer, so daß wir auf eine Erklärung der alten Methode verzichten.

Wer dennoch Bedarf hat, sei auf den Band »DOS 3.3 – Starthilfen« verwiesen.

Die Taste [←]

Diese Taste, unübersehbar am rechten Rand des alphanumerischen Blockes, hat verschiedene Bezeichnungen: [Return], [Enter] oder Eingabetaste.

Sie hat sich aus der Zeilenschaltung der Schreibmaschine entwickelt, aber eine andere Funktion erhalten.

Mit [←] wird in DOS ein Befehl oder eine Eingabe abgeschlossen, gleichsam zum Prozessor geschickt, der daraufhin den eingegebenen Befehl ausführt.

Die Taste [Esc]

Ausgeschrieben heißt dieser Taste Escape, und zur - wörtlich übersetzt - »Flucht« wird sie in fast allen Programmen auch verwendet.

Mit [Esc] bricht man eine Befehlseingabe ab, storniert einen Befehl, solange man ihn mit [←] noch nicht abgeschickt hat.

Die Taste [⇧]

Wie von der Schreibmaschine gewohnt, wird mit [⇧], der Feststelltaste, die zweite Ebene der alphanumerischen Tastatur aktiviert: Großbuchstaben, bestimmte Zeichen statt Zahlen.

Bei einer AT-Tastatur werden mit [⇧] nur die Großbuchstaben angesprochen, bei einer MFII-Tastatur auch die zweite Ebene der anderen Tasten (also etwa »%« statt »5«) – zum Verdruß vieler Anwender.

Die Kontrolleuchten

Auf der Tastatur zeigt für die Tasten [Num ⇧], [Rollen ⇧] und [⇧] jeweils eine Kontrolleuchte an, ob die entsprechende Funktion eingeschaltet ist.

Die Taste [Alt]

Sie können mit Hilfe von [Alt] und dem Zahlenblock beliebige ASCII-Zeichen eingeben, die nicht direkt über die Tastatur zu erreichen sind.

Um ein Zeichen über seinen ASCII-Code einzugeben, halten Sie [Alt] fest und tippen hintereinander den entsprechenden Code auf dem Zahlenblock ein. Wenn Sie [Alt] dann wieder loslassen, erscheint das Zeichen auf dem Bildschirm. (Bsp.: [Alt]+[6][5] für »A«).

Auf der Beispieldiskette finden Sie das Programm ASCII.BAT, mit dem Sie sich die ASCII-Codes auf dem Bildschirm anzeigen lassen können.

In der DOS-Shell und im Editor wird mit dieser Taste zudem die Menüleiste aktiviert.

Die Taste [AltGr]

Einige Tasten haben nicht nur zwei, sondern drei Funktionen (z.B. die Taste [ß]). Die dritte Funktion (z.B. \) erhalten Sie, indem Sie [AltGr] zusammen mit der Taste [ß] betätigen. [AltGr] wirkt wie die Tasten [Alt] und [Strg] zusammen. [Alt]+[Strg]+[ß] wäre also dasselbe wie [AltGr]+[ß].

Die Taste [Strg]

[Strg] wird auch nur in Verbindung mit anderen Tasten benutzt.

Einleitung

15

16

Was Batch-Dateien sind und wozu man sie braucht

Jeder fängt irgendwann mal bei Null an. Dann hat er vielleicht schon von Batch-Dateien gehört, aber was sie sind, wozu man sie braucht, wie sie aufgebaut sind, wie man sie erstellen kann: Das alles ist noch neu.

Auf einen Blick

Was ist zu tun
Mit einem kühnen Sprung begeben Sie sich ins kalte Wasser, erstellen so nebenbei Ihre erste kleine Batch-Datei, mit deren Hilfe Sie die Beispieldateien von der Diskette auf Ihre Festplatte kopieren.

Und zwei der Beispieldateien setzen Sie gleich ein, um die PATH-Angabe um dieses neue Verzeichnis zu ergänzen.

Kenntnisse, Hintergrundwissen
Für dieses Kapitel ist kein besonderes Hintergrundwissen nötig, da alles, was zu tun ist, detailliert beschrieben wird – sofern es nicht ohnehin Batch-Dateien erledigen.

DOS-Grundwissen jedoch ist sicherlich von Vorteil. Sie sollten zum Beispiel wissen, wie man Befehle eingibt und was Verzeichnisse sind. Wir empfehlen die Bände »DOS 5.0 – Starthilfen« und, weiterführend, »DOS 5.0 – Arbeiten mit der Festplatte« aus der Reihe »So geht's!«.

Ergebnis
Sie erhalten hier einen ersten Einblick, was Batch-Dateien tun, wie sie aufgebaut sind und welche Voraussetzungen nötig sind, um sie erstellen zu können.

Zudem haben Sie, für künftigen Gebrauch, die Batch-Dateien von der Beispieldiskette in ein eigenes Verzeichnis auf der Festplatte kopiert, so daß Sie jederzeit darauf zugreifen können.

Ideen
In diesem Kapitel schließen Sie erste Bekanntschaft mit einigen Batch-Dateien und erleben sie auch gleich in Aktion. Warum sie das so machen, was sie machen, wird in den folgenden Kapiteln analysiert.

Die Beispiele, die Sie hier erleben, sollen Sie auf den Batch-Geschmack bringen.

Eine als Batch-Datei gespeicherte Befehlsfolge ...

... läuft automatisch ab und kann zum Beispiel ein Programm laden

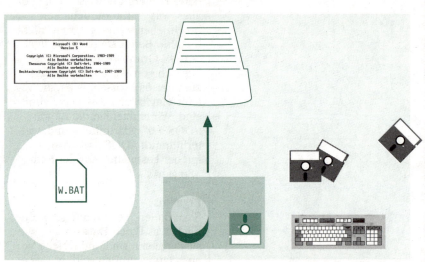

Wozu man Batch-Dateien braucht

Batch-Dateien nehmen Arbeit ab. Das ist ihre einzige Aufgabe. Noch genauer gesagt: Sie ersparen Schreibarbeit.

Ein Tag wie jeder andere

Ein Tag vor dem Computer läuft meistens nach dem gleichen Schema ab. Zunächst will man einen Brief schreiben und wechselt dazu in das Unterverzeichnis, in dem die Briefe gesammelt sind:

```
CD \TEXTE\BRIEFE\PRIVAT
```

Natürlich muß jetzt das Textprogramm aufgerufen werden:

```
WORD
```

Ist die Korrespondenz erledigt, muß die Umsatzstatistik fortgeschrieben werden. Also in das Unterverzeichnis gewechselt:

```
CD \LOTUS\UMSATZ\UM_90
```

Und das Kalkulationsprogramm gestartet, gleich mit der benötigten Datei:

```
LOTUS 123 -aBLECHE
```

Aber da ist schon wieder der nächste Brief fällig. Alles wieder retour:

```
CD \TEXTE\BRIEFE\PRIVAT
WORD
```

Und hernach wieder zurück zur Tabelle:

```
CD \LOTUS\UMSATZ\UM_90
LOTUS 123 -aBLECHE
```

Und ob mit der DOS-Shell oder auf Befehlsebene: man wechselt mehrmals am Tag die Programme und die Verzeichnisse, und ob nun Klickerei oder Tipperei: kumuliert man alles, was im Laufe eines Monats so zusammenkommt, ist das ganz schön viel. Und wenn man dann noch bedenkt, wie oft man sich, weil die DOS-Shell ja nicht alles abnimmt, vertippt dabei ...

Vertane Zeit. Verpuffte Energien; man muß ja schließlich überlegen, nachdenken, sich konzentrieren.

Dazu hat man sich den Computer ja gerade nicht angeschafft, daß man noch mehr Zeit braucht. So geht ein langer, müder Arbeitstag müde zu Ende.

Ende des Vorspiels. Vorhang auf, Auftritt Batch-Datei. Gespannte Erwartung, flüsterndes Rätseln: Was macht sie?

Der große Auftritt

Die Dame (Dame? natürlich: »die« Datei, oder nicht?) setzt sich in den Sessel, lehnt sich bequem zurück, hebt (leiser Trommelwirbel an dieser Stelle) die Hand über die Tastatur, ein Finger senkt sich langsam (ein kunstvoll hinausgezögerter Akt), stößt blitzschnell zu, ein energisches Klicken, und im Publikum setzt leises Raunen ein. Die Dame hat nur einen Buchstaben getippt:

```
W
```

Aber wie von Zauberhand erscheint der Eingangsbildschirm von Word (oder WordPerfect oder StarWriter oder WordStar, wie's beliebt), und ein zweiter Blick überzeugt: man befindet sich auch im richtigen Verzeichnis.

Jetzt verbreitet die Dame gespielte Hektik. Wieder raus aus dem Programm, man befindet sich ersichtlich auf Betriebssystemebene, wieder der Finger, wieder nur ein Buchstabe, nämlich

```
L
```

Was folgt, ahnt das Publikum bereits, läßt sich aber gleichwohl gern überraschen: Lotus 1-2-3 wird gestartet, im richtigen Verzeichnis, mit der richtigen Datei.

Die Dame Batch, ihre Lippen von einem leisen Lächeln umschmeichelt, spielt nun auf der Klaviatur. Immer mal wieder ein Buchstabe getippt, mal auch zwei (daß sie hinterher immer auch mit dem kleinen Finger ⏎ drückt, bemerken nur sehr aufmerksame Beobachter), und auf dem Bildschirm kommen Aktionen in Gang, die von Mal zu Mal umfangreicher werden, komplizierter erscheinen – aber das mag nur Täuschung sein, hervorgerufen durch dieses seltsame Fluidum, dieser Mischung aus kühler Lässigkeit und dramatischer Aktivität.

Am Ende der Vorstellung emphatischer Beifall, nicht endenwollend. 27 Vorhänge hat man gezählt.

Das Zeitalter der Batch-Dateien

Tags darauf entnimmt man den Gazetten, daß man sich glücklich schätzen dürfe, Zeuge einer ganz und gar außerordentlichen, geradezu historischen Vorstellung geworden zu sein.

Die eher nüchternen Kritiker sprachen von einer neuen Dimension der Arbeitserleichterung – die Stichworte »Arbeitsökonomie« und »Tastaturhygiene« fielen –, die pathetischen Gemüter verstiegen sich zu Formulierungen wie »Das Zeitalter der Batch-Dateien ist angebrochen« oder »Wenn Goethe das gewußt hätte!«. Einer bemühte gar, abgewandelt, Nietzsche: »Gehst du zum Computer, vergiß die Batch-Datei nicht.« Ein anderer dichtete: »Nie mehr Querelen mit den DOS-Befehlen!«

Gerätselt wurde allenthalben, wie die Dame Batch dies denn zuwege gebracht habe. Einer der Reporter versprach, das Geheimnis der Dame zu lüften.

Er gedenke, kündigt er an, seine Recherchen in einem Buch mit dem Titel »Batch-Dateien« niederzulegen.

Eine Batch-Datei kann aus einfachen DOS-Befehlen und Programmaufrufen bestehen ...

```
CD \TEXTE\BRIEFE\PRIVAT
WORD
```

... oder aus einer strukturierten Abfolge von Befehlen. Dies hier ist ein Ausschnitt aus einem Programm, das im Kapitel »Von der Idee zum Programm« beschrieben wird

```
1   @ECHO OFF
2   REM Datei: DELDIR.BAT
3   REM Aufgabe: Löscht ein Verzeichnis im angegebenen Laufwerk
4   CLS
5   FOR %%e IN (1,2,3) DO ECHO.
6   IF "%1"=="" GOTO fehler
7   IF "%2"=="" GOTO fehler
8   ECHO
9   ECHO
10  ECHO                    Dieses Programm löscht das Verzeichnis
11  ECHO
12  ECHO
13  ECHO.
14  ECHO                                   %1:\%2
15  ECHO.
16  ECHO
17  ECHO
18  ECHO                        und sämtliche Dateien darin
19  ECHO           -------------------------------------------
20  ECHO                           Wollen Sie das wirklich?
21  ECHO
22  ECHO
23  ECHO.
24  ECHO
25  ECHO
26  ECHO
27  ECHO         Wenn ja:     Drücken Sie eine beliebige Taste
28  ECHO         Wenn nein:   Brechen Sie ab mit [Strg]+[C]
29  ECHO
30  ECHO
31  PAUSE > NUL
32  CLS
33  %1:
34  CD \
35  GOTO weiter
36  :fehler
37  ECHO
38  ECHO
39  ECHO         Programmaufruf: DELDIR Laufwerk Verzeichnis
40  ECHO
41  ECHO                     Beispiel: DELDIR c texte
42  ECHO
43  ECHO
44  GOTO ende
45  :weiter
46  FOR %%e IN (1,2,3) DO ECHO.
47  ECHO
48  ECHO
49  ECHO                         Das Verzeichnis
50  ECHO
51  ECHO
52  ECHO.
53  ECHO                               %1:\%2
54  ECHO.
55  IF NOT EXIST \%2\NUL GOTO nicht
```

Was Batch-Dateien nun wirklich sind

Jener vorlaute Reporter hat offensichtlich sein Versprechen eingelöst. Es ist ihm gelungen – auf welche Weise, wurde nie bekannt, aber neidische Kollegen setzten das böse Wort vom »Scheckbuch-Journalismus« in die Welt –, sich die Diskette der Dame zu besorgen.

Wie sich das für einen rechten Enthüllungsjournalisten geziemt (das Wort ist nun wirklich angebracht, und es erfüllt ihn mit Stolz), legt er gnadenlos offen, was er herausgefunden hat.

Zum Beweis, daß er seinen Lesern keine Enten auftischt, hat er die Diskette seinem Buch übrigens auch beigelegt.

Das W-Komplott

Er breitet sich dann des längeren darüber aus, wie er die Spur aufgenommen und die Dame Zug um Zug ihrer Geheimnisse entkleidet habe. Wir überspringen das hier, mit Rücksicht auf unsere jugendlichen Leser, und steigen wieder ein in dem Moment, als es ihm nach langen Mühen gelungen ist, das Innerste von »W« sichtbar zu machen.

»W« – alle, die dabei gewesen sind, überkommt noch heute ein Schauer. Ein Buchstabe, und mit einem leisen »Plong« erschien das Textprogramm auf dem Bildschirm. Und man war im richtigen Verzeichnis!

Zauberei kann das nicht sein, dagegen sperrt sich des Autors Verstand. Seine Schlußfolgerungen, verkürzt wiedergegeben: Zaubereien heißen in der Computerwelt »Programme«. Programme sind Dateien. Die Zauber-Programm-Datei entdeckte er schließlich unter dem Namen W.BAT.

Nach vielen Irrungen und weiteren Recherchen, auch in der einschlägigen Literatur (rühmend erwähnt wird hier in einer Fußnote das Buch »DOS 5.0 – Starthilfen« aus der Reihe »So geht's!«), ist es ihm dann endlich gelungen, W.BAT mit Hilfe des DOS-Befehles TYPE zu entschlüsseln.

Und auf seinem Bildschirm las er die Zeilen:

```
CD \TEXTE\BRIEFE\PRIVAT
WORD
```

Das also war des Pudels Kern! Faszinierend! Und enttäuschend gleichermaßen. Eine dumpfe Ahnung keimte in ihm, ein Verdacht, so unfaßbar noch, daß er ihn nicht auszusprechen wagte.

Dem Geheimnis auf der Spur

Er nahm die Spur auf, TYP(t)E die Datei L.BAT, die er ebenfalls ausfindig gemacht hatte:

```
CD \LOTUS\UMSATZ\UM_90
LOTUS 123 -aBLECHE
```

So einfach! So genial einfach! Es handelte sich hierbei, und das war ja nicht schwer zu entziffern, um die nämlichen Befehle, die normalerweise von Hand und nacheinander einzugeben wären: erst in das Verzeichnis wechseln, dann das Programm aufrufen.

Hier waren sie zusammengefaßt in einer Datei. Offensichtlich hatte das etwas zu *bedeuten*, ebenso wie die Tatsache, daß diese Datei mit Nachnamen BAT hieß – eine ganz und gar ungewöhnliche Endung, die ihm noch nicht untergekommen war. (Später sollte er sich erinnern, daß doch; aber, wie gesagt: später.)

Sollte diese Endung BAT daran schuld sein, daß die in der Datei aufeinander folgenden Befehle mit einem einzigen Buchstaben, nämlich dem Namen der Datei, abzurufen seien?

Vorerst erspart sich unser Reporter – eine geschickte Steigerung der Spannung – nähere Erklärungen und macht statt dessen mit den weiteren Programmen bekannt, die er entdeckt hatte. (Immerhin verrät er an dieser Stelle schon, daß sie allesamt auf BAT endeten, und streut damit einen dezenten Hinweis auf des Rätsels Lösung. ein.)

Eine der besagten Dateien – von hier an führt er übrigens dafür den Begriff »Batch-Programme« oder, als stilistische Abwechslung, »Batch-Dateien« ein (nur recht und billig, daß die Dame auf diese Weise mit ihrem Namen für die Nachwelt festgehalten wird) – eine der besagten Dateien also sah so aus:

```
CD \LOTUS\UMSATZ\UM_90
LOTUS 123 -a%
```

Der Unterschied zu einem ähnlichen, schon erwähnten Batch-Programm fiel ihm zunächst gar nicht ins Auge, er mußte schon genau hinschauen; und erklären konnte er sich die Bedeutung des Zeichens % vorerst nicht; ihm war nur klar, daß hiermit und in diesem Fall keine Zinssätze berechnet wurden, obschon es sich um den Aufruf eines Kalkulationsprogrammes handelte.

Je tiefer er sich in die Materie begab, desto mysteriöser wurden die Programme der Dame Batch. Er las:

```
:SCHLEIFE
IF "%1"=="" GOTO ende
DEL %1
FOR %%A IN (%1) DO ECHO %%A
SHIFT
GOTO schleife
```

Er sah:

```
IF NOT EXIST \%2\NUL GOTO nicht
IF NOT EXIST \%2\*.* GOTO keine
ATTRIB -R \%2\*.*
ECHO J | DEL \%2\*.* NUL
```

Was hatte das alles zu bedeuten? Er sah die Zeichen an der Wand, aber er konnte sie noch nicht deuten.

Die Programmhierarchie

Ein Programm wird aufgerufen. In welcher Reihenfolge sucht DOS?

Zuerst in COMMAND.COM, ob es sich um einen internen Befehl handelt

Dann kommen die EXE-Dateien an die Reihe

Als drittes wird nach COM-Dateien geschaut

Zu guter Letzt wird nach Batch-Dateien mit der Endung BAT gesucht

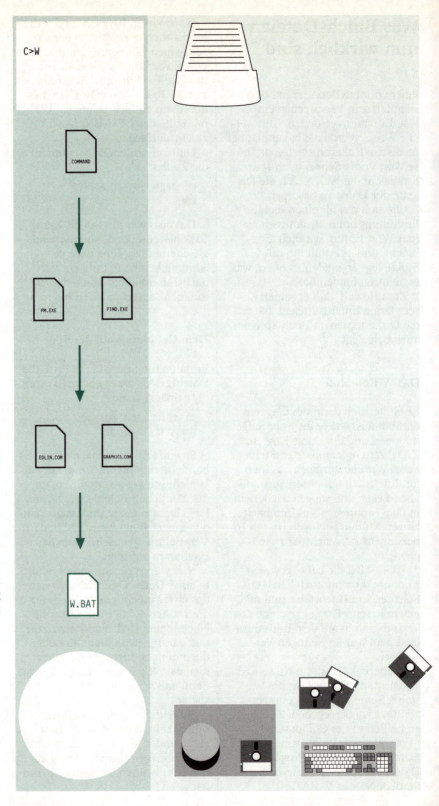

Warum Batch-Dateien batchen

Frühzeitig schon hat unser Autor in seinem Buch eine Spur gesetzt; kein »red hering«, wie die Krimi-Fachleute das nennen, keine falsche Spur zur Verwirrung des Lesers, sondern durchaus die richtige. Das eine Geheimnis von Batch-Dateien ist die Endung BAT.

Er erklärt das seinen Lesern folgendermaßen:

Wenn auf Betriebssysteme eine Zeichenfolge eingegeben wird, betrachtet das DOS als einen Befehl – DOS versteht nur Befehle; gegen Streicheleinheiten oder wüste Beschimpfungen ist DOS völlig unempfindlich (begnadetes DOS!).

Befehle sind Programme, so will es die Computermechanik – DOS, genauer gesagt, versteht überhaupt nur Programme.

Programmatisches

Ein Teil der Programme, die demjenigen, der vor dem Computer sitzt, als Befehle begegnen – DIR, TYPE, COPY nennt der Autor als Beispiele – sind in der (Programm-) Datei COMMAND.COM versammelt; man nennt sie die »interne Befehle«, denn da sich die Datei COMMAND.COM ständig im Arbeitsspeicher befindet, sind dessen Unterprogramme stets verfügbar. (An dieser Stelle verweist der Autor schon wieder auf den Band »DOS 5.0 – Starthilfen«.)

Andere DOS-Befehle wie DISK-COPY oder FORMAT sind eigene Programme (und heißen deshalb »externe Befehle«).

Damit DOS sie auch als Programme erkennt, müssen sie erstens so geschrieben und zweitens so übersetzt (»kompiliert«) sein, daß der Computer sie versteht, und drittens die Endung EXE oder COM haben.

Auch Anwendungsprogramme wie Word, WordPerfect, Lotus 1-2-3, Excel heißen, weil sie nun mal Programme sind, mit Nachnamen EXE oder COM.

Wenn nun also, so erklärt unser Autor, zu DOS eine Zeichenfolge geschickt oder anders gesagt: ein Befehl eingegeben wird, schaut DOS nach
☐ ob es sich um einen internen Befehl handelt.
☐ Wenn nicht, sucht DOS nach einem Programm mit der Endung EXE.
☐ Gibt's auch nicht? Dann ist es vielleicht ein Programm mit der Endung COM?
☐ Wiederum Fehlanzeige? Dann ist es vielleicht eine Datei – Achtung! wir kommen zum Thema! – mit der Endung BAT?
☐ Auch nicht? Das gibt's doch nicht – hat der Benutzer sich wohl vertippt, denkt sich DOS, und meldet einen Fehler.

Also: Batch-Dateien sind Programme. Besondere Programme. Deshalb heißen sie nicht EXE oder COM, sondern BAT.

Das Besondere an BAT-Programmen ist, daß es zu ihrer Erstellung keiner Programmiersprache wie Basic, Turbo Pascal oder C bedarf, mithin auch keiner Programmierkenntnisse. (Programmierer sind Menschen, die einen einfachen Sachverhalt so kompliziert ausdrücken, daß es nur noch der Computer versteht.)

Unser Autor, im logischen Denken geübt (eine Berufskrankheit), folgert daraus: Folglich, logischerweise kann eine Batch-Datei deshalb nur aus Befehlen bestehen, die DOS ohne die Übersetzungshilfe einer Programmiersprache versteht. Ergo: aus wohlbekannten, vielfach benutzten DOS-Befehlen.

Aber der Autor schränkt das sogleich wieder ein, vielmehr erweitert seine Aussage: Außerdem gibt es noch ein paar – ganz wenige – Befehle, die nur Batch-Dateien vorbehalten sind. Die nur in Batch-Dateien funktionieren. Er verweist dabei nochmals auf ein schon einmal erwähntes Beispiel:

```
IF NOT EXIST \%2\NUL GOTO nicht
IF NOT EXIST \%2\*.* GOTO keine
ATTRIB -R \%2\*.*
ECHO J | DEL \%2\*.*  NUL
```

Eine erste kühne These wirft er in den Raum: Batchen kann jeder. Das sei, behauptet er, überhaupt nicht schwierig. Und schon gar nicht so schwierig, wie es aussieht.

Des weiteren macht der Autor seine Leser mit einem ersten Ergebnis seiner Analyse von Batch-Dateien bekannt: Offensichtlich werden Batch-Dateien von DOS Zeile für Zeile abgearbeitet und ausgeführt – DOS fängt mit der ersten Zeile, besser gesagt: mit dem ersten Befehl an und arbeitet sich bis zum Ende vor.

Der Stapel

Weil die Befehle wie auf einem Stapel aufeinanderliegen, würden Batch-Dateien, so der Autor, auch als »Stapel-Dateien« bezeichnet. (Der Autor hat anscheinend ein dickes englisches Wörterbuch und diesem entnommen, daß »Batch« eine Gruppe, einen Satz, eine Partie gleicher Dinge meine.)

An dieser Stelle fühlt sich der Autor zu einer kleinen historischen Reminiszenz für den interessierten Leser veranlaßt. Die ersten Computer, erzählt er, hätten ihre Befehle tatsächlich über einen Stapel von Lochkarten erhalten und sie nacheinander abgearbeitet. Als Rudiment dieser Arbeitsweise, die längst durch leistungsstarke, strukturierte Programmiersprachen abgelöst worden sei, hätten sich die Batch-Dateien erhalten, als Programmiermöglichkeiten für den kleinen Mann, als eine Chance, sich die Arbeit mit DOS zu erleichtern.

Diese Datei enthält Steuerzeichen aus dem Textprogramm

```
ECHO.
ECHO   Programmaufruf:    DATDIR Datum
ECHO   Beispiele:         DATDIR 15. (Tag/Stunde)
ECHO                      DATDIR .08 (Monat/Minute)
ECHO                      DATDIR .90 (Jahr)
ECHO                      DATDIR 15.08.90 (genaues Datum)
ECHO.
:ende

   3

       #     g                                         W


                                               %    ,  U

                                                             %    ,
   3
     4
```

So ist´s richtig: nur reiner Text

```
@ECHO OFF
REM
REM    Datei:         DATDIR.BAT
REM    Aufgabe:       Inhaltsverzeichnis nach Datum oder Zeit
REM    DOS-Version:   3.3
REM    Erstellt von:  Autorengruppe Kost/Steiner/Valentin
REM                   Aus dem Band   Batch-Dateien
REM                   in der Reihe   So geht's!
REM
CLS
IF   %1 ==     goto fehler
DIR | FIND  %1  | MORE
GOTO ende
:fehler
ECHO   Inhaltsverzeichnis nach Datum oder Zeit
ECHO.
ECHO   Programmaufruf:    DATDIR Datum
ECHO   Beispiele:         DATDIR 15. (Tag/Stunde)
ECHO                      DATDIR .08 (Monat/Minute)
ECHO                      DATDIR .90 (Jahr)
ECHO                      DATDIR 15.08.90 (genaues Datum)
ECHO.
:ende
```

Wie man Batch-Dateien schreibt

Im Verlauf seiner unermüdlichen Recherchen über das Geheimnis von Dame Batch und ihren Dateien hat sich unser Autor natürlich auch dafür interessiert, wie man Batch-Dateien schreibt.

»Unfug!« hat ihm darauf sein Lektor geantwortet. »Davon ... äh, will ich mal sagen, handelt schließlich Ihr ganzes Buch ...äh, will ich mal sagen.«

»Gut, ja«, erwiderte unser Autor. »Ganz allgemein besehen, stimmt das schon, aber ...« Unterbricht ihn der Lektor: »Sehn'se, das hab'ich doch gesagt ... äh, will ich mal sagen.« (Merke: Ein Lektor hat immer recht. Und ein Autor tut so, als akzeptiere er das.)

Eine Sache von Format

»Aber«, fährt der Autor trotzdem unbeeindruckt fort, »im engeren Sinne ist darunter zu verstehen, um das mal im Fachchinesisch zu sagen, welches Format Batch-Dateien haben müssen.« Empört sich der Lektor: »Junger Mann, unser Verlag druckt nur Bücher von Format!«

Was unser junger Mann seinem Lektor daraufhin verklickert hat, läßt sich in etwas anderer Form seinem Buche entnehmen.

Ein Batch-Programm, so erklärt er, kann man natürlich auch mit Bleistift und Papier schreiben. Das aber wäre, wie der Lektor gesagt hätte, Unfug.

Denn erstens muß das Programm ja irgendwie in den Computer, und Papier statt Disketten akzeptiert der noch nicht. Und zweitens, da man sowieso einen Computer hat und mit dem sowieso irgendwas schreibt und dazu sowieso irgendein Textprogramm benutzt ... »Gro-schen gefallen?« hat der Autor seinen Lektor gefragt. Und man hat's deutlich klimpern hören.

Aber – unser Autor fällt in einen dozierenden Ton – obschon sich selbstredend jedes Textprogramm dafür eignet, ein ganz teures mit entsetzlich vielen Funktionen ebenso wie ein ganz billiges mit gar keinen Funktionen – obschon also, muß dieses Textprogramm in der Lage sein, lupenreinen ASCII-Text zu erzeugen.

»ASCII?« murmelt der Lektor. »Ich kenne nur ASC Rom.« (Hätte man ihm gar nicht zugetraut, gelle?)

Gesteuert wird nicht

Das verhält sich so, erklärt unser Autor weiter: Texte, die mit Textprogrammen geschrieben werden, bestehen gemeinhin nicht nur aus Text, sondern auch aus Steuerzeichen. (Der Lektor: »Oje, Steuern! Als ob ich Großverdiener wäre!«)

Diese Steuerzeichen, die bei vielen Programmen gar nicht zu sehen sind, regeln alles, was für den Druck von Bedeutung ist, die Seitengröße ebenso wie Schriftauszeichnungen, Abstände und dergleichen. Und selbst wenn man noch nichts derartiges angewiesen hat: Steuerzeichen sind gleichwohl oft drin, weil das Programm dann auf eingebaute Vorgaben zurückgreift.

Wenn die sich auch in einer Batch-Datei befinden, kann DOS diese nicht mehr als solche interpretieren, sondern betrachtet sie als bloßen Text. Also: Steuerzeichen raus, ASCII rein. (»Waren Sie mal Werbetexter?« fragt der Lektor mißtrauisch.)

Jedes Textprogramm hat die Möglichkeit, seine Dateien als ASCII-Text abzuspeichern. Die Bezeichnungen dafür schwanken (der Autor hat sich umgesehen in der Welt, sein Lektor registriert es mit Wohlgefallen). Mal heißt es »Nur-Text«, mal »Reiner Text«, mal »Unformatiert«, mal »Programm-Modus«. Mal muß man das bestimmen, bevor man eine Datei erstellt, mal kann man es hinterher so wollen. Das Ergebnis ist immer das gleiche: reiner ASCII-Text, ohne Steuerzeichen.

Es gibt auch Textprogramme, meist von der etwas einfacheren Art, die von vornherein ASCII-Text erzeugen. Noch einfachere Programme, die außer schreiben so gut wie nichts können, werden vom »Textprogramm« zum »Texteditor« herabgestuft und sind ideal für Batch-Dateien. Solche Texteditoren gibt es solo oder als Bestandteil mancher Hilfsprogramme wie PC-Tools.

Dann, erklärt der Autor, gibt es noch die Möglichkeit, eine Batch-Datei mit COPY CON zu erstellen. (»COMECON? Gibt's nicht mehr!« sagt der.)

Und schließlich und endlich und zu guter Letzt – »EDLIN!« schreit der Lektor begeistert. »Ich sage nur: EDLIN!« (Er hat aus der letzten DOS-Version offensichtlich etwas gelernt.)

Milde lächelt unser Autor. »EDLIN? Nee, die Zeiten dieses antiquierten Zeileneditors sind vorbei.«

»Ach! Gibt's den nicht mehr?« Der Lektor ist richtig enttäuscht. Hat sich so gewöhnt an ihn. Und wo soll er jetzt nachlesen, wenn er was braucht?

»Erstens«, sagt der Autor, »es gibt ihn noch. Zweitens, wer's unbedingt wissen will: im Band 'DOS 3.3 – Batch-Dateien' ist er beschrieben. Und drittens: es gibt etwas viel Besseres. Nämlich einen richtigen Editor. Mit dem man auch arbeiten kann.«

»Ätzend!« staunt der Lektor. »Und wo gibt's den?«

»Im nächsten Kapitel.«

»Und das mit dem COME... nee, COPY ... äh, Dingsbums?«

»Das«, sagt der Autor, »äh, will ich mal sagen ... kommt jetzt gleich.«

Was Batch-Dateien sind und wozu man sie braucht

COPY CON erstellt eine neue Datei

A So gehen Sie vor

```
COPY CON INSTALL.BAT
MD \BAT
COPY A:*.* C:\BAT
^z
```

B Dann befindet sich Ihre erste eigene Batch-Datei einsatzbereit auf der Festplatte

So geht's: Batch-Datei erstellen mit COPY CON

Wir gehen davon aus, daß sie eine Festplatte haben und darauf die Beispieldateien haben wollen – so ist es am praktischsten.

Wenn Sie das nicht möchten, sollten Sie die Beispieldiskette kopieren (brauchen Sie dazu Hilfe, schlagen Sie bitte im Band »DOS 5.0 – Starthilfen« nach) und anschließend nur mit dieser Diskettenkopie arbeiten.

Für diese Übung sollte die Festplatte, also Laufwerk C, das aktuelle Laufwerk sein. In welchem Verzeichnis Sie sich befinden, ist gleichgültig.

Außerdem dürfen Sie sich nicht in der DOS-Shell, sondern müssen sich auf DOS-Befehlsebene befinden. (Mit ⇧+F9 können Sie aus der Shell aussteigen. Sie sehen dann die DOS-Eingabeaufforderung. Und so heißt auch das zuständige Sinnbild in der Hauptgruppe der Shell.)

Ausführung

Mit COPY CON läßt sich auf DOS-Ebene eine Datei erstellen, wobei man freilich etliche Nachteile in Kauf nehmen muß.

Zum Beispiel lassen sich Schreibfehler nur mit der Taste ← beheben und auch nur in der aktuellen, noch nicht mit ← abgeschlossenen Zeile.

Ausführliche Informationen zu COPY CON (und zum COPY-Befehl generell) enthält der Band »DOS 5.0 – Starthilfen«.

Ergebnis

Sie erstellen mit dieser Übung eine erste Batch-Datei. Was sie erledigen soll, ist auch ohne nähere Erläuterungen verständlich.

Zunächst wird im Laufwerk C, also auf der Festplatte, ein Verzeichnis namens BAT angelegt. Wenn das bei Ihnen schon existiert oder Ihnen ein anderer Name sinnfälliger erscheint, müssen Sie die Übung entsprechend abwandeln.

Im zweiten Schritt werden alle Dateien des Diskettenlaufwerks A in dieses Verzeichnis kopiert.

Sie werden diese Batch-Datei in der nächsten Übung einsetzen.

Ideen

COPY CON ist gewiß der schnellste Weg, eine Batch-Datei zu erstellen, wenn sie nur aus wenigen und zudem nur kurzen Zeilen besteht.

Selbst Schreibfehler sind kein Malheur und schnell behoben.

Für umfangreiche Batch-Dateien oder für Änderungen an bestehenden Batch-Dateien empfehlen sich der DOS-Editor oder ein Textprogramm.

---

1. Geben Sie ein:
`COPY CON INSTALL.BAT`

Die neue Batch-Datei, die jetzt entsteht, soll INSTALL.BAT heißen.

2. Schreiben Sie:
`MD \BAT` ←
`COPY A:*.* C:\BAT` ←

Nach jeder Zeile müssen Sie, wie beschrieben, ← drücken. Zuvor aber sollten Sie die Zeile nochmals auf Schreibfehler überprüfen und diese notfalls mit ← beheben.
Haben Sie erst ← gedrückt, sind Korrekturen nicht mehr möglich.

3. Drücken Sie die Funktionstaste F6 oder ⇧+Z.

Dies fügt das Dateiende-Zeichen ein. Auf dem Bildschirm erscheint es als ^Z. DOS erkennt daran, daß die Datei zu Ende ist (A).

4. Drücken Sie ←.

Damit wird die neue Batch-Datei INSTALL.BAT gespeichert (B). DOS meldet:
`1 Datei(en) kopiert`

Was Batch-Dateien sind und wozu man sie braucht

Immer dem Pfad entlang

Dieser Pfad ist gesetzt `PATH C:\;C:\DOS;C:\BAT`

Zuerst sucht DOS im Hauptverzeichnis

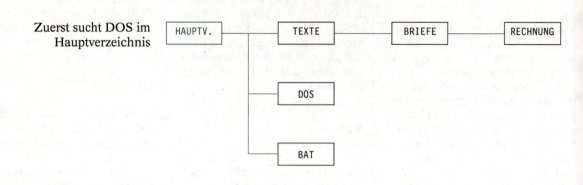

Dann im Verzeichnis DOS

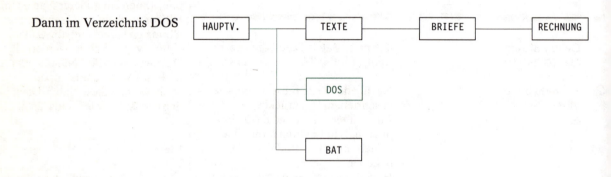

Schließlich ist das Verzeichnis BAT an der Reihe

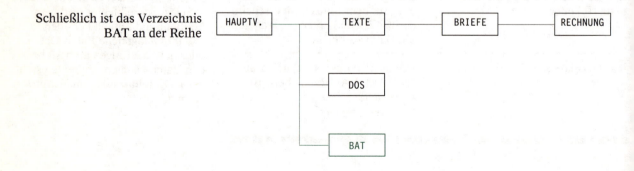

Den Batch-Dateien auf der Spur

Ein knallhart recherchierender Autor – und solch einer ist unser Autor selbstredend – ist wie ein Spürhund. Hat er einmal eine Fährte aufgenommen, läßt er nicht mehr los.

DOS tut es ihm gleich. Man muß das Betriebssystem nur auf die richtige Spur setzen. Ihm, genauer gesagt, den rechten Pfad weisen.

Allzeit im Bilde mit PATH

Das geschieht mit dem Befehl PATH. (»Können Sie das nicht eindeutschen?« fragt der Lektor seinen Autor. »Sorry«, sagt der, »DOS antwortet zwar Deutsch, versteht aber nun mal leider nur Englisch.«)

DOS durchsucht alle Verzeichnisse, die in die PATH-Angabe aufgenommen werden.

Allerdings hält DOS dabei nur Ausschau nach Programmdateien. Da Batch-Dateien, wie wir dank der Recherchen unseres Autors mittlerweile wissen, Programmdateien sind, werden sie auch miterfaßt.

Ein eigenes Verzeichnis für Batch-Dateien

Das legt eine recht einfache organisatorische Überlegung nahe: Am besten, man schafft für Batch-Dateien ein eigenes Verzeichnis.

Dort sind sie beisammen, gut aufgehoben, für DOS jederzeit zu erreichen, wenn man dieses Verzeichnis in die PATH-Anweisung aufnimmt, und für den Benutzer (»Sie, lieber Leser«, sagt der Autor an dieser Stelle) ebenfalls problemlos aufzufinden, wenn Änderungen notwendig werden – man muß nicht rätseln und suchen, wo denn um Himmels willen die Batch-Datei geblieben ist.

Sinnigerweise nennt man das Batch-Verzeichnis auch BAT oder BATCH oder so ähnlich.

Unser Autor schlägt seinen Lesern BAT vor, will sie aber nicht hindern, auch einen anderen Namen zu wählen, verspricht aber auf alle Fälle konkrete Hilfen für ein solches Verzeichnis, in das dann auch, sagt er, am besten die Beispieldateien zu kopieren seien.

Wie es sich für ein Buch über Batch-Dateien gehört, wird für das Kopieren eine Batch-Datei in Anspruch genommen. (Das, nebenbei, ist ja überhaupt vielfach der Fall, wenn Anwendungsprogramme installiert werden sollen. Auch da verwendet man häufig Batch-Dateien.)

In der vorigen Übung ist sie erstellt worden, jetzt wartet sie nur noch auf ihren Einsatz. Wird schon ganz ungeduldig.

Fast alles über PATH

Wenn dann nun ein eigenes Verzeichnis eingerichtet ist, bleibt nur noch, DOS auch den Weg dorthin zu weisen.

Was weiter keine besonderen Probleme stellt. PATH folgt einer einfachen Grammatik:

```
PATH Verzeichnis;Verzeichnis; ...
```

Angegeben werden also die Namen der Verzeichnisse, jeweils durch ein Semikolon getrennt. Ein bißchen aufpassen muß man nur, daß man die Verzeichnisse auch richtig angibt, also auf die Weise, wie DOS sie auch sucht. Nämlich: vom Hauptverzeichnis aus, der Urmutter aller Verzeichnisse.

Das Hauptverzeichnis selbst wird mit dem umgekehrten Schrägstrich, dem Backslash, angesprochen; folglich steht der auch vor jedem Verzeichnisnamen:

```
PATH C:\;C:\DOS;C:\BAT
```

Dieser Pfad verweist zunächst auf das Hauptverzeichnis selbst (nur der Backslash), dann auf die Verzeichnisse DOS und BAT.

Wie DOS auf die richtige Spur kommt

PATH hat einen Nachteil: Der gesetzte Pfad gilt nur, bis der Computer ausgeschaltet wird. Dann hat DOS ihn wieder gelöscht.

Weil man mithin bei jedem Start – doziert der Autor – PATH neu setzen muß, wird er gern in die Datei AUTOEXEC.BAT aufgenommen. Denn diese Datei – wie Schuppen fällt es ihm von den Augen: BAT! auch eine Batch-Datei! – arbeitet DOS beim Start des Computers automatisch ab. (Mehr zu AUTOEXEC.BAT und zu PATH in den Bänden »DOS 5.0 – Starthilfen« und »DOS 5.0 – Arbeit mit der Festplatte«.)

Den Nachteil von PATH kann man freilich auch ins Positive wenden. Denn dadurch ist es möglich, jederzeit einen neuen Pfad zu setzen. Auch dafür eignen sich Batch-Dateien hervorragend.

Sie, lieber Leser (sagt der Autor), werden gleich zwei Batch-Dateien ausführen, die das Batch-Verzeichnis in den bestehenden Pfad aufnehmen, so daß die Beispieldateien jederzeit aufgerufen werden können.

Und damit ist der Boden bereitet für erschöpfende Auskünfte über alles, was Dame Batch so überaus reizvoll macht, nebst der Analyse und Anwendung diverser vorbereiteter und nun zugänglicher Beispielprogramme.

Der Ernst des Lebens beginnt. (»Endlich!« stöhnt der Lektor.)

Die Batch-Datei INSTALL.BAT erledigt alles auf einen Schlag: Verzeichnis anlegen, Dateien kopieren

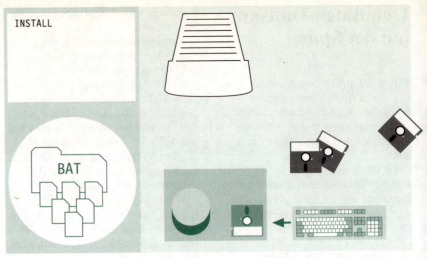

Ansonsten sind zwei Schritte erforderlich: erst das Verzeichnis anlegen ...

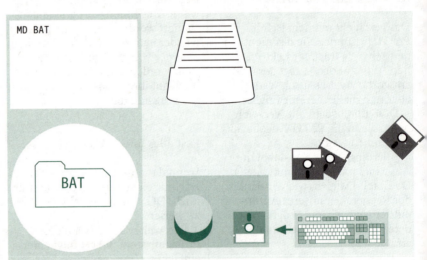

... dann die Dateien kopieren

So geht's: Ein Platz für die Beispieldateien

Mit dieser Übung kopieren Sie die Beispiel-Batch-Dateien von der beiliegenden Diskette in das – neue – Verzeichnis BAT auf Ihrer Festplatte.

Sie verwenden dazu die kleine Batch-Datei INSTALL.BAT, die Sie in der vorigen Übung erstellt haben.

Existiert bei Ihnen bereits das Verzeichnis BAT, sollten Sie sich für die Beispieldateien ein anderes Verzeichnis ausdenken. In dem Fall sollten Sie auch das Programm INSTALL.BAT nur in abgeänderter Form verwenden.

Wenn sich nämlich in Ihrem Verzeichnis BAT zufällig eine Datei mit gleichem Namen wie auf der Diskette befindet, wird sie beim Kopieren überschrieben.

Und das wäre schade. Vielleicht ist Ihre Batch-Datei ja viel, viel besser als unsere.

Ausführung

Haben Sie die vorige Übung übergangen, können Sie logischerweise INSTALL.BAT nicht verwenden.

Das ist aber nicht weiter schlimm. Die Übung zeigt Ihnen auch, wie Sie die Dateien manuell auf Ihre Festplatte bringen.

Und zu dieser Vefahrensweise sehen Sie sich ohnehin gezwungen, wenn Sie für die Beispieldateien ein anderes Verzeichnis wollen (oder erstellen müssen) als BAT.

Ergebnis

Als Ergebnis der Übung haben Sie die Beispiel-Batch-Dateien in einem eigenen Verzeichnis auf Ihrer Festplatte und können jederzeit auf sie zugreifen – spätestens nach der nächsten Übung.

Ideen

An diesem kleinen Beispiel merken Sie bereits, wie Batch-Dateien in ihrer einfachsten Form funktionieren und was ihr eigentlicher Sinn ist: DOS-Befehle, die man sonst manuell eingibt – und oftmals immer wieder gleich eingibt – werden zusammengefaßt in einer Datei und sind dann immer wieder abzurufen.

---

1. Legen Sie die Diskette mit den Beispieldateien in das Laufwerk A.

Damit wir uns recht verstehen: Das ist die Diskette, die diesem Buch beiliegt.

2. Geben Sie ein:
INSTALL

Die Batch-Datei INSTALL.BAT wird aktiviert. Sie legt das Verzeichnis BAT an und kopiert die Dateien von der Diskette.
Wenn Sie diese Batch-Dateien in der vorigen Übung nicht erstellt haben oder wenn Sie ein anderes Verzeichnis als BAT wollen, geht alles, was die Batch-Datei erledigt, auch manuell.

3. Legen Sie ein neues Verzeichnis an.

Angenommen, es soll BATCH heißen:
MD \BATCH

4. Kopieren Sie die Dateien von der Diskette in dieses Verzeichnis.

Der Befehl dazu:
COPY A:*.* C:\BATCH

Was Batch-Dateien sind und wozu man sie braucht

So wirkt AUTOPFAD.BAT

```
C:\>autopfad \bat

    Das Verzeichnis

    \bat

    ist in die PATH-Anweisung von
    AUTOEXEC.BAT aufgenommen worden.

    Der aktuelle Pfad ist jetzt:

PATH=C:\;C:\WIN3;C:\DOS;C:\WORD5;C:\EXCEL;\BAT
```

Wird beim Aufruf kein Verzeichnis angegeben, erfolgt eine Fehlermeldung

```
C:\>autopfad

    Ergänzt die PATH-Angabe in AUTOEXEC.BAT

    Programmaufruf:   AUTOPFAD Pfad
         Beispiel:   AUTOPFAD texte
                     (mit \ eingeben!)
C:\>
```

So geht's: Ein Pfad zu den Beispieldateien

Diese Übung verwendet zwei Beispieldateien, ADDPATH.BAT und AUTOPFAD.BAT, um das Verzeichnis mit den Beispielen in die bestehende Pfad-Anweisung aufzunehmen.

ADDPATH.BAT setzt dabei einen temporären Pfad, der wieder vergessen ist, sobald der Computer ausgeschaltet wird. Beim nächsten Start wird der bislang gültige Pfad aktiviert.

AUTOPFAD.BAT hingegen ergänzt die PATH-Angabe in der Startdatei AUTOEXEC.BAT um das Verzeichnis mit den Batch-Dateien. Sie haben darauf also immer Zugriff.

Möchten Sie beides ausprobieren, gehen Sie vor, wie in der Übung beschrieben: erst AUTOPFAD.BAT, dann ADDPATH.BAT.

Andersrum würde das Verzeichnis zweimal der PATH-Angabe in AUTOEXEC.BAT angehängt, was zwar nicht schlimm ist, den Pfad aber unnötig verlängert.

Ausführung

Beide Batch-Dateien funktionieren unabhängig davon, wie das Verzeichnis mit den Beispieldateien heißt.

1. **Begeben Sie sich in das Verzeichnis mit den Beispieldateien.**

   Wir gehen im folgenden davon aus, daß es sich um das Verzeichnis BAT handelt.

2. **Geben Sie ein:**
   AUTOPFAD \BAT ⏎
   Oder, wenn Ihr Verzeichnis anders heißt:
   AUTOPFAD \BATCH ⏎

   AUTOPFAD ist der Aufruf der Batch-Datei, ihm wird das Verzeichnis mit den Beispieldateien angehängt.
   Sie dürfen den Backslash nicht vergessen und sollten auch das Laufwerk davor setzen, wenn Sie mehrere Festplattenlaufwerke haben, zum Beispiel:
   AUTOPFAD C:\BAT
   AUTOPFAD.BAT informiert Sie am Ende auch, wie der aktuelle Pfad jetzt lautet.

3. **Schreiben Sie**
   ADDPATH \BAT ⏎

   ADDPATH erfordert wie AUTOPFAD die Angabe des Verzeichnisses.

   Dessen Name muß nämlich beim Befehlsaufruf mit angegeben werden, und zwar in der Form, wie er in PATH aufgenommen werden soll.

Ergebnis

Mit ADDPATH.BAT verweist der Pfad nur für die gegenwärtige Arbeitssitzung auf das Batch-Verzeichnis, mit AUTOPFAD.BAT wird er in AUTOEXEC.BAT festgeschrieben.

Dabei wird PATH um das Batch-Verzeichnis ergänzt und diese Angabe an AUTOEXEC.BAT angehängt und der neue Pfad sogleich auch aktiviert. Wenn Sie sich AUTOEXEC.BAT mit TYPE anschauen, erkennen Sie sogar zwei PATH-Angaben: die ursprüngliche und am Ende der Datei die neue.

Das ist so beabsichtigt und macht überhaupt nichts. Denn Sie wissen ja jetzt schon: Batch-Dateien werden von oben nach unten abgearbeitet.

DOS setzt beim Computerstart deshalb zunächst den ursprünglichen Pfad und überschreibt ihn dann durch den neuen.

Ideen

Diese beiden Batch-Dateien machen die Beispieldateien für Sie verfügbar und demonstrieren gleichzeitig, wozu Batch-Dateien gut sein können.

ADDPATH.BAT und AUTOPFAD.BAT werden im Kapitel »Beispiele für die Arbeitsumgebung« eingehend analysiert. Dort finden Sie auch weitere Batch-Dateien, die den Pfad anpassen helfen.

DOS und sein Editor

Endlich bietet auch DOS eine brauchbare Alternative zum antiquierten Zeileneditor EDLIN. Der DOS-Editor ist ein einfaches Programm, das aber alle Möglichkeiten zur Verfügung stellt, die man braucht, um eine Batch-Datei zu erstellen oder zu überarbeiten.

Auf einen Blick

Was ist zu tun?
Sie lernen die Bearbeitungsmöglichkeiten des Editors kennen. Wir verwenden dazu eine Beispieldatei, so daß Sie nichts schreiben müssen und gefahrlos experimentieren können.

Kenntnisse, Voraussetzungen
Keine. Aber natürlich muß der DOS-Editor verfügbar sein, was der Fall ist, wenn Sie DOS korrekt installiert haben.
   Üblicherweise befindet sich der Editor dann im Verzeichnis DOS, und der Pfad in AUTOEXEC.BAT ist bei der Installation so geändert worden, daß Sie den Editor aus jedem beliebigen Verzeichnis aufrufen können.

Ergebnis
Mit dem DOS-Editor kann man Textteile markieren, löschen, umstellen oder kopieren. Man kann Text suchen und ersetzen, schließlich einen gesamten Text oder einen Teil drucken.
   Das reicht aus. Eine Vielzahl von Tastenkombinationen unterstützen die Textbearbeitung, und erfreulicherweise läßt sich der Editor auch mit der Maus bedienen.
   Natürlich ist er kein Ersatz für ein Textprogramm. Aber er liefert lupenreinen ASCII-Text, also ohne jegliche Sonderzeichen – genau das richtige für Batch-Dateien.
   Der DOS-Editor ist wirklich leicht zu begreifen und zu bedienen. Verstehen Sie die folgenden Übungen deshalb als Angebot, einige der Dinge einfach mal auszuprobieren.
   Nötig ist das freilich nur für diejenigen, deren Bekanntschaft mit dem Computer noch neu und zart ist. Wer jemals mit einem Textprogramm gearbeitet hat – egal welchem –, wird sich im DOS-Editor mühelos zurechtfinden.

Überfliegen Sie deshalb dieses Kapitel nur, wenn Sie möchten. Sie können ja jederzeit nachschlagen, wenn Sie etwas brauchen.

Ideen
Der DOS-Editor ist eigentlich ein Bestandteil von QBasic, der Basic-Variante, die mit DOS 5.0 ausgeliefert wird.
   Er benötigt deshalb die Datei QBASIC.EXE. Sie ist aber automatisch vorhanden, wenn Sie DOS richtig installiert haben.

Ein Vorteil der DOS-Shell: Dateien können zwischen zwei Verzeichnissen leicht kopiert oder verschoben werden. Das macht manche Batch-Datei überflüssig

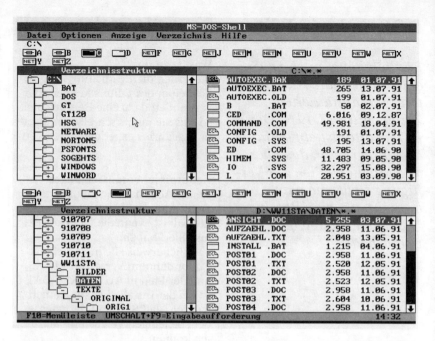

Mit der DOS-Shell können auch Batch-Dateien gestartet werden: markieren und ⏎ drücken

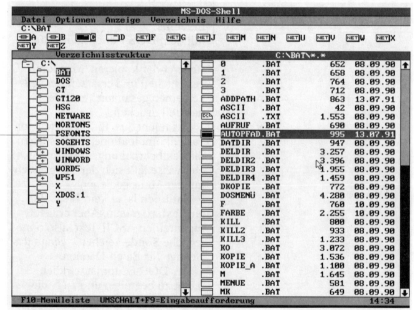

Optionen beim Start

Aufruf	Bedeutung
EDIT /B	Monochrom-Monitor mit CGA-Karte
EDIT /G	CGA-Monitor (schneller Bildschirmaufbau)
EDIT /H	Maximale Anzahl Zeilen
EDIT /NOHI	Bei Bildschirmen ohne hochauflösende Unterstützung

Vorspiel: DOS und seine Muschel

DOS 5.0 hat – im Gegensatz zur Vorgängerversion 4.0 – eine »Shell« spendiert bekommen, mit der man auch tatsächlich arbeiten kann.

»Shell« – das ist keine Schleichwerbung für eine Ölfirma, sondern englisch und heißt soviel wie »Muschel« (nun wissen Sie auch, wie besagter Konzern zu seinem Emblem gekommen ist). Wie in einer Muschel eingehüllt nämlich ist das eigentliche Betriebssystem mit seiner spröden Befehlssprache. Die »Shell« ist die Benutzeroberfläche – jetzt haben wir auch das richtige Wort dafür –, die einfache Auswahl von Befehlen erlaubt.

Für die eingehende Beschreibung der DOS-Shell, ihrer Möglichkeiten und Grenzen ist der Band »DOS 5.0 – Starthilfen« aus dieser Reihe zuständig.

Uns soll sie hier nur in zweierlei Beziehung interessieren: wie verhält sich die DOS-Shell grundsätzlich zu Batch-Dateien, und wie kommt man von ihr zum Editor?

Wenn wir uns mit dem ersten Punkt beschäftigen, tut sich sogleich eine abgrundtiefe, geradezu existentielle Frage auf:

Braucht man sie oder braucht man sie nicht?

Das kann eigentlich nur jeder für sich selbst beantworten. Ein salomonischer Kompromiß wäre: manchmal ja, manchmal nein.

Gewiß lassen sich viele Aktionen mit der DOS-Shell weitaus bequemer erledigen. Und die DOS-Shell, sehen wir den harten Tatsachen gefaßt in die Augen, macht auch manche Batch-Datei überflüssig.

Dateien verschieben – das geht jetzt auch mit der DOS-Shell. Mehrere Dateien in ein anderes Laufwerk oder Verzeichnis kopieren – mit der DOS-Shell ein Kinderspiel. Selbstgebastelte Menüs, die DOS-Funktionen auf Abruf bereitstellen – die DOS-Shell kann das weitaus besser.

Wir haben solche Batch-Dateien, die bis zur DOS-Version 3.3 ihren Sinn hatten, gleichwohl nicht aus diesem Band eliminiert.

Dafür gibt es zwei Gründe. Dieses Buch soll Sie ja in die Batch-Programmierung einführen, soll Ihnen Wege zur Problemlösung aufzeigen – anhand ausgewählter, typischer Arbeitssituationen.

Natürlich sind alle Beispielprogramme so, wie sie sind, einsetzbar. Mehr noch aber verfolgen sie einen pädagogischen Zweck. Sie sollen aufzeigen, wie bestimmte Probleme angepackt und notfalls auch umgangen werden können, wenn keine direkte Lösung möglich ist. Auf daß Sie dann Ihre eigenen Probleme besser bewältigen können.

Der Rechtfertigung zweiter Teil

Und außerdem – der zweite Grund – gibt es erfahrungsgemäß genügend Zeitgenossen, die nach wie vor lieber auf der eigentlichen DOS-Ebene arbeiten.

Oder arbeiten müssen. Fast alle Anwendungsprogramme bieten mittlerweile die Möglichkeit, zwischendurch auf DOS-Ebene zu wechseln. Oft wird das dann auch als »DOS-Shell« bezeichnet.

Aber da landet man dann nicht in diesen bunten Fensterchen mit den vielen Symbolen, sondern die DOS-Eingabeaufforderung gähnt einen an und erwartet irgendeinen Befehl.

Und nun stellen Sie sich bloß mal vor, Sie wollten mehrere Dateien kopieren. Na, wie machen Sie das? Mit viel Tipperei? Oder Ihr Programm verlassen und danach wieder aufrufen, bloß weil das mit der DOS-Oberfläche so schön geht?

Sehn' Se, da kann doch eine Batch-Datei wieder zu Ehren kommen!

Alles Quark, sagen Sie jetzt? Es gibt doch diesen tollen Programmumschalter – Sie wissen schon, auf Tastendruck von Programm zu Programm hüpfen und zwischendurch zur DOS-Shell.

Doch, doch, den gibt es schon, wollen wir gar nicht in Abrede stellen. Aber haben Sie denn immer so viel Zeit? Und so viel Speicher? Und warum arbeiten Sie – ja, Sie da! – ausgerechnet mit dem Programm, das sich mit dem Umschalter überhaupt nicht verträgt (z.B. Kommunikationsprogramme)?

Sehn' Se!

Muschel-Start

Nun kommt die große brüderliche Umarmung: DOS-Shell und Batch-Dateien, vereinigt euch! In der Tat sind beides ja keine unversöhnlichen Gegensätze. Batch-Dateien lassen sich auch mit der DOS-Shell starten.

Ganz einfach: Batch-Datei markieren, ⏎ drücken (oder mit der Maus doppelklicken) – schon geht die Post ab. Denn erinnern Sie sich an unseren findigen Reporter: Batch-Dateien sind ja auch Programme.

Der Editor

Endlich ist er an der Reihe. Man kann ihn – natürlich – mit der Shell ebenso starten wie von der DOS-Ebene aus (worunter wir immer die althergebrachte Eingabeaufforderung verstehen). Wir sollten das gleich mal tun.

Der zweigeteilte Bildschirm der
DOS-Shell

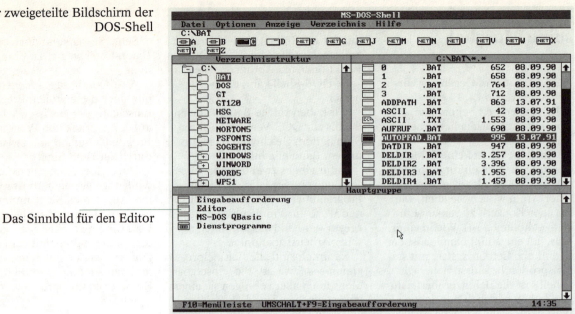

Das Sinnbild für den Editor

Sieht es bei Ihnen so aus? Dann
müssen Sie erst mit diesem
Sinnbild zur Hauptgruppe
wechseln

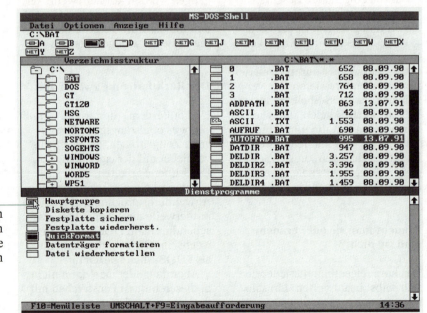

38

So geht's: Den Editor starten

Wir beschreiben zunächst den Start des Editors mit der DOS-Shell, in Schritt 3 von DOS-Ebene aus.

Die DOS-Shell kann in insgesamt vier Fenster unterteilt werden. Die Standard-Darstellung ist, wie im ersten Bild gezeigt. Sie kommen zu ihr, wenn der Programmumschalter deaktiviert ist (Menü OPTIONEN) und im Menü ANZEIGE der Befehl PROGRAMME UND DATEIEN gewählt worden ist. (Mehr dazu im Band »DOS 5.0 – Starthilfen«.)

---

1. Wenn Sie sich in der DOS-Shell befinden, machen Sie im unteren Teil die »Hauptgruppe« sichtbar.

Wenn die »Dienstprogramme« angezeigt werden, gehen Sie mit ⇆ (unter Umständen mehrmals) in diesen Bildschirmbereich, markieren *Hauptgruppe* und drücken ⏎. Mit der Maus genügt ein Doppelklick auf *Hauptgruppe*.

---

2. Aktivieren Sie in der Hauptgruppe den *Editor*.

Mit der Maus ists wiederum nur ein Doppelklick auf das Symbol. Andernfalls diesen Fensterteil aktivieren (solange ⇆, bis Sie dort sind), dann *Editor* markieren und ⏎.
Sie können nun gleichzeitig eine Datei laden und müssen dazu deren Namen angeben.

---

3. Wenn Sie sich auf DOS-Ebene befinden, geben Sie ein:
    edit

Zusätzlich können Sie verschiedene Parameter angeben sowie einen Dateinamen.

Ausführung

Möglicherweise werden bei Ihnen im unteren Teil des Bildschirms statt der »Hauptgruppe« auch die »Dienstprogramm« angezeigt. Kein Beinbruch. Im ersten Schritt beheben wir das.

Ergebnis

Sie wissen jetzt, wie man aus allen erdenklichen DOS-Lagen zum Editor kommt.

Von der DOS-Shell aus fragt der Editor nach dem Namen einer Datei, die gleich beim Start geöffnet werden soll. Von DOS-Ebene aus kann ein Dateiname dem Befehlsaufruf angehängt werden.

In beiden Fällen genügt der bloße Dateiname, wenn sich die Datei im aktuellen Verzeichnis befindet. Das ist das Verzeichnis, von dem aus der Editor gestartet wird bzw. dasjenige, das in der DOS-Shell aktiviert ist.

Andernfalls müssen Sie den Dateinamen mit Pfad angeben.

Wenn Sie keinen Dateinamen angeben, erscheint ein leerer Editor – bereit, eine neue Datei anzulegen.

Davor müssen sie aber noch den Eingangsbildschirm über sich ergehen lassen. Wenn Sie ihn mit ⏎ quittieren, bekommen Sie die Hilfestellung präsentiert. Esc hingegen führt Sie gleich in das Bearbeitungsfenster.

Ideen

Beim Start von DOS-Ebene aus kann der Aufruf mit verschiedenen Parametern differenziert werden; eine Übersicht finden Sie auf der vorigen Seite.

Normalerweise ist davon einzig der Zusatz /H interessant. Er sorgt für die höchstmögliche Auflösung (abhängig von Bildschirm und Grafikkarte). Das heißt, Sie sehen unter Umständen mehr Zeichen und Zeilen.

Sie müssen ausprobieren, ob das bei Ihnen eine Auswirkung hat und ob Ihnen das angenehm ist.

Wenn Sie überwiegend mit der DOS-Shell arbeiten, sollten Sie den Editor in die Liste der aktiven Programme aufnehmen, damit Sie mit Strg+Esc zur Shell schalten können, wenn das notwendig ist. Wie das geht, lesen Sie im Band »DOS 5.0 – Starthilfen«.

Menüleiste

Name der geladenen Datei

Relative Position in der Datei

Bildlaufleisten zum Verschieben des Ausschnittes mit der Maus

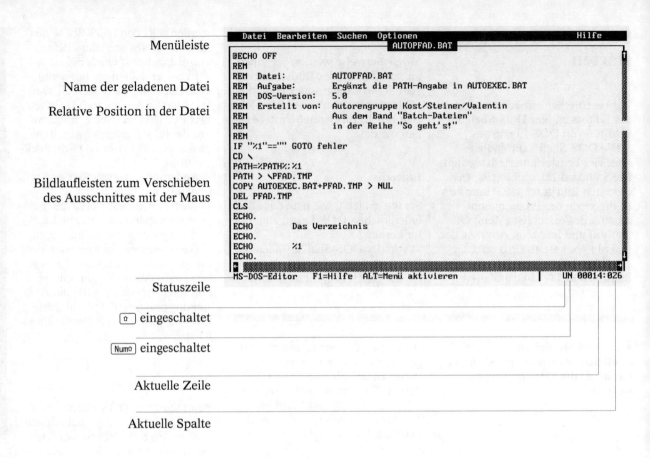

Statuszeile

⇧ eingeschaltet

Num⇩ eingeschaltet

Aktuelle Zeile

Aktuelle Spalte

Dialogfenster

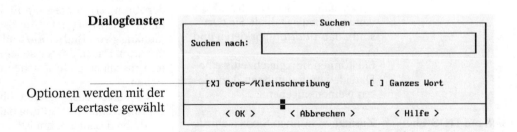

Optionen werden mit der Leertaste gewählt

Optionen werden mit den Cursortasten gewählt

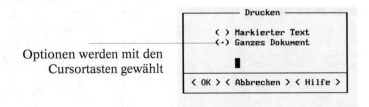

Der Editor – ein Überblick

Die DOS-Shell arbeitet auf Wunsch im Grafikmodus, der Editor nur im Textmodus.

Was ist darunter zu verstehen? Nun, der Grafikmodus bedingt entsprechende Hardware: Grafikkarte und Bildschirm, die das eben können. Heutzutage ist das aber kein Thema mehr. Hercules, EGA, VGA – früher war das Luxus, heute ist sowas Standard.

Den augenfälligsten Unterschied erleben Mausbesitzer. Im Grafikmodus ist der Mauszeiger ein Pfeil, im Textmodus ein Rechteck.

Beim Start des Editors versteckt sich dieses Rechteck übrigens links oben in der Menüleiste – bewegen Sie die Maus etwas, und das Rechteck rutscht in den Bildschirm hinein.

Befehle wählen mit der Maus

Eine Maus ist nicht unpraktisch. Man kann mit ihr leicht Textteile markieren, noch leichter Befehle in den Menüs auswählen.
☐ Sie führen den Mauszeiger auf ein Menü und klicken mit der linken Taste – das Menü öffnet sich.
☐ Sie führen den Mauszeiger auf einen Menübefehl und klicken links – der Befehl wird ausgeführt.
☐ Um ein irrtümlich geöffnetes Menü wieder zu verlassen, klicken Sie irgendwo auf der Bildschirmfläche.

Befehle wählen mit der Tastatur

Auch das ist kein Hexenwerk.
☐ Sie drücken die Taste [Alt]. Das erste Menü, DATEI, wird markiert.
☐ Sie führen die Markierung mit [→] oder [←] auf das gewünschte Menü, drücken [↵] – das Menü öffnet sich.
☐ Oder Sie drücken den hervorgehobenen Buchstaben, zum Beispiel [S] für SUCHEN. Dann wird das Menü gleich geöffnet.

Übrigens können Sie auch bei geöffneten Menüs mit [→] oder [←] durch die Menüleiste wandern.

Einen Befehl in einem Menü wählen Sie auf ähnliche Weise aus:
☐ Sie führen die Markierung mit [↓] oder [↑] auf den gewünschten Befehl und drücken [↵].
☐ Oder Sie drücken den hervorgehobenen Buchstaben.

Ein geöffnetes Menü verlassen Sie mit [Esc] wieder.

Befehle in Dialogfenstern

Etliche Menübefehle öffnen Dialogfenster zur weiteren Differenzierung. Sie bestehen aus Eingabe- und Auswahlfeldern.

Die meisten von Ihnen werden sich darin ohne Mühe zurechtfinden; viele Programme haben heutzutage ähnliche Dialogfenster. Und auch wem sie noch neu sind: sie stellen keine besonderen Anforderungen.
☐ Die einzelnen Felder wählen Sie mit [⇥] oder [⇧]+[⇥] oder mit einem Mausklick aus. Der blinkende Cursor zeigt jederzeit, wo Sie sind.
☐ In Eingabefeldern schreiben Sie, zum Beispiel einen Dateinamen. Ist das gesamte Eingabefeld markiert (wenn man es mit [⇥] anspringt), brauchen Sie vorhandenen Text nicht zu löschen. Das geschieht automatisch, wenn Sie anfangen zu schreiben.
☐ In Datei- oder Verzeichnislisten blättern Sie mit den Cursortasten oder mit [Bild↓] bzw. [Bild↑]. Oder mit einem Mausklick auf die Pfeile in den Bildlaufleisten.

Auswahlfelder gibt es zweierlei Arten: solche in eckigen Klammern (z.B. im Menü SUCHEN) und solche mit runden Klammern (nur im Menü DATEI/DRUCKEN).

Eine »runde« Auswahl nehmen Sie mit den Cursortasten vor. Ihre Wahl wird mit einem Punkt markiert.

Bei der »eckigen« Auswahl ist die [Leertaste] gefordert. Ein X sagt: diese Option ist ausgewählt. Nochmals die [Leertaste] gedrückt, das X verschwindet wieder, die Option gilt nicht mehr.

Wenn Sie einen Befehl abbrechen wollen, drücken Sie [Esc]. Mit [↵] wird ausgelöst, was Sie angewiesen oder ausgewählt haben.

Für beide Fälle gibt es auch entsprechende Schaltflächen, die Sie mit der Maus anklicken können.

Jederzeit Hilfe

Wenn Sie den Editor ohne Datei laden und den Eingangsbildschirm mit [↵] quittieren, landen Sie in der Hilfestellung. Die können Sie auch jederzeit mit [F1] aufrufen.

In den Hilfsbildschirmen sehen Sie Begriffe zwischen Dreiecken: Verzweigungspunkte zu spezielleren Informationen. Sie können Sie mit [⇥] bzw. [⇧]+[⇥] anspringen und dann mit [↵] aufrufen. Mit der Maus geht's schneller – ein Doppelklick genügt.

Wir wollen uns nicht näher in die Hilfe vertiefen, denn tatsächlich ist der Editor so kinderleicht zu bedienen, daß kaum Fragen offen bleiben, wenn man die grundlegenden Bedienungstechniken einmal begriffen hat.

Wir möchten sie Ihnen deshalb auch nicht in ausufernden Erklärungen beibringen, sondern in einer Reihe von Übungen.

Die Sie keineswegs mitmachen müssen. Lesen wird in den meisten Fällen vollauf genügen.

Eine Datei laden

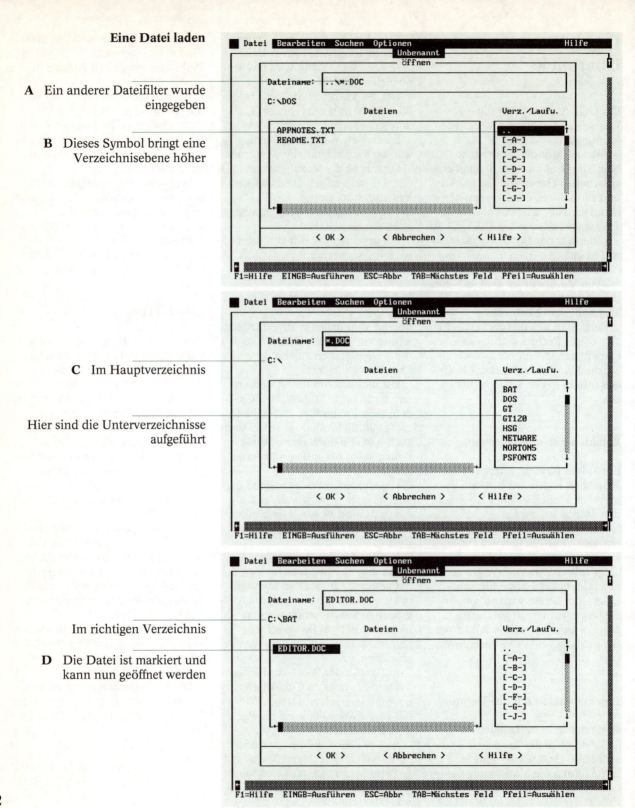

A Ein anderer Dateifilter wurde eingegeben

B Dieses Symbol bringt eine Verzeichnisebene höher

C Im Hauptverzeichnis

Hier sind die Unterverzeichnisse aufgeführt

Im richtigen Verzeichnis

D Die Datei ist markiert und kann nun geöffnet werden

So geht's: Dateien öffnen

Kennen Sie Windows? Oder Word 5.5? Oder ...? Viele Programme haben heutzutage ähnliche Dialogfenster zur Dateiauswahl, deren gemeinsames Merkmal ist, daß sie mit der Maus spielend zu bedienen sind. Aber auch mit der Tastatur ist es nicht schwer.

Wir werden eine Datei laden, die uns als Spielmaterial für den Editor dient. Voraussetzung ist, daß Sie die Übungsdateien auf Ihre Festplatte kopiert haben, wie das im vorigen Kapitel beschrieben ist. Und Sie sollten den Editor gestartet haben.

Ausführung

Sie lernen, sich in einem Dateiauswahlfenster zu bewegen und ein anderes Verzeichnis auszuwählen.

In der Verzeichnisliste bewegt man sich mit den beiden Punkten in der Verzeichnishierarchie eine Ebene nach oben. Diese beiden Punkte tauchen allerdings nicht auf, wenn man den Editor vom Hauptverzeichnis startet. Berücksichtigen Sie das in Schritt 3.

Ergebnis

Der Editor gibt als Dateifilter stets »*.TXT« vor. Man kann den Filter ändern, aber leider vergißt DOS diese Änderung wieder.

Ideen

Um eine neue Datei zu erstellen, muß der Menübefehl DATEI/NEU gewählt werden. Der Bildschirm wird gelöscht, wenn eine Datei geladen war.

Sind daran Änderungen vorgenommen worden, fragt DOS, ob gespeichert werden soll.

	So geht's mit der Tastatur	So geht's mit der Maus
1. Öffnen Sie das Menü DATEI/ÖFFNEN.	Mit [Alt] in die Menüleiste, [←], weil DATEI schon markiert ist, dann [F].	Klick auf DATEI und dann auf ÖFFNEN.
2. Ändern Sie den Dateifilter in *.DOC	Der Cursor steht bereits im Eingabefeld und an dessen Ende. Also dreimal [←], dann DOC schreiben und [←], damit der neue Filter wirksam wird (**A**).	Auch Mausbesitzer müssen tippen.
3. Gehen Sie in die Verzeichnisliste und markieren Sie die beiden Punkte (B).	So oft [⇥] drücken, bis Sie dort sind. Eine Cursortaste bewegen, bis die beiden Punkte markiert sind.	Ein Klick auf die beiden Punkte.
4. Drücken Sie [←].	Sie kommen eine Verzeichnisebene höher. Wiederholen Sie diesen Schritt gegebenenfalls so oft, bis Sie im Hauptverzeichnis sind (**C**).	Schneller geht's, wenn Sie gleich doppelklicken (**C**).
5. Wählen Sie nun das Verzeichnis BAT aus.	Mit [⇥] in die Verzeichnisliste, [BAT] markieren, [←].	Jetzt aber ganz schnell: Doppelklick auf [BAT].
6. Öffnen Sie die Datei EDITOR.DOC.	Das bereitet Ihnen keine Schwierigkeiten mehr: mit [⇥] in die Dateiliste (**D**), eine Cursortaste betätigen, damit EDITOR.DOC markiert wird, mit [←] die Datei öffnen.	Auch hier geht's ganz schnell mit einem Doppelklick auf EDITOR.DOC.

DOS und sein Editor

Text markieren	Diese Taste ...	markiert ...
	⇧+←	... Zeichen links
	⇧+→	... Zeichen rechts
	⇧+Strg+←	... bis zum Wortanfang
	⇧+Strg+→	... bis zum Wortende
	⇧+↓	... die aktuelle Zeile und die Zeile darunter
	⇧+↑	... die aktuelle Zeile und die Zeile darüber
	⇧+Bild↓	... eine Bildschirmseite nach unten (von der aktuellen Zeile 21 Zeilen nach unten)
	⇧+Bild↑	... eine Bildschirmseite nach oben (von der aktuellen Zeile 21 Zeilen nach oben)
	⇧+Strg+Pos1	... von der aktuellen Zeile bis zum Textanfang
	⇧+Strg+Ende	... von der aktuellen Zeile bis zum Textende

Löschen und einfügen	Taste	Funktion
	Entf	Zeichen oder Markierung löschen
	⇧+Entf	In Zwischenablage löschen (ausschneiden)
	Strg+Einfg	In die Zwischenablage kopieren
	⇧+Einfg	Inhalt der Zwischenablage einfügen
	Strg+Y	Ganze Zeile löschen
	Strg+Q Y	Von der Cursorposition bis zum Zeilenende
	Strg+T	Von der Cursorposition bis zum Wortende
	⇧+⇤	Leerzeichen am Beginn der Zeile löschen
	Strg+N	Oberhalb eine Zeile einfügen

Textmarken	Taste	Funktion
	Strg+K 0	Erste Textmarke setzen
	Strg+K 1	Zweite Textmarke setzen
	Strg+K 2	Dritte Textmarke setzen
	Strg+K 3	Vierte Textmarke setzen
	Strg+Q 0	Erste Textmarke anspringen
	Strg+Q 1	Zweite Textmarke anspringen
	Strg+Q 2	Dritte Textmarke anspringen
	Strg+Q 3	Vierte Textmarke anspringen

Text bearbeiten

Der DOS-Editor ist natürlich kein vollwertiges Textprogramm. Aber er bietet ausreichende Möglichkeiten, um Batch-Dateien zu schreiben oder zu bearbeiten – im Vergleich zum vorsintflutlichen EDLIN geradezu luxuriöse.

Hilfe leisten eine Menge Tastenkombinationen. Auf dieser und der nächsten Seite sind sie alle aufgeführt.

Na, fast alle. Statt `Einfg` kann man zum Beispiel auch `Strg`+`V` betätigen.

Auf solche Dinge haben wir allerdings verzichtet. Denn erstens werden die WordStar-Anwender, die hartnäckig `Strg`+`V` statt `Einfg` benutzen, auch immer weniger, und zweitens wissen die das eh alles. Also, herhören, ihr alten Kämpfer aus der PC-Urzeit: diese ganzen `Ctrl`-Fingerverkrampfer von damals funktionieren im Editor auch heute noch! (Für die Nachgeborenen: `Strg` hieß seinerzeit noch `Ctrl`.)

Text markieren

Am einfachsten geht das mit der Maus: linke Taste gedrückt halten und ziehen.

Doch Vorsicht! Der Editor markiert zeilenweise. Ziehen Sie den Mauszeiger von der Mitte der aktuellen Zeile eine Zeile tiefer, sind zwei Zeilen vollständig markiert.

Text umstellen, kopieren und löschen

Was macht man mit markiertem Text? Man verschiebt ihn beispielsweise an eine andere Stelle oder kopiert ihn, weil man nicht andauernd ECHO oder REM neu schreiben will. Der Editor bedient sich dabei der Zwischenablage. Alle Windows-Anwender kennen sie, und sie kennen die dafür gebräuchlichen Tastenkombinationen, die auch der Editor benutzt.

Die Zwischenablage ist ein temporärer Speicher, der automatisch gelöschten Text aufnimmt (Ausnahme: Löschungen mit `Entf` und `←`), in den man Text auch mit `Strg`+`Einfg` kopieren kann.

Den Inhalt der Zwischenablage kann man nun an beliebiger Stelle und beliebig oft wieder einfügen – solange er noch vorhanden ist.

Jedes neue Löschen oder Kopieren überschreibt die Zwischenablage.

Nochmals detaillierter:
☐ Mit `Strg`+`Einfg` wird markierter Text in die Zwischenablage kopiert.
☐ Mit `⇧`+`Entf` wird markierter Text gelöscht und in der Zwischenablage gespeichert. »Ausschneiden« nennt man das.
☐ Mit `⇧`+`Einfg` wird der Inhalt der Zwischenablage an beliebiger Stelle eingefügt.

Diese drei Funktionen können auch über das Menü BEARBEITEN abgerufen werden.

Auch beim Löschen größerer Texteinheiten (zum Beispiel eine ganze Zeile mit `Strg`+`Y`) kommt die Zwischenablage ins Spiel. Diese Texteinheiten werden ebenfalls in die Zwischenablage ausgeschnitten und können wieder eingefügt werden.

`Entf` oder `⇧`+`Entf`?

Mit `⇧`+`Entf`, das wissen Sie jetzt, wird Text zwar aus dem Text entfernt, aber der Editor hält ihn noch in der Hinterhand: in der Zwischenablage.

Verwenden Sie dagegen `Entf` alleine, wird der Text wirklich gelöscht und erscheint nicht in der Zwischenablage.

Sie können ihn also nicht mehr einfügen. Und leider kennt der Editor keine Möglichkeit, eine solche Aktion rückgängig zu machen.

Cursorbewegungen

Der Editor bietet reiche Möglichkeiten, den Cursor schnell an bestimmte Stellen zu bewegen, wobei auch hier die Maus bestimmt die allerschnellste ist.

Und auch der Textausschnitt läßt sich selbstredend in alle vier Richtungen verschieben. Mit der Maus klicken Sie dazu auf die Pfeile in den Bildlaufleisten. Oder Sie verschieben mit gedrückter linker Taste die Marke in den Bildlaufleisten.

Besondere Aufmerksamkeit verdienen die Tastenkombinationen `Strg`+`↑` und `Strg`+`↓`. Sie verschieben den Ausschnitt um jeweils eine Zeile, der Cursor bleibt aber an seiner aktuellen Position.

Textmarken

Um bestimmte Stellen schnell anzuspringen, können Sie bis zu vier Textmarken definieren, wobei die Zählung bei 0 beginnt.

Die Textmarken werden allerdings nicht mit gespeichert.

Änderungen verwerfen

Eine eigene Funktion dafür gibt es nicht. Man muß gleichsam durch die Hintertür: den Editor verlassen oder eine andere Datei laden und dabei nicht speichern lassen.

Natürlich gehen dadurch sämtliche Änderungen verloren. Sie sollten deshalb zwischendurch öfter mal speichern mit DATEI/SPEICHERN.

Cursorbewegungen	Taste	Funktion
	←	Ein Zeichen nach links
	→	Ein Zeichen nach rechts
	↑	Eine Zeile nach oben
	↓	Eine Zeile nach unten
	Strg + ←	Ein Wort nach links
	Strg + →	Ein Wort nach rechts
	Pos1	An den Textbeginn in der aktuellen Zeile
	Strg + Q S	An den Beginn der aktuellen Zeile
	Ende	An das Ende der aktuellen Zeile
	Strg + ↵	An den Beginn der nächsten Zeile
	Strg + Q E	In die erste Zeile des Bildschirms
	Strg + Q X	In die letzte Zeile des Bildschirms
	Strg + Pos1	An den Textanfang
	Strg + Ende	An das Textende

Ausschnitt verschieben	Taste	Funktion
	Strg + ↑	Eine Zeile nach oben
	Strg + ↓	Eine Zeile nach unten
	Bild↑	Eine Bildschirmseite nach oben
	Bild↓	Eine Bildschirmseite nach unten
	Strg + Bild↑	Eine Bildschirmseite nach links
	Strg + Bild↓	Eine Bildschirmseite nach rechts

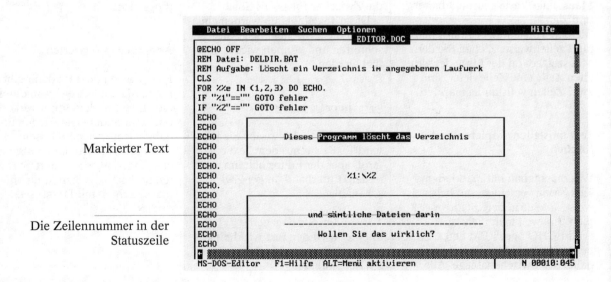

Markierter Text

Die Zeilennummer in der Statuszeile

So geht's: Text bearbeiten

1. Gehen Sie in Zeile 7 und hinterlasssen Sie dort eine Duftmarke, pardon: eine Textmarke.

Mit der Maus in Zeile 7 klicken, ansonsten mit den Cursortasten abwärts. Die Zeilennummer läßt sich in der Statuszeile ablesen. Die Textmarke gesetzt wird mit [Strg]+[K] und einer Ziffer zwischen 0 und 3.

2. Löschen Sie die Zeile darunter.

Gelöscht wird die gesamte Zeile mit [Strg]+[Y], wobei die Cursorposition innerhalb der Zeile gleichgültig ist.

3. Springen Sie an das Textende und fügen Sie die gelöschte Zeile wieder ein.

Mit [Strg]+[Ende] geht es an das Ende, mit [⇧]+[Einfg] wird eingefügt.

4. Gehen Sie zurück zu Ihrer Textmarke.

[Strg]+[Q] plus die Nummer der Textmarke.

5. Fügen Sie die gelöschte Zeile an ihrer ursprünglichen Position wieder ein.

Eine Zeile abwärts, dann [⇧]+[Einfg]. Die Zeile bleibt in der Zwischenablage gespeichert, bis sie dort durch eine neue Aktion überschrieben wird.

6. Markieren Sie irgendwo ein paar Wörter, und löschen Sie sie mit [Entf]. Fügen Sie sie dann mit [⇧]+[Einfg] wieder ein.

Sie merken, das geht nicht. Statt dessen wird die vorher gelöschte Zeile wieder eingefügt. Was mit [Entf] gelöscht wird, kommt nicht in die Zwischenablage (und überschreibt sie deshalb auch nicht).

7. Markieren Sie nochmals etwas, löschen Sie mit [⇧]+[Entf], und fügen Sie mit [⇧]+[Einfg] wieder ein.

Das geht.

8. Und bitte erneut etwas markieren und das kopieren.

Mit [Strg]+[Einfg] wird in die Zwischenablage kopiert, mit [⇧]+[Einfg] wird die Zwischenablage wieder eingefügt.

Vorbereitung

Bitte verwenden Sie für diese Übung die Beispieldatei EDITOR.DOC (an der können Sie nichts kaputt machen) oder einen beliebigen anderen Text.

Ausführung

Sie wenden einige der Bearbeitungsmöglichkeiten an.

Ergebnis

Verstehen Sie diese Übung als eine Gelegenheit, gefahrlos einige Dinge auszuprobieren.

Wir werden uns vordringlich mit der Zwischenablage beschäftigen. Schauen Sie sich die Tabellen mit den Tastenkombinationen an und greifen Sie sich heraus, was Sie sonst noch interessiert.

Ideen

Wenn Sie die Originaldatei nicht zerstören wollen (wozu freilich keinerlei Notwendigkeit besteht, sie wird nicht mehr benötigt), sollten Sie sie mit DATEI/SPEICHERN UNTER unter einem anderen Namen speichern, nach Wunsch auch in einem anderen Verzeichnis.

Gefallen Ihnen die Bildschirmfarben nicht, können Sie sie mit OPTIONEN/BILDSCHIRMANZEIGE ändern.

In diesem Menü lassen sich auch die Bildlaufleisten ausblenden und der Abstand der Tabstopps einstellen.

Mit [⇆] fügt der DOS-Editor keinen echten Tabulator ein, sondern nur Leerzeichen.

Mit [⇧]+[⇆] können sie am Beginn einer Zeile auch schnell wieder gelöscht werden.

DOS und sein Editor

47

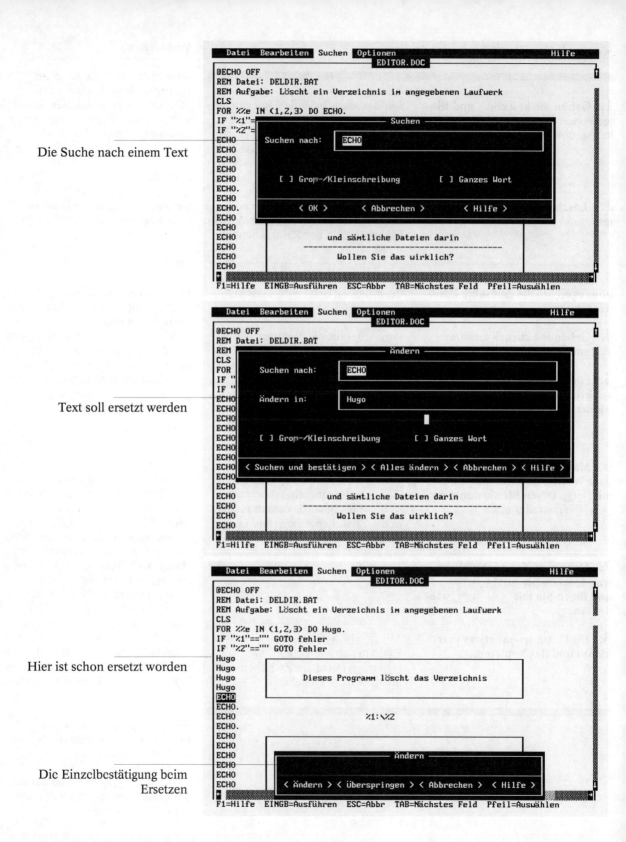

So geht's: Suchen und ersetzen

1. Bringen Sie den Cursor irgendwo in das Wort ECHO und öffnen Sie SUCHEN/SUCHEN.	ECHO wird als Suchtext vorgeschlagen. Sie können sich zusätzlich entscheiden, ob auch die Groß- und Kleinschreibung berücksichtigt werden soll (meist nicht zu empfehlen) und ob nur nach einem ganzen Wort gesucht werden soll. Das bedeutet, daß ECHO als Teil eines Wortes (z.B. in »Echolot«) nicht gefunden würde. Lösen Sie die Suche mit OK oder ⏎ aus.
2. Setzen Sie die Suche fort mit F3.	Der Editor springt jeweils zur nächsten Fundstelle. So können Sie den ganzen Text durcharbeiten. Am Ende angelangt, springt F3 dann wieder zum Textanfang.
3. Öffnen Sie SUCHEN/ÄNDERN.	Der Suchtext wird wiederum beibehalten (kann aber natürlich geändert) werden. Als Ersatztext lassen Sie sich irgendetwas Sinnvolles einfallen, z.B. Hugo. Aktivieren Sie sodann *Suchen und bestätigen*.
4. Die erste Fundstelle ist erreicht. Was tun Sie jetzt?	Mit *Ändern* wird ECHO gegen Hugo getauscht, mit *Überspringen* nicht, statt dessen zur nächsten Fundstelle gehüpft.
5. Brechen Sie ab, öffnen Sie das Menü nochmals, aktivieren Sie jetzt *Alles ändern*.	Und schon gibt's überall im Text kein Echo mehr, sondern lauter Hugos.

Vorbereitung

Verwenden Sie dazu am besten EDITOR.DOC.

Ausführung

Wir werden zunächst einen Text suchen und ihn dann durch einen anderen Text ersetzen.

Ergebnis

Das Wort, in dem der Cursor steht, wird als Suchtext vorgeschlagen – manchmal recht praktisch.

Ebenso, daß man die Suche mit F3 fortsetzen kann und daß der Editor automatisch wieder zum Textanfang zurückspringt. Den letzten Suchtext merkt sich der Editor übrigens bis zum Ende der Arbeitssitzung.

Beim Ersetzen kann entweder automatisch alles ersetzt werden oder nach Einzelbestätigung. Das automatische Ersetzen kann manchmal zu unliebsamen Überraschungen führen. Deshalb sollte man zunächst einen Probelauf mit Einzelbestätigung machen.

Ideen

Mit dem Menü DATEI/DRUCKEN kann der gesamte Text oder ein markierter Ausschnitt auch gedruckt werden. Voraussetzung: der Drucker muß an der parallelen Schnittstelle angeschlossen sein, und es darf kein PostScript-Drucker sein.

Befehle in Batch-Dateien

Eine Batch-Datei, die nur aus DOS-Befehlen besteht, ist schon viel wert. Zu einem leistungsfähigen Instrument werden Batch-Programme aber erst, wenn man auch die besonderen Batch-Befehle einsetzt.

Auf einen Blick

Was ist zu tun
Zu jedem der hier vorgestellten Batch-Befehle gibt es eine Übung, in der die Wirkungsweise der Befehle am praktischen Beispiel demonstriert wird.

Vielfach müssen diese Beispieldateien nur aufgerufen werden. Gelegentlich sollen Sie daran auch Veränderungen vornehmen.

Kenntnisse, Hintergrundwissen
Sie brauchen ein Textprogramm, einen Texteditor oder EDLIN, um die Beispieldateien ändern zu können. Vielleicht probieren Sie alles, was Sie haben, einmal durch, um am eigenen Leib zu spüren, wann ein Textprogramm besser ist und wann man mit EDLIN gut fährt.

Alle in diesem Kapitel verwendeten Beispieldateien finden Sie auf der beiliegenden Diskette – und auch in dem Verzeichnis BAT auf Ihrer Festplatte, wenn Sie sie installiert haben, wie das im Kapitel »Was Batch-Dateien sind und wozu man sie braucht« beschrieben ist.

Die Namen dieser Beispieldateien beginnen alle mit »U_« (für »Uebung«), um sie von den anderen Beispielprogrammen zu unterscheiden.

Ergebnis
Die Programmiersprache für Batch-Dateien, wenn man das überhaupt so nennen will, ist von recht bescheidenem Umfang. Es gibt eigentlich nur acht Befehle, die in diesem Kapitel vorgestellt werden.

Sie sollten, wenn Sie bisher noch keine oder nur wenig Erfahrung in der Batch-Programmierung haben, dieses Kapitel kontinuierlich durcharbeiten. Die einzelnen Abschnitte bauen aufeinander auf. So wird zum Beispiel der Befehl ECHO, der als erstes besprochen wird, in den späteren Beispielen verwendet.

Ideen
Die Beispiele dieses Kapitels sind strikt darauf begrenzt, den Einsatz und die Wirkungsweise der diversen Batch-Befehle zu demonstrieren.

Daraus ergeben sich zwar vielfach schon einsatzbereite, jedoch noch keine fertigen Batch-Programme. Allein diese Beispiele werden bei Ihnen aber sicherlich viele Ahnungen, vielleicht auch schon konkrete Ideen wachrufen, wie Sie Batch-Dateien für Ihre tägliche Arbeit einsetzen können.

Halten Sie sich nicht zurück, experimentieren Sie ruhig, selbst wenn manches noch nicht so recht funktionieren sollte. Auch aus Fehlern lernt man bekanntlich. Einige solcher typischen Fehler werden auch in diesem Kapitel schon diskutiert.

In den folgenden Kapiteln sehen Sie dann, wie sich die Batch-Befehle in der Praxis einsetzen lassen, wie sie sich zu fertigen Lösungen zusammenfinden.

In DOS 5.0 ist übrigens die Batch-Sprache nicht erweitert oder verändert worden gegenüber den bisherigen Versionen.

	Diese Batch-Datei ...	... bewirkt diese Anzeige
Normalerweise zeigt die Batch-Datei den Befehl samt Ergebnis	`CD`	`C:>CD` `C:\BAT`
ECHO OFF unterdrückt die Befehlsausgabe auf dem Bildschirm	`ECHO OFF` `CD`	`C:>ECHO OFF` `C:\BAT`
Das Zeichen @ unterdrückt den ECHO-Befehl	`@ECHO OFF` `CD`	`C:>` `C:\BAT`
Man kann @ auch vor viele DOS-Befehle in Batch-Dateien setzen	`@CD`	`C:>` `C:\BAT`
Mit ECHO werden auch Bildschirmmeldungen erzeugt	`@ECHO OFF` `ECHO Dies ist eine Meldung`	`C:>` `Dies ist eine Meldung`

Für Leerzeilen sind besondere Zeichen notwendig	`@ECHO OFF`
	`ECHO Hier folgt eine Leerzeile`
	`ECHO.`
	`ECHO Und noch eine`
	`ECHO:`
	`ECHO Und die dritte`
	`ECHO/`
	`ECHO Das war´s`
		`C:>`
		`Hier folgt eine Leerzeile`
		
		`Und noch eine`
		
		`Und die dritte`
		
		`Das war´s`

Der Befehl ECHO

ECHO dient dazu, Bildschirmausgaben zu unterdrücken oder zu ermöglichen.

Was ist darunter zu verstehen? Halten Sie sich vor Augen, woraus eine Batch-Datei besteht: aus aufeinandergestapelten Befehlen. DOS liest sie nacheinander und führt sie aus. Das ist so, als ob die Befehle über die Tastatur eingegeben würden. Und gibt man Befehle über die Tastatur ein, erscheinen sie zunächst auf dem Bildschirm.

Zwar mag es manchmal ganz amüsant sein zu verfolgen, was eine Batch-Datei so im einzelnen macht (und oft ist es auch lehrreich, nämlich dann, wenn sie einen Fehler enthält und man herausfinden möchte, wo genau der Fehler ist). Im allgemeinen jedoch sind diese hektischen Bildschirmaktivitäten eher störend. Deshalb schaltet man sie in Batch-Dateien aus mit dem Befehl

    ECHO OFF

Wohlgemerkt: Lediglich der auszuführende Befehl (zum Beispiel DIR) wird unterdrückt, nicht dessen Ergebnis (also das Inhaltsverzeichnis).

Die Umkehrung dazu ist

    ECHO ON

Damit wird ECHO OFF wieder aufgehoben. ECHO OFF und ECHO ON sollten deshalb am Beginn und Ende jeder Batch-Datei stehen.

Die Bedeutung von @

Wobei man dann, noch besser, so beginnt:

    @ECHO OFF

Das vorangestellte Zeichen @ bewirkt, daß auch der ECHO OFF-Befehl selbst nicht angezeigt wird. Diese Wirkung entfaltet @ übrigens bei jedem DOS-Befehl, gleichgültig, ob zuvor ECHO ausgeschaltet worden ist oder nicht.
Die Anweisung

    @DIR

zeigt demnach zwar ein Inhaltsverzeichnis an, jedoch den Befehl DIR selbst nicht.

Meldungen mit ECHO

In den meisten Batch-Dateien sind aber noch andere Elemente enthalten als nur DOS-Befehle, etwa Hinweise an den Benutzer oder Hilfestellung. Sie muß man auch irgendwie auf den Bildschirm bringen.

Stehen sie einfach so in der Batch-Datei, sieht DOS sie als DOS-Befehl an und reagiert mit einer Fehlermeldung.

Hier kommt nun die andere Funktion von ECHO zur Geltung: Bildschirmausgaben zu ermöglichen. Zum Beispiel:

    ECHO Das Verzeichnis ist gelöscht

Mit dem vorangestellten ECHO (und einem Leerzeichen) wird der Text »Das Verzeichnis ist gelöscht« auf den Bildschirm geschickt – jeder beliebige Text, jedes beliebige Zeichen.

Auch jene Zeichen, die mit der Tastatur nicht direkt zu erzeugen sind: Grafikzeichen etwa. Man benutzt sie gern, um Bildschirmmeldungen optisch zu gestalten.

Leerzeilen

Zur Gestaltung gehört auch Auflockerung, gehören also Leerzeilen zwischen den Texten, damit sich die Meldungen auf dem Bildschirm nicht so drängen.

ECHO selber jedoch erzeugt keine Leerzeilen. Nur so eingegeben, nackt und bloß und ohne Text dahinter, fragt ECHO den aktuellen Status ab und meldet

    ECHO ist on

Oder:

    ECHO ist off

Ein Leerzeichen dahinter nützt ebenfalls nichts, es wird schlichtweg ignoriert; ECHO dient wieder der Statusabfrage.

Nur mit Tricks bringt man mit ECHO eine Leerzeile zustande.

Die erste Möglichkeit besteht darin, nach ECHO und dem obligaten Leerzeichen das Zeichen mit dem ASCII-Code 255 einzugeben ([Alt] gedrückt halten, im numerischen Zehnerblock 255 eingeben). Das Zeichen 255 ist gar nichts (im Fachjargon: ein Blank), aber etwas anderes als ein Leerzeichen.

Übersichtlicher und einfacher ist es, unmittelbar hinter ECHO einen Punkt, einen Doppelpunkt oder einen Schrägstrich zu setzen – aber wirklich unmittelbar, ohne Leerzeichen dazwischen:

    ECHO.
    ECHO:
    ECHO/

All das bewirkt ebenfalls eine Leerzeile.

		Das ist die Batch-Datei	**Das sieht man am Bildschirm**

A	Befehl und Meldung werden angezeigt	`ECHO Dies ist Zeile 1`
		`ECHO Dies ist Zeile 2`
			`C:>ECHO Dies ist Zeile 1`
			`Dies ist Zeile 1`
			`C:>ECHO Dies ist Zeile 2`
			`Dies ist Zeile 2`

B	Das Zeichen @ unterdrückt den Befehl in der ersten Zeile	`@ECHO Dies ist Zeile 1`
		`ECHO Dies ist Zeile 2`
			`C:>`
			`Dies ist Zeile 1`
			`C:>ECHO Dies ist Zeile 2`
			`Dies ist Zeile 2`

C	Nun werden mit ECHO OFF zwar die ECHO-Befehle unterdrückt, dafür erscheint ECHO OFF	`ECHO OFF`
		`ECHO Dies ist Zeile 1`
		`ECHO Dies ist Zeile 2`
			`C:>ECHO OFF`
			`Dies ist Zeile 1`
			`Dies ist Zeile 2`

D	Das Zeichen @ unterdrückt jetzt auch den Befehl ECHO OFF	`@ECHO OFF`
		`ECHO Dies ist Zeile 1`
		`ECHO Dies ist Zeile 2`
			`C:>`
			`Dies ist Zeile 1`
			`Dies ist Zeile 2`

E	Meldungen ohne ECHO sieht DOS als Befehle an	`@ECHO OFF`
		`ECHO Dies ist Zeile 1`
		`ECHO Dies ist Zeile 2`
		`Dies ist Zeile 3`
			`C:>`
			`Dies ist Zeile 1`
			`Dies ist Zeile 2`
			`Befehl oder Dateiname ungültig`

So geht's: Das ECHO

Alle Übungen dieses Kapitels sind auf der Beispieldiskette enthalten, wenigstens in ihrer Ausgangsform. Ihre Aufgabe ist es, sie zu vervollständigen bzw. abzuändern, um die Wirkungsweise der einzelnen Batch-Befehle verfolgen zu können.

Die Änderungen nehmen Sie mit Ihrem Textprogramm oder noch besser mit dem DOS-Editor vor.

Mit dem haben Sie die Gewähr, daß er einen reinen ASCII-Text erzeugt, ohne Steuerzeichen.

Ausführung

Als erstes sollten Sie sich immer anschauen, woraus die Beispieldatei besteht.

Wahrscheinlich es vielfach gar nicht nötig, daß Sie die folgenden Übungsschritte aktiv nachvollziehen. Sicherlich reicht Ihr Vorstellungsvermögen in den meisten Fällen aus, um anhand der Beschreibungen und der Bilder die Änderungen zu erkennen.

Das Zeichen @, der »Klammeraffe«, das hier gefordert wird, erhalten Sie mit [Alt Gr]+[Q], auf manchen Tastaturen auch mit [⇧]+[Alt]+[2]. Wenn auch das nichts hilft: die Taste [Alt] gedrückt halten und im numerischen Zehnerblock 64 eingeben.

Ergebnis

Sie sehen, wie man mit ECHO OFF und mit @ die Befehle selber, nicht aber deren Ergebnis unterdrückt.

Das Ergebnis von ECHO ist eine Bildschirmmeldung.

Ideen

Mit ECHO kann man den Computer auch sprechen lassen, nämlich so:

    ECHO ^G

Das Zeichen ^G erzeugt ein akustisches Signal (dahinter darf Text folgen). Es muß eingegeben werden mit [Strg]+[G], was aber nur mit COPY CON oder EDLIN funktioniert, in den meisten Textprogrammen hingegen nicht – auch im DOS-Editor nicht.

Da muß man dann [Alt] gedrückt halten und im Zehnerblock 7 eingeben, wenn auf dem Bildschirm auch etwas anderes als ^G erscheinen mag.

Im DOS-Editor erscheint gar nichts, er verweigert sich schlichtweg. Ein Ausweg: mit COPY CON eine Extra-Pieps-Datei erstellen, die in den Editor laden, dort in die Zwischenablage kopieren, die dann wieder einfügen dort, wo man es benötigt. Etwas umständlich, aber es geht.

---

1. Betrachten Sie sich die Batch-Datei U_ECHO.BAT und starten Sie sie dann.

Am Bildschirm sehen Sie sowohl das Kommando (A), etwa
ECHO Dies ist Zeile 1
als auch das Ergebnis des Kommandos, nämlich die Textzeile
Dies ist Zeile 1

2. Setzen Sie vor den ersten ECHO-Befehl das Zeichen @. Also so:
    @ECHO Dies ist Zeile 1
    ECHO Dies ist Zeile 2
Starten Sie dann die Batch-Datei.

In der ersten Zeile wird das Kommando unterdrückt und nur noch die Textzeile ausgegeben, die zweite Zeile erzeugt auf dem Bildschirm Kommando plus Textzeile (B).

3. Löschen Sie @ wieder, ergänzen Sie statt dessen so:
    ECHO OFF
    ECHO Dies ist Zeile 1
    ECHO Dies ist Zeile 2

Jetzt passiert folgendes: Zunächst ist der Befehl ECHO OFF zu sehen, dann die beiden Textzeilen. Mit ECHO OFF werden die beiden ECHO-Befehle unterdrückt (C).

4. Setzen Sie vor ECHO OFF den »Klammeraffen«:
    @ECHO OFF
    ECHO Dies ist Zeile 1
    ECHO Dies ist Zeile 2

Nun wird auch ECHO OFF unterdrückt. Auf dem Bildschirm erscheinen nur die beiden mit ECHO erzeugten Textzeilen (D).

5. Ergänzen Sie folgendermaßen:
    @ECHO OFF
    ECHO Dies ist Zeile 1
    ECHO Dies ist Zeile 2
    Dies ist Zeile 3

Ohne ECHO erkennt DOS die letzte Zeile nicht als das, was sie sein soll, nämlich eine Meldung, die auf dem Bildschirm ausgegeben werden soll. Statt dessen wird diese Zeile als auszuführender Befehl betrachtet – den es in dieser Form natürlich nicht gibt (E).

		Das ist die Batch-Datei	Das sieht man am Bildschirm

A	Die Leerzeile wird durch einen Punkt erzeugt	`@ECHO OFF`
		`ECHO Dies ist Zeile 1`
		`ECHO.`
		`ECHO Dies ist Zeile 2`
			`Dies ist Zeile 1`
			
			`Dies ist Zeile 2`

B	Ein Leerzeichen veranlaßt DOS zu einer Statusmeldung	`@ECHO OFF`
		`ECHO Dies ist Zeile 1`
		`ECHO `
		`ECHO Dies ist Zeile 2`
			`Dies ist Zeile 1`
			`ECHO ist ausgeschaltet (OFF)`
			`Dies ist Zeile 2`

C	Steht zwischen ECHO und dem Schrägstrich / ein Leerzeichen, wird der Schrägstrich angezeigt	`@ECHO OFF`
		`ECHO Dies ist Zeile 1`
		`ECHO /`
		`ECHO Dies ist Zeile 2`
			`Dies ist Zeile 1`
			`/`
			`Dies ist Zeile 2`

D	Der Schrägstrich muß ECHO unmittelbar folgen, dann entsteht eine Leerzeile	`@ECHO OFF`
		`ECHO Dies ist Zeile 1`
		`ECHO/`
		`ECHO Dies ist Zeile 2`
			`Dies ist Zeile 1`
			
			`Dies ist Zeile 2`

E	Auch ein Doppelpunkt erzeugt eine Leerzeile	`@ECHO OFF`
		`ECHO Dies ist Zeile 1`
		`ECHO:`
		`ECHO Dies ist Zeile 2`
			`Dies ist Zeile 1`
			
			`Dies ist Zeile 2`

F	Schließt das Zeichen 255 unmittelbar an ECHO an (hier symbolisiert durch den Unterstrich), reagiert DOS mit einer Fehlermeldung	`@ECHO OFF`
		`ECHO Dies ist Zeile 1`
		`ECHO_`
		`ECHO Dies ist Zeile 2`
			`Dies ist Zeile 1`
			`Befehl oder Dateiname ungültig`
			`Dies ist Zeile 2`

G	So ist´s richtig: Erst kommt ein Leerzeichen, dann das Zeichen 255	`@ECHO OFF`
		`ECHO Dies ist Zeile 1`
		`ECHO _`
		`ECHO Dies ist Zeile 2`
			`Dies ist Zeile 1`
			
			`Dies ist Zeile 2`

So geht's: Leerzeilen oder nicht

1. Starten Sie die Beispieldatei U_LEER.BAT.	Erste und zweite Zeile der Bildschirmausgabe sind durch eine Leerzeile getrennt (A). Sie wird erzeugt durch den Punkt nach dem ECHO-Befehl in der dritten Zeile der Batch-Datei.
2. Löschen Sie den Punkt nach dem ECHO-Befehl in der dritten Zeile der Batch-Datei, geben Sie an seiner Stelle einige Leerzeichen ein.	Statt der Leerzeile erfolgt nun eine Meldung über den Status von ECHO (B).

3. Ändern Sie die dritte Zeile ab. Nach ECHO kommt ein Leerzeichen, dann der Schrägstrich:
`@ECHO OFF`
`ECHO Dies ist Zeile 1`
`ECHO /`
`ECHO Dies ist Zeile 2`
	Zwischen den beiden Textzeilen erscheint eine Zeile, die nur den Schrägstrich enthält (C).

4. Löschen Sie das Leerzeichen vor dem Schrägstrich.	Schließt der Schrägstrich dem ECHO-Befehl unmittelbar an, wird damit eine Leerzeile erzeugt (D).

5. Ersetzen Sie den Schrägstrich durch einen Doppelpunkt:
`@ECHO OFF`
`ECHO Dies ist Zeile 1`
`ECHO:`
`ECHO Dies ist Zeile 2`
	Ebenfalls eine Leerzeile (E).

6. Löschen Sie den Doppelpunkt, halten Sie die Taste Alt gedrückt und geben Sie im numerischen Zehnerblock 255 ein.	Damit wird ein »Blank« erzeugt: gar nichts. Aber wenn Sie die Batch-Datei ablaufen lassen, merken Sie, daß DOS das nicht akzeptiert (F).
7. Setzen Sie vor das Blank ein Leerzeichen.	Nun geht's: eine Leerzeile (G).

Vorbereitung

Ausgangspunkt ist die Beispieldatei U_LEER.BAT. In der dritten Zeile ist ein ECHO-Befehl eingefügt, der eine Leerzeile erzeugt.

Ausführung

ECHO fügt Leerzeilen nur auf besondere Weise ein.

Es genügt nicht, lediglich eine leere ECHO-Zeile in die Batch-Datei aufzunehmen. Selbst wenn ECHO von Leerzeichen gefolgt wird, wird damit lediglich ermittelt und angezeigt, ob ECHO OFF oder ECHO ON gesetzt ist.

Ergebnis

Sie lernen die vier Möglichkeiten kennen, wie man mit ECHO Leerzeilen erzwingen.

Am einfachsten ist es, unmittelbar hinter ECHO einen Punkt, einen Doppelpunkt oder einen Schrägstrich zu setzen.

Aber wirklich unmittelbar. Zwischen ECHO und dem Zeichen darf sich kein Leerzeichen befinden, sonst wirkt das wie eine normale ECHO-Anweisung, nur daß statt eines Textes eben dieses Zeichen ausgegeben wird (Übungsschritt 3).

Anders, wenn man mit dem ASCII-Zeichen 255, dem Blank, arbeitet. Hier ist nun wieder ein Leerzeichen zwischen ECHO und dem Blank erforderlich.

Diese Batch-Datei ...	... bewirkt diese Anzeige

REM erscheint auf dem Bildschirm, wenn das ECHO eingeschaltet ist	`@ECHO ON`
	`REM Das ist ein Kommentar`
	`ECHO Und dies eine Meldung`
		`REM Das ist ein Kommentar`
		`Und dies eine Meldung`

Ist das ECHO ausgeschaltet, wird REM zu einem internen Kommentar	`@ECHO OFF`
	`REM Das ist ein Kommentar`
	`ECHO Und dies eine Meldung`
		`Und dies eine Meldung`

REM braucht keinen Text. Auf dem Bildschirm erscheint gleichwohl keine Leerzeile	`@ECHO ON`
	`REM Das ist ein Kommentar`
	`REM`
	`ECHO Und dies eine Meldung`
		`Und dies eine Meldung`

Auch mit einem Doppelpunkt läßt sich ein Kommentar erzeugen	`@ECHO ON`
	`: Das ist ein Kommentar`
	`ECHO Und dies eine Meldung`
		`Und dies eine Meldung`

Die Beispielprogramme haben einen solchen Kommentar am Anfang	`1   @ECHO OFF`
	`2   REM`
	`3   REM    Datei:          DOSMENUE.BAT`
	`4   REM    Aufgabe:        Beispiel für eine Menügestaltung`
	`5   REM                    (unter Verwendung von ANTWORT.COM)`
	`6   REM    DOS-Version:    5.0`
	`7   REM    Erstellt von:   Autorengruppe Kost/Steiner/Valentin`
	`8   REM                    Aus dem Band  Batch-Dateien`
	`9   REM                    in der Reihe  So geht's!`
	`10  REM`	

Kommentare mit REM

REM ist die Abkürzung für *Remark*, und wer etwas Englisch kann, erschließt daraus die Bedeutung dieses Befehls. Er wird für Kommentare in Batch-Dateien benutzt.

Unter Kommentaren wird dabei nicht das verstanden, was der Benutzer an Meldungen auf dem Bildschirm sieht; dafür ist ja ECHO zuständig.

Diese Kommentar dienen vielmehr der internen Dokumentation einer Batch-Datei.

Der Benutzer bekommt sie überhaupt nicht zu Gesicht, wenn er das Programm ablaufen läßt, sondern nur, wenn er mit TYPE in die Batch-Datei hineinschaut oder sie mit EDLIN oder einem Textprogramm bearbeitet.

Und genau dann erfüllen sie auch ihre Funktion. Sie sollen nämlich darüber aufklären, was man vor sich hat.

Über den Sinn von Kommentaren

Es ist Usus unter den Programmierern, ihre Programme zu dokumentieren, das heißt, mit Erläuterungen zu versehen. Selbst bei Batch-Programmen ist das angebracht.

Der Kopf eines Programmcodes nennt zum Beispiel den Namen des Programmes, seine Aufgabe, den Namen des Programmierers, das Datum der Erstellung bzw. letzten Änderung und welche Programmversion verwendet worden ist.

Solche Angaben finden Sie auch in unseren Beispieldateien. (In den Abbildungen und den abgedruckten Listings verzichten wir aus Platzgründen allerdings gelegentlich darauf.)

Das sind durchaus wichtige Angaben. Zum Beispiel gibt es erst ab der DOS-Version 3.3 den Batch-Befehl CALL oder die Möglichkeit, mit @ Befehlsausgaben zu unterdrücken.

Wird eine Batch-Datei, die diese Funktionen enthält, unter früheren DOS-Versionen eingesetzt, erhält man im günstigsten Fall eine Fehlermeldung, im schlechtesten einen Programmabbruch.

Innerhalb des Programmes selbst werden dann einzelne Funktionen dokumentiert. Nicht alle selbstredend, die meisten verstehen sich von selbst.

Manche aber sind, vor allem für den Ungeübten, nicht auf Anhieb zu entschlüsseln oder zeigen eine besonders trickreiche Möglichkeit, ein Problem zu lösen – ein Kommentar hilft zur Klärung.

Wie REM funktioniert

Und eben solche Kommentare werden mit REM eingefügt. Hinter REM steht ein beliebiger Text – bis zu 123 Zeichen lang:

    REM Dies ist ein Kommentar

Im Gegensatz zu ECHO können mit REM Leerzeichen leicht erzeugt werden. Dann fehlt nach REM eben der Text.

Man benutzt das, um das Programmlisting selbst zu strukturieren, zu entzerren, den Beginn neuer Komplexe optisch abzuheben.

Diese Leerzeilen erscheinen jedoch nicht am Bildschirm. REM plus folgender Text werden beim Programmablauf unterschlagen, sie werden nicht am Bildschirm angezeigt.

... oder nicht funktioniert

Voraussetzung dafür ist allerdings, daß ECHO ausgeschaltet ist mit ECHO OFF.

Ist ECHO hingegen eingeschaltet (ECHO ON), wird REM samt Text auf den Bildschirm geschrieben. Und an dieser Stelle erinnern Sie sich vielleicht an den »Klammeraffen« @. Könnte man ihn nicht auch bei REM verwenden, um bei eingeschaltetem ECHO wenigstens das Befehlswort REM zu unterdrücken?

Kann man aber nicht. @REM unterschlägt die gesamte Zeile, im Gegensatz zu @ECHO, das wohl das Befehlswort ECHO unterbindet, den folgenden Text hingegen anzeigt.

Andere Möglichkeiten für Kommentare

Wem es zu aufwendig ist, andauern REM zu schreiben, macht sich das Leben einfacher und setzt vor den Kommentar lediglich einen Doppelpunkt:

    : Dies ist ein Kommentar

Auch das ist dann, wie's hier steht, für DOS ein Kommentar, wobei es im Prinzip unerheblich ist, ob zwischen Doppelpunkt und Text ein Leerzeichen steht oder nicht.

Besser ist ein Leerzeichen, und auch sonst sollte man bei dieser Methode einige Vorsicht walten lassen.

Denn normalerweise ist ein Doppelpunkt plus Text in Batch-Dateien eine Sprungmarke (siehe den Befehl GOTO), und man muß deshalb darauf achten, daß zumindest die ersten acht Zeichen eines Kommentars nicht identisch sind mit dem Namen einer Sprungmarke.

		Das ist die Batch-Datei	Das sieht man am Bildschirm

A	Die Übungsdatei. Am Anfang befinden sich zwei Kommentare	`@ECHO OFF`
		`REM Ein Kommentar`
		`REM Dies ist Zeile 1`
		`ECHO.`
		`ECHO Dies ist Zeile 2`
			`Dies ist Zeile 2`

B	Bei ausgeschaltetem ECHO erscheinen die Kommentare auf dem Bildschirm	`REM Ein Kommentar`
		`REM Dies ist Zeile 1`
		`ECHO.`
		`ECHO Dies ist Zeile 2`
			`REM Ein Kommentar`
			`REM Dies ist Zeile 1`
			`ECHO.`
			
			`ECHO Dies ist Zeile 2`
			`Dies ist Zeile 2`

C	Die letzte Zeile wird mit dem Doppelpunkt zu einem Kommentar und erscheint nicht mehr	`REM Ein Kommentar`
		`REM Dies ist Zeile 1`
		`ECHO.`
		`: Dies ist Zeile 2`
			`REM Ein Kommentar`
			`REM Dies ist Zeile 1`
			`ECHO.`

D	Nun wird auch die erste Zeile übergangen, dank des Zeichens @	`@REM Ein Kommentar`
		`REM Dies ist Zeile 1`
		`ECHO.`
		`: Dies ist Zeile 2`
			`REM Dies ist Zeile 1`
			`ECHO.`

E	Auf dem Bildschirm erscheint lediglich eine Leerzeile, ansonsten besteht die Batch-Datei nur noch aus Kommentaren	`@ECHO OFF`
		`REM`
		`REM`
		`REM`
		`@REM Ein Kommentar`
		`REM Dies ist Zeile 1`
		`ECHO.`
		`: Dies ist Zeile 2`	

So geht's: Kommentare – mal so, mal so

1. Starten Sie die Beispieldatei U_REM.BAT.

Eine mittlerweile wohlbekannte Textzeile erscheint. Aber nur eine. Wo mag nur die andere geblieben sein?

2. Betrachten Sie sich die Beispieldatei U_REM.BAT.

In der ersten Textzeile wurde ECHO durch REM ersetzt. Dadurch wurde sie von einer Ausgabe- zu einer Kommentarzeile (A).

3. Löschen Sie die Zeile
```
@ECHO OFF
```
am Anfang der Datei.

Kommentare sind nur Kommentare, wenn das ECHO ausgeschaltet wird. Nunmehr werden alle REM-Zeilen auf dem Bildschirm ausgegeben (B).

4. Ersetzen Sie in der letzten Zeile ECHO durch einen Doppelpunkt. Sie lautet also nun:
```
: Dies ist Zeile 2
```

Auch ein Doppelpunkt davor stuft zum Kommentar herab. Und diese Zeile erscheint selbst bei ausgeschaltetem ECHO nicht auf dem Bildschirm (C).

5. Ergänzen Sie die erste Zeile so:
```
@REM Beispiel für einen Kommentar
```

Diese Zeile wird nunmehr übergangen, denn @ unterdrückt die Anzeige des Befehls (D).

6. Fügen Sie folgendes am Anfang der Datei ein:
```
@ECHO OFF
REM
REM
REM
```

ECHO ist wieder ausgeschaltet. Auf dem Bildschirm erscheint gar nichts mehr, außer der mit
```
ECHO.
```
angewiesenen Leerzeile, da die gesamte Datei nur noch aus Kommentaren besteht (E). Die drei Zeilen REM ohne Text spielen für die Bildschirmausgabe keine Rolle.

Vorbereitung

Die Übungsdatei U_REM.BAT demonstriert die zwei Möglichkeiten, mit denen man in Batch-Dateien Kommentare eingeben kann.

Ergebnis

Sie merken, daß REM nur dann als interner Kommentar funktioniert, wenn ECHO ON gesetzt wird oder wenn REM mit einem vorangestellten @ unterdrückt wird.

Die zweite Art, einen Kommentar zu markieren, nämlich einen Doppelpunkt davor zu setzen, hat hingegen immer Wirkung, gleichgültig, ob ECHO ein- oder ausgeschaltet ist.

Ideen

In der Regel wird bei Batch-Dateien die Befehlsanzeige immer mit ECHO OFF unterdrückt, so daß REM zur internen Dokumentation ebenso herangezogen werden kann wie der Doppelpunkt.

Der Doppelpunkt ist schneller eingegeben, REM jedoch ist eindeutiger als Kommentar zu erkennen.

Schauen Sie sich die anderen Beispieldateien daraufhin an, wie sie mit REM-Kommentaren dokumentiert sind!

Diese Batch-Datei ...	... bewirkt diese Anzeige

PAUSE hat eine Standardmeldung	`PAUSE`	Weiter mit beliebiger Taste ...
Man kann sie um einen eigenen Text ergänzen. Das funktioniert aber nur, wenn ECHO eingeschaltet ist	`@ECHO ON` `PAUSE Ich muß mal verschnaufen`	PAUSE Ich muß mal verschnaufen Weiter mit beliebiger Taste ...

Die Umleitung zu NUL unterbindet die Standardmeldung	`@ECHO OFF`
	`ECHO Ich muß mal verschnaufen`
	`PAUSE > NUL`
		Ich muß mal verschnaufen

Der Abbruch einer Batch-Datei muß nochmals bestätigt werden	`Stapeljob beenden (J/N)?`	

Mach mal PAUSE – oder brich ganz ab

Es gibt nur einen einzigen Batch-Befehl, mit dem man den Ablauf eines Batch-Programmes anhalten kann. Er heißt PAUSE.

Sinnigerweise. Denn er bewirkt genau das, was sein Name besagt: Die Batch-Datei macht Pause, auf dem Bildschirm wird gemeldet, wie die Arbeit wieder aufgenommen werden kann, nämlich mit einer beliebigen Taste.

Das ist dann so, als sei nichts gewesen. Die Batch-Datei nimmt sich die nächste Befehlszeile vor und macht weiter.

Die Meldung »Weiter mit beliebiger Taste ...« (oder so ähnlich, je nach DOS-Version) läßt sich weder mit ECHO OFF noch mit vorangestelltem @ unterdrücken. Sie erscheint immer.

Pause mit Text

Allerdings läßt sie sich ergänzen. Hinter PAUSE kann ein Text angeben werden, etwa so:

    PAUSE Bitte Disketten wechseln

Dieser Text erscheint dann zusammen mit der Standardmeldung – das allerdings nur, wenn ECHO eingeschaltet ist, was nun wiederum zur Folge hat, daß der Befehl PAUSE selbst am Bildschirm zu lesen ist.

Das ist deshalb keine praktikable Methode. Besser, man formuliert den erläuternden Text mit ECHO.

Und Erläuterungen, was die Pause zu bedeuten hat, sind fast immer angebracht.

Denn es gibt stets einen gewichtigen Grund, das Batch-Programm pausieren zu lassen.

Sei es, daß der Anwender etwas tun muß, damit die Batch-Datei ihre Arbeit ausführen kann – zum Beispiel die Diskette wechseln –, sei es, daß damit die Chance zum Abbruch geboten werden soll, für den Fall, daß man doch nicht das unternehmen will, wozu man die Batch-Datei aufgerufen hat.

Kann ja auch sein, daß man in der Hektik einmal die falsche Batch-Datei erwischt. Und bevor unabänderlich die gesamte Festplatte gelöscht wird, steigt man doch lieber aus.

Der Abbruch

Die PAUSE läßt die Wahl: Entweder geht's weiter mit einer beliebigen Taste, oder man entscheidet sich für den radikalen Abbruch des gesamten Programmes.

Der kann nur mit der Tastenkombination [Strg]+[C] oder auch mit [Strg]+[Untbr] erfolgen – zu jeder Zeit, nicht nur nach einer Pause.

DOS läßt daraufhin noch die Chance zur Umkehr, denn der Abbruch muß eigens bestätigt werden. Gefragt wird nämlich:

    Stapeljob beenden (J/N)?

[Strg]+[C] kann damit auch benutzt werden, um eine Batch-Datei nicht abzubrechen, sondern zu unterbrechen. Denn antwortet man mit N, geht es nahtlos weiter.

Die PAUSE-Meldung unterdrücken

Wer Sinn für Individualismus hat, den stört die stereotype Meldung, die PAUSE produziert. Auf normalem Weg indes, so haben wir gesehen, bekommt man sie nicht weg. Es hilft nur dieser Trick:

    PAUSE > NUL

NUL ist eine sogenannte Pseudo-Einheit. Mit diesem Befehl wird die PAUSE-Meldung umgeleitet »auf« diese Pseudo-Einheit NUL. Sie verschwindet sozusagen in den Tiefen des Computers. (Einzelheiten zu Umleitungen und zu Einheiten erfahren Sie in dem Band »DOS 5.0 – Starthilfen«.)

Die Folge davon: Die Standardmeldung erscheint nicht mehr, die Funktion PAUSE hingegen ist nach wie vor aktiv. Das Programm hält also an und macht auf Tastendruck weiter.

Mit vorangeschalteten ECHO-Befehlen kann man nun seine eigene Pausenmeldung erzeugen.

Einige Tips zu Schreibweisen

Solche Umleitungen zu NUL oder Umleitungen anderer Art sind statthaft in Batch-Dateien und werden auch häufig eingesetzt, wie Sie bei den Beispieldateien noch sehen werden.

Aus diesem Grund sollten Sie bei Ihren eigenen ECHO-Meldungen niemals die Zeichen verwenden, die in DOS für Filter und Umleitungen herangezogen werden, nämlich

    < > |

Die Versuchung besteht, beispielsweise, um dem Anwender die Tastenkombination mitzuteilen, mit der er das Programm abbrechen kann.

Das kann freilich zur Folge haben, daß DOS dies ganz wörtlich nimmt und eine Umleitung versucht, was bestimmt nicht im Sinne des Erfinders ist.

	Das ist die Batch-Datei	Das sieht man am Bildschirm

A Die Übungsdatei U_PAUSE.BAT	`@ECHO OFF`
	`ECHO Das Programm macht Pause`
	`ECHO.`
	`PAUSE`
	`ECHO Jetzt geht es weiter`
		Das Programm macht Pause
		
		Weiter mit beliebiger Taste ...
		Jetzt geht es weiter

B Wenn das ECHO ausgeschaltet ist, erscheint ein zusätzlicher PAUSE-Text nicht	`@ECHO OFF`
	`ECHO Das Programm macht Pause`
	`ECHO.`
	`PAUSE Hier ist die Pause`
	`ECHO Jetzt geht es weiter`
		Das Programm macht Pause
		
		Weiter mit beliebiger Taste ...
		Jetzt geht es weiter

C So kommt er, einschließlich aller Befehle	`REM @ECHO OFF`
	`ECHO Das Programm macht Pause`
	`ECHO.`
	`PAUSE Hier ist die Pause`
	`ECHO Jetzt geht es weiter`
		REM @ECHO OFF
		ECHO Das Programm macht Pause
		Das Programm macht Pause
		ECHO.
		PAUSE Hier ist die Pause
		Weiter mit beliebiger Taste ...
		ECHO Jetzt geht es weiter

D Die Standardmeldung wird durch die Umleitung unterdrückt	`@ECHO OFF`
	`ECHO Das Programm macht Pause`
	`ECHO.`
	`PAUSE > NUL`
	`ECHO Jetzt geht es weiter`
		Das Programm macht Pause
		
		Jetzt geht es weiter

So geht's: Pause und Abbruch

Vorbereitung

Die Übungsdatei U_PAUSE.BAT enthält einen PAUSE-Befehl.

1. Starten Sie die Übungsdatei U_PAUSE.BAT.

Das Programm hält an und teilt mit, daß mit einer beliebigen Taste fortgefahren werden kann (A).

2. Ergänzen Sie den PAUSE-Befehl mit einem beliebigen Text, etwa so:
   PAUSE Hier ist die Pause

Das war wohl nichts. Da ECHO ausgeschaltet ist, wird der Text unterdrückt (B).

Ergebnis

Sie spielen die Möglichkeiten des PAUSE-Befehls durch und bemerken dabei, daß die Möglichkeit, hinter PAUSE auch einen Text anzugeben, nur theoretischer Natur ist, da er nur angezeigt wird, wenn ECHO eingeschaltet ist.

Praktischer ist es, die Standardmeldung umzuleiten und so zu unterdrücken.

3. Heben Sie ECHO OFF auf.

Sie könnten die erste Zeile löschen oder REM davorsetzen und so einen Kommentar daraus machen. Nun geht's, mit der unliebsamen Begleiterscheinung, daß sämtliche Befehle, auch PAUSE, angezeigt werden (C).

4. Schalten Sie das ECHO wieder aus und machen Sie aus dem PAUSE-Befehl dies:
   PAUSE > NUL

Die Umleitung zu NUL bewirkt, daß die Standardmeldung unterdrückt wird (D). Pausiert wird gleichwohl.

Sprünge

Die Sprunganweisung: `GOTO ziel`

Die Sprungmarke (Label) / Das Sprungziel: `:ziel`

Falsche Sprünge

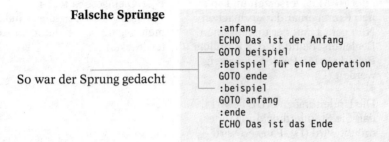

So war der Sprung gedacht:
```
:anfang
ECHO Das ist der Anfang
GOTO beispiel
:Beispiel für eine Operation
GOTO ende
:beispiel
GOTO anfang
:ende
ECHO Das ist das Ende
```

Das ist daraus geworden, weil Sprungziel und Kommentar denselben Namen haben:
```
:anfang
ECHO Das ist der Anfang
GOTO beispiel
:Beispiel für eine Operation
GOTO ende
:beispiel
GOTO anfang
:ende
ECHO Das ist das Ende
```

GOTO und der große Sprung

In Batch-Dateien gilt ein ehernes Gesetz: Alle Befehle werden der Reihe nach abgearbeitet, von oben nach unten – Stapelverarbeitung.

Ganz so ehern ist das Gesetz freilich nicht. Es gibt einen – einen einzigen – Befehl, das lineare Konzept zu durchbrechen und DOS zu zwingen, nicht mit der nächsten Zeile, sondern an einer anderen Stelle fortzufahren.

Sprungmarke und Sprungziel

Der Befehl heißt GOTO – leicht zu merken und zumindest jedem bekannt, der sich schon einmal an Basic versucht hat.

Die genaue Schreibweise ist:

```
GOTO Sprungmarke
```

Die Sprungmarke (im Englischen *Label* genannt) ist ein Name – ein beliebiger Name. Groß- und Kleinschreibung spielen keine Rolle, intern verwandelt DOS die Sprungmarke ohnehin in Großbuchstaben.

Derselbe Name muß dann als Sprungziel wieder auftauchen, diesmal mit einem Doppelpunkt davor. Zum Beispiel:

```
GOTO ziel
.
.
.
:ziel
ECHO Das Ziel ist erreicht!
```

Wenn DOS beim Abarbeiten der Batch-Datei auf eine GOTO-Anweisung stößt, merkt es sich die Sprungmarke und sucht nach ihr.

Die Richtung ist egal

Zeile um Zeile wird überprüft, bis zum Ende der Datei. Dann springt DOS nach oben, setzt die Suche am Anfang der Datei fort, bis die Sprungmarke gefunden ist.

Alle anderen Sprungziele werden ignoriert, DOS hat immer nur das eine im Sinn.

Die Anweisung in der nächsten Zeile (in der Zeile nach »:ziel«) wird ausgeführt. Im obigen Beispiel wird demnach ein Text ausgegeben.

Man kann also mit GOTO auch rückwärts springen. In der folgenden Übung werden Sie sehen, daß man damit leicht eine Endlosschleife erzeugen kann, die sich solange wiederholt, bis der Computer den Geist aufgibt. Vorher entrinnt man ihr nur durch einen Radikalabbruch mit ⇧+C.

In der Übung ist das bewußt so gemacht. In richtigen Batch-Leben freilich muß man einen Ausweg aus der Schleife finden. Wie's geht, erfahren Sie in den nächsten Abschnitten.

Die Sprungmarke darf acht Zeichen lang sein (wie ein Dateiname), alles danach wird von DOS ignoriert, weshalb man theoretisch einer Sprungmarke gleich einen Kommentar anhängen kann.

Wie sich die Zeilen gleichen ...

Allerdings muß man das etwas präziser formulieren: DOS wertet die ersten acht Zeichen einer Sprungmarke aus.

Das bedeutet: Befindet sich dahinter Kommentar, muß der Sprungmarken-Name wenigstens bis zur achten Stelle mit Leerzeichen gefüllt werden.

Das hat auch noch eine andere Konsequenz. Wie Sie wissen, kann ein Doppelpunkt anstelle von REM zur Kennzeichnung eines Kommentars verwendet werden. Allerdings muß man aufpassen, daß der Kommentartext nicht mit den gleichen acht Zeichen wie eine Sprungmarke beginnt.

Ein konstruiertes Beispiel:

```
:anfang
ECHO Das ist der Anfang
GOTO beispiel
:Beispiel für eine Operation
GOTO ende
:beispiel
GOTO anfang
:ende
ECHO Das ist das Ende
```

Gedacht war das als Endlosschleife. Die erste Sprungmarke ignoriert DOS zunächst. Dann kommt der Befehl: Gehe zur Sprungmarke »beispiel«. Von dort aus sollte dann ein Sprung wieder zum Anfang erfolgen.

DOS sucht also nach »beispiel«, und findet es auch. Leider an der falschen Stelle. »Beispiel für eine Operation« sollte ein Kommentar sein, hat aber unglücklicherweise die gleichen acht Zeichen am Anfang wie die Sprungmarke. Also nimmt DOS dies als Sprungziel, führt die Anweisung in der nächsten Zeile – ein Sprung zu der Sprungmarke »ende« und damit zum Ende des Programms.

In der Praxis wird so etwas sicherlich selten passieren. Trotzdem, vor Zufällen ist man nicht sicher.

	Das ist die Batch-Datei	**Das sieht man am Bildschirm**
A Die zweite ECHO-Meldung erscheint nicht auf dem Bildschirm	```@ECHO OFF
ECHO Das Programm macht Pause
ECHO.
PAUSE
GOTO ende
ECHO Jetzt geht es weiter
:ende``` | ```Das Programm macht Pause

Weiter mit beliebiger Taste ...``` |
| Schuld daran ist dieser Sprung | ```@ECHO OFF
ECHO Das Programm macht Pause
ECHO.
PAUSE
┌─ GOTO ende
│ ECHO Jetzt geht es weiter
└─ :ende``` | |
| **B** Diese Batch-Datei bleibt in einer Endlosschleife gefangen | ```@ECHO OFF
:anfang
ECHO Das Programm macht Pause
ECHO.
PAUSE
GOTO ende
ECHO Jetzt geht es weiter
:ende
GOTO anfang``` | ```Das Programm macht Pause

Weiter mit beliebiger Taste ...
Das Programm macht Pause

Weiter mit beliebiger Taste ...
Das Programm macht Pause

Weiter mit beliebiger Taste ...
Das Programm macht Pause

Weiter mit beliebiger Taste ...``` |
| Dafür sorgt dieser Sprung | ```@ECHO OFF
┌─ :anfang
│ ECHO Das Programm macht Pause
│ ECHO.
│ PAUSE
│ GOTO ende
│ ECHO Jetzt geht es weiter
│ :ende
└─ GOTO anfang``` | |

So geht's: Große Sprünge, kleine Sprünge

1. Betrachten Sie sich zunächst die Übungsdatei U_GOTO.BAT.	Sie sehen nach der PAUSE einen Sprungbefehl: GOTO ende Die Sprungmarke dazu ist :ende und steht am Ende der Datei.
2. Starten Sie U_GOTO.BAT.	Die Ausgabe des Textes Jetzt geht es weiter unterbleibt, denn diese Zeile wird übersprungen (A).
3. Starten Sie die Übungsdatei U_END.BAT.	Sie kennen das schon: Das Programm macht Pause, und Sie sollen eine beliebige Taste drücken, damit es weitergeht (B). Und es geht und geht und geht ...
4. Brechen Sie ab mit [Strg]+[C] oder mit [Strg]+[Untbr].	In diese Batch-Datei ist eine Endlosschleife eingebaut worden. Sie springt vom Ende immer wieder zum Anfang. Nur ein Abbruch setzt der Schleife ein Ende.

Ausführung

Damit Sie nicht so viel (genauer gesagt: gar nichts) schreiben müssen, verwenden wir hier zwei Übungsdateien, U_GOTO.BAT und U_END.BAT.

Ergebnis

U_GOTO.BAT entspricht der vorigen Übungsdatei U_PAUSE.BAT, nur daß hier ein GOTO-Befehl eingebaut ist.

Da Sie diese Datei schon kennen, sehen Sie, was passiert: die zweite Textzeile wird übersprungen und somit unterschlagen.

U_END.BAT ist um einen weiteren Sprung ergänzt worden. Er führt vom Ende wieder zum Anfang. Die Folge davon ist eine Endlosschleife.

Ideen

Diese beiden Beispiele sollen grundsätzlich vorführen, wie Sprünge funktionieren.

Praxisgerechtere Anwendungen und Möglichkeiten, einer Schleife zu entkommen, werden in den nächsten Abschnitten und Kapiteln aufgezeigt.

Das ist die Batch-Datei

```
:schleife
DIR \%1
SHIFT
GOTO schleife
```

- Die Variable → `DIR \%1`
- Dieser Befehl sorgt für die Verschiebung der Variablen → `SHIFT`
- Der Sprung zurück zum Anfang → `GOTO schleife`

Der Programmaufruf

```
SDIR TEXTE BRIEFE BAT
```

Diese Verzeichnisnamen sollen nacheinander an die Stelle der Variablen treten

Der erste Durchgang

```
:schleife
DIR \TEXTE
SHIFT
GOTO schleife
```

Die Variable wird durch den ersten Eingabeparameter ersetzt

Der zweite Durchgang

```
:schleife
DIR \BRIEFE
SHIFT
GOTO schleife
```

Die Variable wird durch den zweiten Eingabeparameter ersetzt

Der dritte Durchgang

```
:schleife
DIR \BAT
SHIFT
GOTO schleife
```

Die Variable wird durch den dritten Eingabeparameter ersetzt

SHIFT und die Variablen

An eine Batch-Datei lassen sich Variablen übergeben. Sie werden beim Programmaufruf mit angegeben und von der Batch-Datei nacheinander übernommen.

Betrachten Sie einmal diesen Befehl:

    DIR C:\TEXTE

Eine bekannte Operation. In Normalsprache übersetzt: Zeige das Inhaltsverzeichnis (DIR) von Laufwerk C, Verzeichnis TEXTE.

Über Variablen

Das sind zwei Variablen: der DOS-Befehl sowie das Verzeichnis. Der DOS-Befehl setzt zwingend voraus, daß dem Verzeichnis die Laufwerkskennung vorangesetzt wird, wenn es sich nicht um das aktuelle Laufwerk handelt.

Lassen wir dieselbe Aktion von einer Batch-Datei ausführen, die wir SDIR nennen. Deren Aufruf könnte so aussehen:

    SDIR C TEXTE

Das sind jetzt drei Variable: SDIR (der Name der Batch-Datei), C (das Laufwerk) und TEXTE (das Verzeichnis). Wir haben es in unserer Batch-Datei so festgelegt, daß Laufwerk und Verzeichnis beim Aufruf getrennt werden müssen.

Variable Batch-Dateien

Diese Batch-Datei sieht so aus:

    DIR %1:\%2

Innerhalb der Batch-Datei werden die Variablen mit Zahlen angesprochen. Damit DOS weiß, daß es sich um Variablen handelt, wird ein Prozentzeichen davorgesetzt.

Beim Programmablauf nimmt nun DOS die erste Zeichenfolge hinter dem Namen der Batch-Datei und setzt sie an die Stelle von %1:

    DIR C:\%2

%2 wird durch die zweite Variable ersetzt:

    DIR C:\TEXTE

Fertig ist der Befehl.

Von 0 bis 9

In Batch-Dateien können bis zu zehn Variablen verwaltet werden. %0 steht dabei für die Batch-Datei selbst, so daß noch %1 bis %9 frei sind.

Eine Batch-Datei in dieser Form ist natürlich nicht besonders witzig. Interessanter wird es, wenn man mit einem Befehlsaufruf verschiedene Inhaltsverzeichnisse ausgeben kann.

Dank der Variablen ist das kein Problem. Gehen wir der Einfachheit halber einmal davon aus, daß nur das aktuelle Laufwerk angesprochen werden soll:

    DIR \%1
    DIR \%2
    .
    .
    DIR \%8
    DIR \%9

Aber diese Batch-Datei hat eine Reihe von Nachteilen.

Ersten ist sie recht umfangreich. Zweitens können nur neun Verzeichnisse angesprochen werden (na gut, die Einschränkung ließe sich verschmerzen). Drittens zeigt sie seltsame Ergebnisse, wenn beim Aufruf weniger als neun Verzeichnisse angegeben werden.

Zum Beispiel nur zwei:

    SDIR TEXTE BRIEFE

Überlegen Sie mal, was passiert. Das Inhaltsverzeichnis TEXTE wird angezeigt (Variable %1), das von BRIEFE auch (Variable %2) – aber von da an sind die Variablen leer. Und DOS setzt dieses Nichts ein:

    DIR \

Und sieben Mal wird der Inhalt des Hauptverzeichnisses ausgegeben.

Jetzt kommt der Befehl SHIFT ins Spiel. Er hat nichts mit der gleichnamigen Taste zu tun, sondern ist ein originärer Batch-Befehl.

Er verschiebt die Variablenliste um eine Position nach links und reduziert das Programm beträchtlich:

    DIR \%1
    SHIFT

DOS setzt zunächst die erste Variable des Aufrufes ein (TEXTE), führt den Befehl aus und verschiebt die Liste: TEXTE ist nicht mehr %1, sondern %0 (und fällt damit aus dem Rennen, weil die Variable %0 nirgends angesprochen wird).

Dafür wird die bisherige Nummer Zwei, BRIEFE, zu %1 – der DIR-Befehl wird auf BRIEFE angewendet.

Damit das funktionieren kann, muß der Befehl aber auch mehrmals aufgerufen werden. Man baut deshalb eine Schleife ein:

    :schleife
    DIR \%1
    SHIFT
    GOTO schleife

Nach der Verschiebung der Variablen springt das Programm mit GOTO wieder an den Anfang der Prozedur und kann nun die nächste Variable einsetzen.

So geht's aber immer noch nicht zufriedenstellend, denn damit haben wir eine veritable Endlosschleife programmiert, die, wie oben, immerfort das Hauptverzeichnis anzeigt, wenn alle Variablen durch sind.

Wir müssen deshalb einen sanften Ausstieg aus der Schleife finden.

A Die Batch-Datei U_VAR.BAT verlangt zwei Variablen

```
@ECHO OFF
DIR %1:\%2 /p
```

So ist der Programmaufruf richtig

```
U_VAR C BAT
```

```
 Verzeichnis von   C:\BAT\

DELDIR2   BAT      3396   8.08.91  18.20
DELDIR3   BAT      1955   8.08.91  18.20
KOPIE     BAT      1536   8.08.91  18.33
ASCII     BAT        42   8.08.91  18.12
0         BAT       652   8.08.91  18.10
1         BAT       658   8.08.91  18.10
2         BAT       764   8.08.91  18.11
3         BAT       712   8.08.91  18.11
AUFRUF    BAT       690   8.08.91  18.12
DATDIR    BAT       947   8.08.91  18.13
DELDIR4   BAT      1459   8.08.91  18.20
DOSMENÜ   BAT      4280   8.08.91  18.23
KILL      BAT       800   8.08.91  18.24
KILL2     BAT       933   8.08.91  18.25
```

B So ist er falsch, dieses Verzeichnis kennt DOS nicht

```
U_VAR C \BAT
```

```
Datenträger in Laufwerk C hat keine
Datenträgerbezeichnung
Ungültiges Verzeichnis
```

C Die Batch-Datei U_SHIFT.BAT zeigt beliebig viele Inhaltsverzeichnisse an

```
@ECHO OFF
:schleife
DIR \%1 /p
ECHO.
ECHO Dies war das Verzeichnis %1
PAUSE
SHIFT
GOTO schleife
```

Doch wenn alle Variablen abgearbeitet sind, wird in einer Endlosschleife das Hauptverzeichnis angezeigt. Dem Programm fehlt noch ein Ausstieg aus der Schleife

```
U_SHIFT DOS BAT TEXTE
```

```
Datenträger in Laufwerk C hat keine
Datenträgerbezeichnung
 Verzeichnis von   C:\

BAT            <DIR>       17.02.90  16.03
BEUTE          <DIR>       27.02.90   9.43
BRIEF          <DIR>       14.05.90   9.51
SOGEHTS        <DIR>        9.06.90   9.36
WINDOWS        <DIR>       31.08.90  18.28
AUTOEXEC  BAT        344    2.09.90  10.38
COMMAND   COM      26100   29.04.88  12.00
CONFIG    SYS        147   31.08.90  20.34
HIMEM     SYS      11483    9.05.90  12.00
KEYB      COM      10990   29.04.88  12.00
KEYBOARD  SYS      41144   29.04.88  12.00
MOUSE     SYS      23086   25.07.89  12.00
NCD       EXE      36746    1.03.89  16.51
```

So geht's: Variablen und ihre Verschiebung

1. Die Übungsdatei U_VAR.BAT hat folgende Syntax:
   U_VAR Laufwerk Verzeichnis
Lassen Sie sich irgendein Verzeichnis anzeigen!

Diese Batch-Datei (A) besteht im Grunde nur aus einem Befehl:
DIR %1:\%2 /P
Daraus ergibt sich auch die Syntax. Erwartet wird die Angabe eines Laufwerkes (das wird für %1 eingesetzt) und eines Verzeichnisses (für %2).

2. Geben Sie einmal folgendes ein:
   U_VAR c \bat

Wie bei einem DOS-Befehl muß auch bei einer Batch-Datei die Syntax genau beachtet werden (B). Der Backslash vor dem Verzeichnisnamen ist nicht nur überflüssig, sondern falsch. Denn anstelle der Variablen steht ja nun:
DIR C:\\BAT

3. Geben Sie jetzt ein:
   U_VAR bat

Genauso falsch, da nur eine Variable angegeben ist. Im Programm heißt es nämlich dann:
DIR BAT:\%2
Das Laufwerk BAT aber kennt DOS ebensowenig wie das Verzeichnis %2.

4. Die Syntax von U_SHIFT.BAT ist:
   U_SHIFT Verzeichnis1
          Verzeichnis2 ...
Lassen Sie sich mehrere Verzeichnisse anzeigen.

U_SHIFT.BAT geht davon aus, daß Sie sich nur Verzeichnisse im Laufwerk C ansehen wollen. Deshalb ist nur der Verzeichnisname erforderlich.
Sie können so viele Verzeichnisse angeben, wie Sie möchten. Aber irgendwann wird nur noch das Hauptverzeichnis angezeigt, immer wieder – eine Endlosschleife (C).

5. Brechen Sie ab mit [Strg]+[C].

Sie erfahren im nächsten Abschnitt, wie man der Endlosschleife entkommen kann.

Ausführung

Zwei einfache Beispiele, wie Variablen verwendet werden können.

Ergebnis

Die Übungsdatei U_VAR.BAT zeigt das Inhaltsverzeichnis in einem bestimmten Laufwerk. Sie arbeitet mit zwei Variablen: die erste für das Laufwerk, die zweite für das Verzeichnis.
   Der Nutzeffekt dieser Batch-Datei besteht – über die Demonstration hinaus – darin, daß man sich beim Aufruf den Backslash ersparen kann, ebenso den Schalter /P für die seitenweise Ausgabe.
   In den Schritten 2 und 3 erleben Sie, daß auch bei Batch-Dateien die Syntax peinlich genau beachtet werden muß.
   U_SHIFT.BAT, die zweite Beispieldatei, hat nur eine Variable für den Verzeichnisnamen. Weil die Variable mit SHIFT verschoben wird, können beim Aufruf aber beliebig viele Verzeichnisse angegeben werden.
   Allerdings bleibt U_SHIFT.BAT in einer Endlosschleife stecken und zeigt immer wieder das Hauptverzeichnis an, denn wenn das letzte angegebene Verzeichnis abgearbeitet ist und mithin keine Variable mehr eingesetzt werden kann, lautet der Befehl ja:

   DIR \

   Im nächsten Abschnitt lernen Sie den Ausstieg aus der Schleife kennen.
   U_SHIFT.BAT zeigt auch, wie die Variablen in einem ECHO-Befehl verwendet werden können. Hier wird mit ECHO angegeben, um welches Verzeichnis es sich gehandelt hat.

Eine Reihe von Voraussetzungen für eine Aktion wird geprüft. Wird auch nur eine der aufgestellten Bedingungen erfüllt (das heißt, etwas ist nicht vorhanden), springt das Programm zum Ende

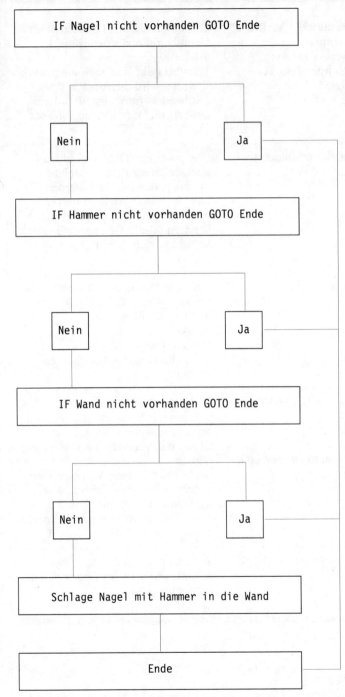

IF diktiert seine Bedingungen

IF muß in engem Zusammenhang vor allem mit GOTO gesehen werden. Denn IF erlaubt Verzweigungen innerhalb einer Batch-Datei, unter genau kontrollierten Bedingungen.

IF fragt ab und entscheidet dann: *Wenn* etwas zutrifft (oder in der Negation: wenn etwas nicht zutrifft), *dann* soll eine bestimmte Aktion ausgeführt werden.

Diese Aktion ist zum Beispiel ein Sprung mit GOTO. Allgemein ausgedrückt und sogleich auf unser Schleifenproblem übertragen:

```
IF Variablenliste leer
GOTO Ende
```

Die Aktion kann aber auch jeder gültige DOS- oder Batch-Befehl sein. So könnte etwa mit ECHO eine Meldung ausgegeben werden.

Wahr oder falsch

IF stellt also eine Bedingung auf und macht den weiteren Fortgang davon abhängig. Dabei verfährt IF nach einer recht einfachen und sehr strengen Logik.

Das Ergebnis der Bedingungsprüfung ist ein »Entweder – Oder«. Entweder die Bedingung wird erfüllt, dann ist das Ergebnis WAHR. Oder die Bedingung wird nicht erfüllt, dann ist das Ergebnis FALSCH.

WAHR und FALSCH sind bei jeder Art von Programmierung wichtige Werte, und um das zu unterstreichen, schreibt man sie vielfach in Großbuchstaben.

Man nennt sie »Wahrheitswerte«, und sie spielen eine große Rolle in den höheren Programmiersprachen und auch bei der Makroprogrammierung in Anwendungsprogrammen.

Diese Reduzierung auf ein »Entweder – Oder« hat der Computerei den Vorwurf des eindimensionalen Denkens eingetragen, da es für viele Entscheidungen auch noch weitere Möglichkeiten gäbe.

Das ist so richtig wie falsch (da haben wir's ja schon). Tatsächlich lassen sich mit IF verschiedene Möglichkeiten durchspielen. Es kommt immer nur darauf an, wie man Fragen formuliert. Und man muß sie in einer bestimmten Weise formulieren, damit das Programm etwas damit anfangen kann.

Man muß dabei auch bedenken, daß ein Programm keine Meinungen abfragt oder übermittelt, sondern lediglich Anweisungen ausführt. Und das ist nur möglich, wenn bestimmte Voraussetzungen erfüllt sind.

Vom Nagel, dem Hammer und der Wand

Wie im menschlichen Leben. Wer einen Nagel in die Wand schlagen will, braucht dazu zwingend erstens einen Nagel, zweitens einen Hammer und drittens eine Wand. Fehlt auch nur eine der Komponenten, kann die Aktion nicht ausgeführt werden.

Eine Batch-Datei könnte das so überprüfen:

```
IF Nagel nicht vorhanden GOTO Ende
IF Hammer nicht vorhanden GOTO Ende
IF Wand nicht vorhanden GOTO Ende
Schlage Nagel mit Hammer in die Wand
:Ende
```

Zunächst wird nacheinander überprüft, ob alle drei Komponenten vorhanden sind.

Als erstes ist der Nagel an der Reihe. Fehlt der Nagel, ist die mit IF formulierte Bedingung WAHR (sie trifft zu), der folgende Befehl wird ausgeführt: GOTO Ende, besorge dir erst mal einen Nagel, bevor du weitermachen kannst.

Ist der Nagel hingegen vorhanden, wird die Bedingung nicht erfüllt (sie ist FALSCH). Sie interessiert dann nicht weiter. Und wie von Batch-Dateien gewohnt, wird in der nächsten Zeile weitergemacht.

Auf diese Weise überprüft das Programm auch, ob der Hammer und die Wand existieren. Und erst wenn sichergestellt ist, daß alle drei Komponenten bereitliegen – erst dann kann die angestrebte Aktion in Gang kommen.

Auf den eigentlichen Gegenstand von Batch-Dateien übertragen heißt das: Eine Datei kann nur dann von dem einen Verzeichnis in ein anderes Verzeichnis kopiert werden, wenn sowohl Quellverzeichnis als auch Zielverzeichnis existieren sowie die Datei, die kopiert werden soll.

Und ähnlich: Eine Batch-Datei, die mit Variablen arbeitet, kann dies nur tun, wenn Variablen angegeben sind. Oder: Sie soll nur so lange etwas tun, wie Werte vorhanden sind, die als Variable eingesetzt werden können – das Problem der Endlosschleife.

Wie so vieles in Batch-Dateien, ist auch der Einsatz von IF recht begrenzt. IF kann nur folgendes überprüfen:
☐ Zeichenfolgen,
☐ die Existenz von Dateien (und mit einem Trick auch von Verzeichnissen),
☐ den ERRORLEVEL, einen Rückgabewert von DOS bei bestimmten Operationen.

Eine Batch-Datei mit dem Namen XFORMAT macht ihren Verlauf vom Inhalt der Variablen abhängig	``` IF "%1"=="" GOTO ende IF %1==A FORMAT A: IF %1==B FORMAT B: IF %1==C ECHO Nicht erlaubt! :ende ```		
Erste Eingabe	`XFORMAT A`		
Die zweite Bedingung trifft zu, formatiert wird im Laufwerk A	``` IF "%1"=="" GOTO ende IF A==A FORMAT A: IF %1==B FORMAT B: IF %1==C ECHO Nicht erlaubt! :ende ```	``` C:>FORMAT A: Neue Diskette in Laufwerk A: einlegen und EINGABE drücken ```	
Zweite Eingabe	`XFORMAT B`		
Die dritte Bedingung trifft zu, formatiert wird im Laufwerk B	``` IF "%1"=="" GOTO ende IF %1==A FORMAT A: IF B==B FORMAT B: IF %1==C ECHO Nicht erlaubt! :ende ```	``` C:>FORMAT B: Neue Diskette in Laufwerk B: einlegen und EINGABE drücken ```	
Dritte Eingabe	`XFORMAT C`		
Die vierte Bedingung trifft zu, es wird eine Fehlermeldung ausgegeben	``` IF "%1"=="" GOTO ende IF %1==A FORMAT A: IF %1==B FORMAT B: IF C==C ECHO Nicht erlaubt! :ende ```	`C:>Nicht erlaubt!`	
Vierte Eingabe	`XFORMAT`		
Die erste Bedingung trifft zu (keine Variable), die Batch-Datei springt zum Ende	``` IF ""=="" GOTO ende IF %1==A FORMAT A: IF %1==B FORMAT B: IF %1==C ECHO Nicht erlaubt! :ende ```	`C:>`	

IF prüft Zeichenfolgen

»Zeichenfolge« (oder »Zeichenkette«) ist einer jener abstrakten Computer-Begriffe, die von vielen als so monströs und abstoßend empfunden werden.

Der Begriff ist aber nur deshalb so abstrakt, weil er allumfassend sein will. Eine Folge von Zeichen ist für DOS wirklich nur das: ein Zeichen nach dem andern. Manche Zeichenfolgen erkennt DOS. Zum Beispiel ist die Zeichenfolge »DIR« einer seiner Befehle. »Texte« könnte ein Verzeichnis sein, »Vorwort« eine Datei.

Für uns haben die Zeichenfolgen »Texte« und »Vorwort« einen Sinn an sich (»DIR« hingegen nur, wenn wir DOS-Grundkenntnisse haben).

DOS aber fängt mit Zeichenfolgen nur etwas an, wenn sie gespeichert sind – im übertragenen Sinne als eines der internen Programme (DIR), im wirklichen, wenn sich ein Verzeichnis oder eine Datei dieses Namens auf der Platte befinden.

Umgekehrt ergibt die Zeichenfolge »A%R3_$« für DOS durchaus einen Sinn, wenn eine Datei diesen Namen hat – für uns ist das diesmal nur eine willkürliche Abfolge von Zeichen.

Gibt's das – oder nicht?

Getreu seiner rigiden Logik überprüft eine Batch-Datei mit IF, ob eine Zeichenfolge vorhanden ist oder nicht. Das kann nur so gehen, daß eine angenommene Zeichenfolge mit einer erwarteten Zeichenfolge verglichen wird:

```
IF Zeichenfolge1==Zeichenfolge2
```

Zu beachten ist hierbei das doppelte Gleichheitszeichen; es ist zwingend vorgeschrieben, und DOS kommt mit einer Fehlermeldung, wenn nur eines vorhanden ist.

Einen solchen Vergleich verwendet man, um Benutzereingaben zu überprüfen und das Programm eventuell abzubrechen.

Zum Beispiel ließe sich eine Batch-Datei denken, die das Formatieren nur in den Laufwerken A und B, nicht aber im Laufwerk C erlaubt.

Beim Aufruf muß dann das gewünschte Laufwerk angegeben werden. Und das wird überprüft:

```
IF %1==A FORMAT A:
IF %1==B FORMAT B:
IF %1==C ECHO Nicht erlaubt!
```

Das Programm setzt die beim Aufruf angegebene Zeichenfolge – die hier nur aus einem Zeichen besteht – an die Stelle von %1 und vergleicht sie mit der Vorgabe.

Angenommen, beim Aufruf wurde C angegeben. Die erste Zeile sieht dann so aus:

```
IF C==A FORMAT A:
```

Zeichenfolge1 und Zeichenfolge2 sind nicht identisch – die Bedingung wird nicht erfüllt, weiter zur nächsten Zeile.

(Eine ausgefeiltere Version dieser Batch-Datei finden Sie im Kapitel »Beispiele für die Dateiverwaltung«.)

Groß- und Kleinschreibung

Im Gegensatz zu Sprungmarken unterscheidet DOS hier zwischen Groß- und Kleinschreibung.

Wird im obigen Beispiel die erforderliche Laufwerkskennung als Kleinbuchstabe angegeben, trifft keine der Bedingungen zu, denn DOS generiert dann:

```
IF a==A FORMAT A:
```

Um sich abzusichern, muß deshalb auch die Kleinschreibung aufgefangen werden, was zu folgender Sequenz zwingt:

```
IF %1==A FORMAT A:
IF %1==a FORMAT A:
IF %1==B FORMAT B:
IF %1==b FORMAT B:
IF %1==C ECHO Nicht erlaubt!
IF %1==c ECHO Nicht erlaubt!
```

Ganz schön aufwendig.

Das Nichts überprüfen

Schon oft angesprochen, kommt jetzt die Lösung, wie man einer Schleife entrinnt, wenn alle Variablen abgearbeitet sind.

Das Problem dabei ist, daß eine nicht vorhandene Variable eben nichts ist. Wie soll man das Nichts darstellen? Es gibt verschiedene Möglichkeiten. Eine ist die:

```
IF "%1"=="" GOTO ende
```

Ist %1 »leer«, ergibt sich:

```
IF ""=="" GOTO ende
```

Beide Zeichenketten sind identisch.

Beachten Sie, daß zwischen den zweiten Anführungszeichen kein Leerzeichen steht. Denn sonst würde DOS daraufhin überprüfen, ob die Variable aus einem Leerzeichen besteht. Ein Leerzeichen ist für DOS aber auch ein Zeichen.

Eine andere Variante setzt irgendein Zeichen ein, das sonst bestimmt nicht vorkommt. Etwa so:

```
IF #%1==# GOTO ende
```

Ist eine Variable vorhanden, sieht das so aus:

```
IF #A==# GOTO ende
```

Die Bedingung ist nicht erfüllt, also weitermachen. Wenn die Variable aber nicht existiert, dann sind beide Zeichenfolgen identisch:

```
IF #==# GOTO ende
```

Und es wird zum Ende gesprungen.

Die Übungsdatei U_IF.BAT

Aufruf:
U_IF Verzeichnis[se]

```
1    @ECHO OFF
2    :schleife
3    IF %1 ==     GOTO ende
4    DIR \%1 /p
5    ECHO.
6    ECHO Dies war das Verzeichnis %1
7    IF %1==BAT ECHO Hier sind die Beispieldateien versammelt
8    PAUSE
9    SHIFT
10   GOTO schleife
11   :ende
```

A Das Programm zeigt die Inhaltsverzeichnisse der angegebenen Verzeichnisse und nach jedem eine Meldung

```
Dies war das Verzeichnis texte
Weiter mit beliebiger Taste ...
```

B Wenn das Verzeichnis BAT enthalten ist und in Großbuchstaben angegeben wurde, kommt eine weitere Meldung

```
Dies war das Verzeichnis BAT
Hier sind die Beispieldateien versammelt
Weiter mit beliebiger Taste ...
```

Dann wird nämlich auch die Bedingung der Zeile 7 erfüllt

```
1    @ECHO OFF
2    :schleife
3    IF %1 ==     GOTO ende
4    DIR \BAT /p
5    ECHO.
6    ECHO Dies war das Verzeichnis BAT
7    IF BAT==BAT ECHO Hier sind die Beispieldateien versammelt
8    PAUSE
9    SHIFT
10   GOTO schleife
11   :ende
```

So geht's: Eingaben überprüfen

Je mehr Batch-Befehle wir einbauen, desto mehr verlagert sich der Schwerpunkt der Übungen.

Wichtiger, als die Übungsdateien zu ergänzen oder zu ändern (was für Sie nur viel Schreibarbeit bedeuten würde), wird jetzt die Analyse der Batch-Dateien. Die Ausführung dient mehr der Überprüfung.

Zum ersten Mal sind jetzt bei den abgedruckten Batch-Dateien (nicht aber in den Beispielprogrammen) die Zeilen fortlaufend numeriert.

Diese Zeilennummern dürfen Sie bei Ihren eigenen Batch-Dateien auf keinen Fall mit eingeben.

Sonst sind es für DOS keine Batch-Dateien mit ausführbaren Befehlen mehr, sondern normale Textdateien.

Die Zeilennummern sollen Ihnen die Orientierung erleichtern, da die Beispielprogramme teilweise recht umfangreich sind.

1. Starten Sie U_IF.BAT mit der Angabe von mehreren Verzeichnissen – aber bitte alle in Kleinschreibung. Das Verzeichnis BAT mit den Beispieldateien sollte auch dabei sein.

2. Dasselbe bitte nochmals, aber BAT jetzt in Großbuchstaben.

Warum hier ausnahmsweise soviel Wert auf die Kleinschreibung gelegt wird (A), offenbart ein genauer Blick auf den Programmcode (und der nächste Übungsschritt).

Achten Sie darauf, was passiert, wenn das Inhaltsverzeichnis von BAT angezeigt worden ist: eine zweite Textzeie erscheint. (B)

Ergebnis

U_IF.BAT ist eine Weiterentwicklung von U_SHIFT.BAT und zeigt die Lösung des Endlosschleifen-Problems.

In Zeile 3 wird die Eingabe überprüft. Besteht sie aus nichts, heißt das, daß alle angegebenen Verzeichnisse abgearbeitet sind, und das Programm springt mit GOTO zu einer Sprungmarke, die sich ganz am Ende befindet und damit die gesamte Batch-Datei abschließt.

In Zeile 7 erfolgt nochmals eine Überprüfung. Jetzt wird gezielt eine Eingabe abgefragt, nämlich BAT.

Ist diese Eingabe vorhanden, wird zusätzlich zu »Dies war das Verzeichnis BAT« noch der Text »Hier sind die Beispieldateien versammelt« ausgegeben.

Dies aber nur dann, wenn die mit IF aufgestellte Bedingung haargenau erfüllt wird. Und das wird sie nur dann, wenn der Verzeichnisname BAT in Großbuchstaben eingegeben wird. Denn IF unterscheidet zwischen Groß- und Kleinschreibung.

Um das zu überprüfen, sollen Sie die Verzeichnisse zunächst in Kleinbuchstaben angeben.

Ist die Datei vorhanden?

Dann kann sie auch kopiert werden

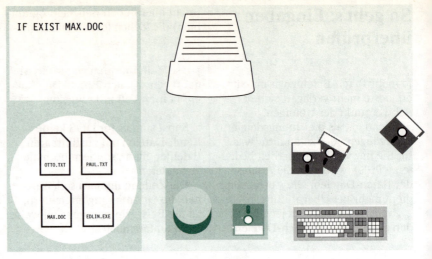
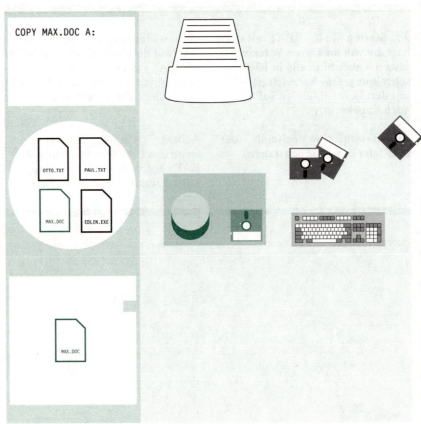

IF prüft Dateien und Verzeichnisse

Mit IF kann man auch überprüfen, ob eine bestimmte Datei vorhanden ist oder nicht.

Der IF-Befehl bekommt dafür noch einen Zusatz:

```
IF EXIST Datei Kommando
```

Die Form IF EXIST betrifft dabei, und das muß man sich merken, nur Dateien, nicht Zeichenfolgen.

Es versteht sich, daß der Dateiname vollständig angegeben werden muß, mitsamt Endung. Und auch mit Laufwerk und Verzeichnis, wenn nicht das aktuelle Verzeichnis gemeint ist:

```
IF EXIST C:\TEXTE\BRIEF.TXT
```

Im Gegensatz zum Vergleich von Zeichenfolgen spielt hierbei Groß- oder Kleinschreibung keine Rolle. Wie bei sonstigen Befehlen auch: DOS übersetzt intern den Dateinamen in Großbuchstaben.

Sie werden noch verschiedene Batch-Dateien kennenlernen, die sehr intensiv von IF EXIST Gebrauch machen. Das ist wie beim Nagel und dem Hammer: mit Dateien kann nur gearbeitet werden, wenn sie auch vorhanden sind.

In der folgenden Übung werden Sie zum Beispiel eine Datei auf Diskette kopieren:

```
IF EXIST %1 COPY %1 a:
```

Meist koppelt man solche Abfragen mit einer Anweisung, was zu tun ist, wenn die Datei nicht existiert:

```
IF EXIST %1 COPY %1 A:
IF NOT EXIST %1 GOTO ende
```

Ist die Datei nicht vorhanden, wird zum Ende gesprungen.

Verzeichnisse überprüfen

IF EXIST, das sagten wir schon, überprüft nur Dateien. Nur Dateien – keine Verzeichnisse.

Zwar kann mit IF EXIST auch eruiert werden, ob in einem bestimmten Verzeichnis eine bestimmte Datei (oder überhaupt eine) vorhanden ist, nicht aber, ob es das Verzeichnis selbst auch gibt. Die Bedingung

```
IF EXIST C:\%1\*.*
```

ist nur wahr, wenn das Verzeichnis, das als Variable %1 angegeben wird, wenigstens eine Datei enthält. Sie ist aber falsch, wenn es sich um ein leeres Verzeichnis handelt – und dann geht unter Umständen auch die Batch-Datei ins Leere.

Verzeichnisse können nur mit einem Trick erfaßt werden. Der Trick heißt NUL.

NUL ist Nichts (was wäre DOS, wenn es das Nichts nicht gäbe!). NUL ist eine sogenannte Pseudo-Einheit, in die man zum Beispiel Ausgaben umleiten kann. Man tut so als ob und schickt die Daten ins Nichts. (Von Einheiten generell lesen Sie im Band »DOS 5.0 – Starthilfen«, von Umleitungen nach NUL werden Sie in den Beispielen noch etliches hören.)

NUL ist aber auch eine Pseudo-Datei, eine fiktive Datei also. Die Datei NUL gibt es in jedem Verzeichnis, gleichgültig, ob es auch richtige Dateien enthält oder nicht. Die Abfrage

```
IF EXIST C:\%1\NUL
```

ist deshalb immer wahr, wenn das Verzeichnis existiert (auch als leeres Verzeichnis), und falsch, wenn es nicht vorhanden ist.

Das ist umständlich, gewiß, und in gewisser Weise auch unverständlich. Denn wenn Sie mit DIR den Inhalt eines nicht vorhandenen Verzeichnisses anzeigen lassen wollen, meldet DOS sehr wohl, daß es dieses Verzeichnis nicht gibt. Man könnte diese Rückmeldung also gut auf irgendeine Weise einbauen. Man kann es aber nur, wenn man die Pseudo-Datei NUL zu Hilfe nimmt.

Laufwerke überprüfen

Laufwerke zu überprüfen, hat IF EXIST so wenig vorgesehen wie Verzeichnisse.

Gleichwohl kann man es. Ebenfalls mit einem Trick. Überprüfen Sie sich selbst einmal auf Ihr bisher erworbenes Batch-Denken – bevor Sie umblättern und die Lösung finden.

U_DATEI.BAT prüft, ob eine Datei vorhanden ist

```
@ECHO OFF
IF EXIST %1 COPY %1 A:
             ECHO Die Datei existiert nicht!
```

U_DIR.BAT schaut nach einem Verzeichnis

```
@ECHO OFF
IF EXIST \%1\NUL DIR \%1 /P
             ECHO Das Verzeichnis gibt es nicht!
```

U_LW.BAT nimmt das Laufwerk unter die Lupe

```
@ECHO OFF
IF EXIST %1:\NUL ECHO Das Laufwerk gibt es!
             ECHO Das Laufwerk gibt es nicht!
```

So geht's: Dateien, Verzeichnisse und Laufwerke überprüfen

Alle drei Übungsdateien überprüfen etwas und sind demnach ähnlich aufgebaut. Und alle drei sind sehr einfach gehalten, reduziert auf das Problem, das hier diskutiert werden soll – damit es nicht im Gewirr von Verfeinerungen untergeht.

Ausführlichere, bessere Fassungen finden Sie im Kapitel »Beispiele für die Dateiverwaltung«.

Sie brauchen für diese Übung eine formatierte Diskette. Sie muß nicht leer sein, sollte nur noch etwas Platz haben, weil eine Datei kopiert wird.

Ergebnis

Alle drei Batch-Programme verwenden IF EXIST zur Prüfung.

---

1. Legen Sie eine Diskette in Laufwerk A und starten Sie U_DATEI.BAT mit Angabe eines Dateinamens.

Die Datei, die Sie angeben, sollte auch tatsächlich vorhanden sein. Sie wird auf die Diskette kopiert.

2. Starten Sie U_DATEI.BAT nochmals, diesmal mit einem Phantasienamen, zum Beispiel
U_DATEI xyz

Da diese Datei nicht existiert, erhalten Sie von der Batch-Datei eine entsprechende Meldung.

3. Starten Sie U_DIR.BAT mit der Angabe eines beliebigen Verzeichnisses.

Dessen Inhaltsverzeichnis wird angezeigt.

4. Die Gegenprobe: U_DIR mit einem Phantasienamen.

Die Batch-Datei erkennt, daß das Verzeichnis nicht existiert, und produziert eine Fehlermeldung.

5. Jetzt werden die Laufwerke überprüft. Starten Sie U_LW.BAT mit der Angabe einer Laufwerkskennung.

Wenn Sie das Laufwerk A nehmen, sollte sich darin eine Diskette befinden.

6. Und erneut das Gegenbeispiel: Geben Sie ein nicht vorhandenes Laufwerk an.

Sie erhalten die erwartete Meldung.

U_DATEI.BAT kopiert eine Datei aus dem aktuellen Verzeichnis in das Laufwerk A – weshalb Sie zur Ausführung in Laufwerk A eine Diskette legen müssen.

IF EXIST wird hier auf den angegebenen Dateinamen angewendet.

U_DIR.BAT muß nachschauen, ob das Verzeichnis existiert. Um auch Verzeichnisse einzuschließen, die keine Dateien enthalten, wird die Pseudodatei NUL angegeben.

U_LW.BAT schließlich überprüft, ob ein angegebenes Laufwerk vorhanden ist. Das ist nur mit einem kleinen Trick möglich.

Der Unterschied zwischen U_DIR.BAT und U_LW.BAT wird Ihnen nur auffallen, wenn Sie sehr genau hinschauen.

In U_DIR.BAT erfolgt die Prüfung mit

```
IF EXIST \%1\NUL
```

In U_LW.BAT lautet sie:

```
IF EXIST %1:\NUL
```

Ein Backslash weniger, ein Doppelpunkt dazu – das ist das ganze Geheimnis. Überprüft wird, wiederum mit der Pseudodatei NUL, das Hauptverzeichnis des angegebenen Laufwerkes.

Wenn das nicht vorhanden ist, kann es auch das Laufwerk nicht geben.

ERRORLEVEL bei DOS-Befehlen	Code	Bedeutung
FORMAT	0	Formatierung war erfolgreich.
	3	Formatierung vom Benutzer abgebrochen.
	4	Formatierung abgebrochen wegen eines Systemfehlers.
	5	Die Rückfrage bei der Formatierung einer Festplatte, ob die Formatierung fortgesetzt werden solle, wurde mit Nein beantwortet.
BACKUP	0	Datensicherung war erfolgreich
	1	Es gab keine Dateien, die gesichert hätten werden können.
	2	Einige Dateien sind nicht gesichert worden wegen Netzwerkkonflikten.
	3	Datensicherung vom Benutzer abgebrochen.
	4	Datensicherung abgebrochen wegen eines Systemfehlers.
RESTORE	0	Befehl erfolgreich ausgeführt.
	1	Es gab keine Dateien zum Wiederherstellen.
	3	RESTORE vom Benutzer abgebrochen.
	4	Abgebrochen wegen eines Systemfehlers.
XCOPY	0	Kopieren erfolgreich ausgeführt.
	1	Es gab keine Dateien, die kopiert hätten werden können.
	2	Kopieren vom Benutzer abgebrochen.
	4	Kopieren abgebrochen wegen eines Systemfehlers (zu wenig Speicherkapazität, ungültiges Laufwerk, falsche Befehlseingabe).
	5	Kopieren abgebrochen wegen eines Interrupt-24-Fehlers.
REPLACE	0	Befehl erfolgreich ausgeführt.
	1	Fehler bei der Befehlseingabe.
	2	Datei nicht gefunden.
	3	Pfad nicht gefunden.
	5	Zugriff verweigert.
	8	Nicht genügend Arbeitsspeicher.
	15	Ungültiges Laufwerk.

IF prüft den ERRORLEVEL

Wer sich ERRORLEVEL wörtlich ins Deutsche übersetzt und damit Error als Fehler, könnte leicht einem Irrtum unterliegen.

Den DOS-Begriff merkt man sich besser als »Beendigungscode«. Dann ist die Bedeutung umfassender und richtiger.

Was ist ein ERRORLEVEL?

Und was heißt »Beendigungscode«? Schlicht dies: Hat DOS einen Befehl ausgeführt, erfolgt eine interne Rückmeldung in einer Zahl zwischen 0 und 255. Jeder Beendigungscode hat eine bestimmte Bedeutung. Er sagt etwas darüber aus, wie die Aktion verlaufen ist.

Diesen Code kann man nun mit IF abfragen und den Fortgang der Batch-Datei vom Ergebnis abhängig machen.

Woher die ERRORLEVEL kommen

Allerdings geben nicht alle DOS-Befehle einen solchen ERRORLEVEL zurück. Die wichtigsten: FORMAT, BACKUP, RESTORE, XCOPY und REPLACE.

Wie Sie den Tabellen entnehmen können, sind die Codes so halbwegs standardisiert. 0 heißt stets: Operation erfolgreich, und der Patient lebt auch noch. Alles andere sind Fehler, die unterschiedliche Ursachen haben können.

IF fragt den ERRORLEVEL ab und führt dann eine Aktion aus, nach folgendem Schema:

```
IF ERRORLEVEL Wert Kommando
```

Wichtig ist:

Die IF-Abfrage ist immer dann wahr, wenn der ERRORLEVEL gleich oder größer dem angegebenen Wert ist.

Gleich oder größer: Das muß man sich merken, sonst nützt die ganze IF-Bedingung nichts.

Denn daraus folgt, daß der niedrigste ERRORLEVEL – in der Regel 0 – immer wahr ist, weil er ja alle höheren Werte mit einschließt.

Aus diesem Grund muß man ERRORLEVEL-Abfragen stets absteigend aufbauen.

Nach dem höchsten Wert wird zuerst gefragt, dann nach dem zweithöchsten und so weiter, bis man schließlich beim niedrigsten angelangt ist.

Für den BACKUP-Befehl könnte das so aussehen:

```
IF ERRORLEVEL 4 ECHO Fehler!
IF ERRORLEVEL 3 ECHO Sie haben abgebrochen
IF ERRORLEVEL 2 ECHO Konflikte im Netzwerk
IF ERRORLEVEL 1 ECHO Nichts da zum Sichern
IF ERRORLEVEL 0 ECHO Alles okay
```

Das Programm arbeitet sich von oben nach unten durch.

Die erste IF ERRORLEVEL-Bedingung trifft zu, wenn der Rückgabewert 4 oder größer ist – in dem Fall der höchste.

Ist der abgehakt – weil die Bedingung nicht zutrifft –, kann man sich ohne Gefahr dem zweithöchsten zuwenden.

Zwar wird auch hier theoretisch der Rückgabewert 4 mit angesprochen – 3 und größer –, in der Praxis gibt's den jedoch nicht mehr, da er schon mit der ersten Abfrage erledigt worden ist.

Wozu den ERRORLEVEL abfragen?

Eine gute Frage. Die meisten Fehler meldet ja DOS im Klartext, mithin weiß man, was los ist.

Bedenken Sie jedoch, daß wir hier von Batch-Dateien reden. Und mit Batch-Dateien kann man das gesamte DOS quasi hinter einem Vorhang verstecken. Man kommt mit ihm gar nicht mehr in Berührung.

Und Sie werden es in den Beispieldateien noch erleben, daß man auch die DOS-Rückmeldungen abfängt, weil sie den Ablauf nur störend unterbrechen würden. Sie erscheinen gar nicht mehr, und der Benutzer wäre hilflos, würde man ihn mit einem Abbruch aufgrund eines Fehlers alleine lassen.

Und zudem: Gerade bei der Datensicherung, wie sie mit BACKUP/RESTORE oder mit XCOPY/REPLACE vorgenommen wird, ist es von eminenter Wichtigkeit, daß alles ordnungsgemäß abgelaufen ist. Sonst verläßt man sich bei einer batch-gesteuerten Sicherung darauf, daß alles seine Richtigkeit hat, und dann fehlt die Hälfte der Daten.

Gleichwohl läßt DOS selbst nur wenig Spielraum für den Einsatz von ERRORLEVEL. Viele Batch-Erweiterungen, die im Kapitel »Erweiterte Batch-Befehle« vorgestellt werden, machen allerdings sehr heftigen und sinnvollen Gebrauch von den Beendigungscodes.

Die Übungsdatei U_ERROR.BAT

```
1   @ECHO OFF
2   FORMAT a:
3   IF ERRORLEVEL 5 GOTO ende
4   IF ERRORLEVEL 4 GOTO vier
5   IF ERRORLEVEL 3 GOTO drei
6   IF ERRORLEVEL 0 ECHO Die Diskette ist formatiert worden
7   GOTO ende
8   :vier
9   ECHO Fehler! Formatierung abgebrochen!
10  GOTO ende
11  :drei
12  ECHO Sie haben abgebrochen
13  GOTO ende
14  :ende
```

Die Abfragen

Der höchste ERRORLEVEL muß zuerst abgefragt werden

```
1   @ECHO OFF
2   FORMAT a:
3   IF ERRORLEVEL 5 GOTO ende
4   IF ERRORLEVEL 4 GOTO vier
5   IF ERRORLEVEL 3 GOTO drei
6   IF ERRORLEVEL 0 ECHO Die Diskette ist formatiert worden
7   GOTO ende
8   :vier
9   ECHO Fehler! Formatierung abgebrochen!
10  GOTO ende
11  :drei
12  ECHO Sie haben abgebrochen
13  GOTO ende
14  :ende
```

Die Sprünge

```
1   @ECHO OFF
2   FORMAT a:
3   IF ERRORLEVEL 5 GOTO ende
4   IF ERRORLEVEL 4 GOTO vier
5   IF ERRORLEVEL 3 GOTO drei
6   IF ERRORLEVEL 0 ECHO Die Diskette ist formatiert worden
7   GOTO ende
8   :vier
9   ECHO Fehler! Formatierung abgebrochen!
10  GOTO ende
11  :drei
12  ECHO Sie haben abgebrochen
13  GOTO ende
14  :ende
```

So geht's: Den ERRORLEVEL abfragen

Nur wenige DOS-Befehle erzeugen einen ERRORLEVEL, den man in Batch-Dateien weiterverarbeiten kann.

Wie das grundsätzlich geschieht, wird mit U_ERROR.BAT demonstiert, hier mit dem FORMAT-Befehl. Er bietet sich an, weil man ihn gut abbrechen kann.

Das zweite Beispielprogramm U_MENUE.BAT ist ein kleiner Vorgeschmack auf das Kapitel »Beispiele für die Dateiverwaltung«. Diese Batch-Datei benutzt eine Batch-Erweiterung namens ANTWORT.COM (auf der Beispieldiskette enthalten, mithin auch in Ihrem Verzeichnis mit den Beispieldateien).

1. Legen Sie eine neue Diskette in das Laufwerk A.

Oder eine alte, wenn Sie sich garantiert sicher sind, daß Sie auf deren Inhalt verzichten können. Sie wissen ja: Beim Formatieren gehen alle Daten verloren.

2. Starten Sie U_ERROR.BAT und brechen Sie nach kurzer Zeit ab mit [Strg]+[C].

Den beim Abbruch zurückgegebenen ERRORLEVEL-Code fragt die Batch-Datei ab und erzeugt eine entsprechende Meldung.

3. Starten Sie U_ERROR.BAT abermals, lassen Sie aber nun die Diskette formatieren.

Auch nach beendetem Formatieren erfolgt eine Meldung.

4. Starten Sie U_MENUE.BAT und spielen Sie nacheinander alle angebotenen Möglichkeiten durch.

Das ist die Demonstration eines Menüsystemes, das ebenfalls auf der Abfrage von ERRORLEVEL-Werten basiert.
Studieren Sie den Programmcode und beobachten Sie, wie abgefragt wird und wie die Sprünge erfolgen Erläuterungen dazu folgen im nächsten Kapitel.

Ergebnis

Die ERRORLEVEL-Codes des FORMAT-Befehls sind festgelegt und können in der Batch-Datei entsprechend abgefragt werden. Wie beschrieben, muß die Abfrage absteigend erfolgen.

Nach jeder Abfrage mit IF ERRORLEVEL wird mit GOTO zu einer Sprungmarke gegangen. Die ECHO-Ausgabe unmittelbar anzuschließen, ist nicht möglich.

Denn selbst wenn ERRORLEVEL 3 zutrifft (Abbruch durch den Anwender), ist die nächsttiefere Stufe (ERRORLEVEL 0) gleichwohl gültig. Denn die IF-Bedingung ist ja wahr, wenn der ERRORLEVEL gleich oder größer ist. Selbst bei einem Abbruch würde dann zusätzlich die falsche Meldung »Alles ok ...« erfolgen. Das wird umgangen mit den Sprungmarken.

Das gleiche trifft auf die Datei U_MENUE.BAT zu. Das hier verwendete Hilfsprogramm ANTWORT.COM hat aber keine vorgegebenen ERRORLEVEL-Werte wie die DOS-Funktionen.

Es speichert vielmehr die Benutzereingabe (nur ein Zeichen ist möglich). Der ERRORLEVEL entspricht dem ASCII-Wert des eingegebenen Zeichens. Der muß demzufolge abgefragt werden.

Mehr über ANTWORT.COM und seinen Einsatz erfahren Sie im Kapitel »Beispiele für die Dateiverwaltung«.

Der FOR-Befehl

Variable

```
FOR %%a IN (\BAT \DOS) DO DIR %%a
```

Liste der Eingaben, die an die Stelle der Variable treten

Der Befehl, der auf die Variable anzuwenden ist

Erster Durchgang

```
FOR \BAT IN (\BAT \DOS) DO DIR \BAT
```

Die Variable ist mit dem ersten Element der Eingabeliste gefüllt worden

```
FOR \BAT IN (\BAT \DOS) DO DIR \BAT
```

Der Befehl DIR wird deshalb auf das Verzeichnis BAT angewendet

Zweiter Durchgang

```
FOR \DOS IN (\BAT \DOS) DO DIR \DOS
```

Die Variable ist mit dem zweiten Element der Eingabeliste gefüllt worden

```
FOR \DOS IN (\BAT \DOS) DO DIR \DOS
```

Der Befehl DIR wird deshalb auf das Verzeichnis DOS angewendet

FOR macht eine Schleife

Einer der geheimnisvollsten Batch-Befehle ist FOR. Wer ihn jemals vor sich gesehen hat, möchte am liebsten gar nichts mit ihm zu tun haben.

Schon die nackte Syntax hat abschreckende Wirkung:

```
FOR %%Variable IN (Liste) DO
Kommando %%Variable
```

In der Praxis sieht das dann vielleicht so aus:

```
FOR %%a IN (\BAT \DOS) DO DIR %%a
```

Was dieser ach so komplizierte Befehl auslöst, ist ganz einfach: Zuerst wird ein Inhaltsverzeichnis des Verzeichnisses BAT, dann des Verzeichnisses DOS ausgegeben.

Verschiebungen

Zur Erklärung dessen schneiden wir den FOR-Befehl einmal in zwei Teile. Der erste Teil wäre:

```
FOR %%Variable IN (Liste)
```

Mit Werten gefüllt:

```
FOR %%a IN (\BAT \DOS)
```

Und der zweite:

```
DO Kommando %%Variable
```

Wieder mit konkreten Angaben:

```
DO DIR %%a
```

Beim Ablauf kommt zunächst der erste Teil dran.

Die Batch-Datei nimmt das erste Element der Liste in Klammern und setzt es in die Variable mit dem doppelten Prozentzeichen ein:

```
FOR \BAT IN (\DOS)
```

Die Variable %%a hat also jetzt den Inhalt »\BAT«.

Nun kommt der zweite Teil an die Reihe. Dort steht nämlich, was das Programm mit der Variable tun soll:

```
DO DIR %%a
```

Die Variable %%a heißt derzeit bekanntlich »\BAT«, demnach lautet die Anweisung:

```
DO DIR \BAT
```

Und das Inhaltsverzeichnis von BAT wird angezeigt.

Nun nimmt sich das Programm das zweite Element der Liste vor und setzt es in die Variable ein – %%a hat nunmehr den Inhalt »\DOS«, angezeigt werden die DOS-Dateien.

So arbeitet sich das Programm durch die ganze Liste hindurch, und ist nichts mehr da in der Liste, wird in der nächsten Zeile der Batch-Datei fortgefahren.

Worauf zu achten ist

Sie werden FOR noch verschiedentlich im Einsatz erleben und auch selber verwenden. Achten Sie dabei streng auf die folgenden Punkte:
☐ Die Variable kann ein beliebiges Zeichen sein. Die Ziffern 0 bis 9 sollten Sie jedoch tunlichst vermeiden, damit sie nicht mit den Batch-Variablen verwechselt werden.
☐ Die Liste der abzuarbeitenden Elemente steht zwischen Klammern. Sie muß mit einem Leerzeichen von dem Wort IN getrennt werden.
☐ Die gesamte FOR-Anweisung muß in einer Zeile stehen.
☐ Vor den Variablen steht ein doppeltes Prozent-Zeichen.

Das muß allerdings nur dann sein, wenn diese Anweisung in einer Batch-Datei verwendet wird. FOR kann nämlich auch normal wie jeder andere DOS-Befehl eingesetzt werden. Dann haben die Variablen nur ein Prozentzeichen.

Der Grund dafür ist einleuchtend. Innerhalb einer Batch-Datei müssen die FOR-Variablen von den üblichen Batch-Variablen unterschieden werden (die können übrigens auch als Listenelement auftauchen). Auf DOS-Ebene hingegen gibt es nur die FOR-Variablen, keine anderen.

`FOR %a IN (\BAT \DOS) DO DIR %a`

Auf DOS-Ebene darf die Variable nur ein Prozentzeichen haben

`FOR %%a IN (\BAT \DOS) DO DIR %%a`

In Batch-Dateien hingegen müssen es zwei Prozentzeichen sein

`FOR %%z IN (\BAT \DOS) DO DIR %%z`

Der Name für die Variable ist gleichgültig. Er darf aber nur aus einem Zeichen bestehen

So geht's: Der FOR-Befehl

1. Geben Sie ein:
FOR %a IN (\BAT \DOS) DO DIR %a

Nacheinander wird der Inhalt der Verzeichnisse BAT und DOS angezeigt.

2. Ändern Sie folgendermaßen ab:
FOR %z IN (\BAT \DOS) DO DIR %z

Denken Sie daran, daß Sie mit den Funktionstasten [F1] und [F3] viel Arbeit sparen!
Das Ergebnis dieses Befehls ist dasselbe wie in Schritt 1. Sie sehen, daß es keine Rolle spielt, ob die Variable %a oder %z oder noch anders heißt.

3. Starten Sie U_FOR.BAT mit der Angabe eines Verzeichnisses (ohne Backslash).

U_FOR.BAT zeigt ebenfalls den Inhalt des angegebenen Verzeichnisses. Beachten Sie die Schreibweise im Quellcode!

Vorbereitung

FOR ist kein reinrassiger Batch-Befehl. Er kann im Gegensatz zu den anderen hier besprochenen Batch-Befehlen auch auf DOS-Ebene eingesetzt werden.

Freilich wird man das sehr selten tun, allein der umfangreichen Schreibarbeit wegen. Wir beginnen dennoch auf DOS-Ebene, auch, um den gewichtigen Unterschied in der Schreibweise zu demonstrieren.

In Batch-Dateien nämlich brauchen die Variablen im FOR-Befehl zwei Prozentzeichen, auf DOS-Ebene hingegen darf es nur eines sein.

Ergebnis

Das läßt sich am besten sehen, wenn man einen ähnlichen FOR-Befehl, wie er zunächst auf DOS-Ebene eingegeben wurde, in eine Batch-Datei packt. Dies geschieht mit U_FOR.BAT.

Hier braucht nun die Variable zwei Prozentzeichen, und es ist sofort klar, warum das sein muß. Nur so kann sie unterschieden werden von der Batch-Variablen %1, die hier die Liste ausmacht.

Auch diese Übung soll an einfachen Beispielen nur die Funktionsweise von FOR zeigen. Wie man FOR in »richtigen« Batch-Dateien sinnvoll einsetzt, erfahren Sie in der Analyse der Beispieldateien.

In einer Batch-Datei kann eine zweite Batch-Datei augerufen werden. Dann übernimmt dieses zweite Programm die Kontrolle

```
REM Batch_1
DIR %1
Batch_2 ──────────────── REM Batch_2
ECHO Ende                CHKDSK
```

CALL ist hingegen nur ein Seitensprung. Die zweite Batch-Datei wird abgearbeitet, dann geht die Kontrolle wieder zur ersten zurück

```
REM Batch_1
DIR %1
CALL Batch_2 ─────────── REM Batch_2
                         CHKDSK

ECHO Ende ──────────────┘
```

Seitensprünge mit CALL

Halten wir uns wieder einmal vor Augen, was eine Batch-Datei tut: Sie arbeitet Befehle von oben nach unten ab. Allenfalls bescheidene Sprünge sind mit GOTO möglich, auf Wunsch abhängig von einer mit IF formulierten Bedingung.

Erinnern wir uns weiter daran, woraus ein Batch-Programm eigentlich besteht. Nämlich aus den paar besonderen Batch-Befehlen, ansonsten aus DOS-Kommandos. Genauer gesagt: aus Programmaufrufen – alle DOS-Befehle sind ja Programme, teils zusammengefaßt als die internen Befehle in COMMAND.COM, teils auf der Festplatte vorhanden als eigene Programme.

Dadurch ist es zum Beispiel auch möglich, mit einer Batch-Datei ein Anwendungsprogramm aufzurufen. Sie muß nur den Befehl enthalten, mit dem das Programm üblicherweise gestartet wird.

Batch ruft Batch

Mehr noch: Eine Batch-Datei kann auch eine andere Batch-Datei aufrufen – Batch-Dateien sind schließlich auch Programme.

Tut man das, gibt es allerdings keine Rückkehr. DOS springt zu der aufgerufenen Batch-Datei, arbeitet deren Befehle ab und meldet sich anschließend wieder mit dem Bereitschaftszeichen – das Programm ist zu Ende, es geht zurück zur Betriebssystemebene.

Es sei denn, man ruft mit der zweiten Batch-Datei eine dritte auf. Oder wieder die erste. Was dann aber wieder mal eine Schleife produziert, die endlos läuft. Mit einigen Tricks läßt sich das zwar vermeiden, doch bereitet das soviel Aufwand, daß der meist in keinem Verhältnis zum Ergebnis steht.

Geteilte Verantwortung

Einen Ausweg bietet der Batch-Befehl CALL. Das ist einer der wenigen Befehle, die neu in den Batch-Sprachschatz aufgenommen wurden. Es gibt ihn erst seit der DOS-Version 3.3.

CALL ruft gleichfalls eine andere Batch-Datei auf. Aber das ist gewissermaßen nur ein Seitensprung. Am Ende der Datei Nummer 2 springt DOS wieder zum ersten Batch-Programm zurück und fährt mit der nächsten Anweisung fort.

Das ist, als würde ein Anwendungsprogramm von einer Batch-Datei aus gestartet. Nach dessen Beendigung geht die Kontrolle ebenfalls wieder zur aufrufenden Batch-Datei zurück.

CALL hat freilich auch einen Nachteil. Zwar können auch mit CALL Variable übergeben werden – gerade so, als würde man diese zweite Batch-Datei ganz normal vom Bereitschaftszeichen aus aufrufen.

Doch irgendwoher müssen die Variablen kommen. Und sie können diesmal nicht von der Tastatur kommen, denn die ist jetzt ja gar nicht im Spiel. Sie müssen vielmehr von der aufrufenden Batch-Datei übergeben werden, und sind dort mehr oder weniger festgeschrieben.

Welche Dienste CALL leistet

CALL ist gleichwohl ein nützliches Instrument und bringt in Batch-Dateien einen Hauch moderner Programmierästhetik. CALL nämlich erlaubt auch in Batch-Dateien modulares Programmieren – in den engen Grenzen eben, die Batch-Programme auferlegen.

Modulares Programmieren bedeutet, daß nicht alle auszuführenden Aktionen in einem Programm zusammengefaßt sind. Vielmehr erstellt man ein – relativ schlankes – Hauptprogramm, das dann an den betreffenden Stellen Unterprogramme aufruft: die Module.

Dadurch bleibt das Hauptprogramm klein und übersichtlich. Und zudem, das ist der eigentliche Hintergedanke, lassen sich viele Module so gestalten, daß sie mehrfach verwendet werden können.

Programmieren mit Modulen

Bei Batch-Programmen sind solche Module, die dann mit CALL aufgerufen werden, zum Beispiel als Fehlermeldungen denkbar. Die Feststellung zum Beispiel, daß eine bestimmte Datei oder ein Verzeichnis nicht existiert, wird man bei vielen Batch-Dateien treffen müssen – warum also sollte man diese immer gleichen Meldungen jedesmal neu schreiben? Besser ist es, man hinterlegt sie als eigene Batch-Dateien und ruft sie bei Bedarf auf.

Überdies lassen sich auf diese Weise Programme, die auch solo verwendet werden, in andere Programme integrieren.

Sie finden unter den Beispieldateien etwa ein Batch-Programm, das die Funktionstasten neu belegt. Das ist ein eigenständiges Programm, das aber genausogut mit CALL in die Startdatei AUTOEXEC.BAT eingebunden werden kann.

U_RUF.BAT ruft am Ende eine zweite Batch-Datei auf

```
@ECHO OFF
CLS
ECHO Das ist die Batch-Datei %0
ECHO Sie verzweigt jetzt zur Batch-Datei U_RUF2.BAT
ECHO.
PAUSE
U_RUF2
```

```
ECHO.
ECHO Das ist jetzt die Batch-Datei %0
ECHO Sie wurde von U_RUF.BAT aufgerufen
ECHO Das Programm endet hier
```

U_CALL.BAT hingegen unternimmt nur mal kurz einen Ausflug zu einem anderen Programm

```
@ECHO OFF
CLS
ECHO Das ist die Batch-Datei %0
ECHO Sie ruft jetzt die Batch-Datei U_CALL2.BAT auf
ECHO.
PAUSE
CALL U_CALL2
```

```
ECHO Das ist die Batch-Datei %0
ECHO Sie wurde von U_CALL.BAT aufgerufen
ECHO Auf Tastendruck geht es wieder zurück
ECHO.
```

```
ECHO.
ECHO Nun sind wieder zurückgekehrt zu %0
```

So geht's: Andere Batch-Dateien aufrufen

Zwei Programme zeigen die unterschiedliche Art, wie aus einer Batch-Datei heraus andere Batch-Dateien aufgerufen werden können.

U_RUF.BAT verzweigt dabei zu einer anderen Batch-Datei, U_CALL.BAT hingegen ruft mit dem CALL-Befehl eine andere Batch-Datei auf.

Ergebnis

Die letzte Aktion von U_RUF.BAT ist der Aufruf einer anderen Batch-Datei, U_RUF2.BAT. Sie wird auch sogleich gestartet, und auf dem Bildschirm ergibt sich der Eindruck eines fließenden Übergangs.

---

1. Starten Sie U_RUF.BAT.

Sie sehen einige Bildschirmmeldungen, denen Sie entnehmen, daß die Datei U_RUF2.BAT aufgerufen wird.

---

2. Ändern Sie, wenn Sie möchten, U_RUF2.BAT so ab, daß sie am Ende wieder U_RUF.BAT aufruft, und starten Sie dann U_RUF.BAT abermals.

Als letzte Zeile muß in U_RUF2.BAT stehen:
`U_RUF`
Das erzeugt eine Endlosschleife, die Sie nur noch mit [Strg]+[C] abbrechen können.

---

3. Starten Sie U_CALL.BAT.

Verfolgen Sie den Ablauf anhand der abgedruckten Programmcodes. Sie sehen dann, wie und wo U_CALL2.BAT wieder zurückkehrt zu U_CALL.BAT.

Wenn U_RUF2.BAT zu Ende ist, ist aber unwiderruflich Schluß. Es gibt keine Rückkehr zum aufrufenden Programm U_RUF.BAT.

Natürlich könnte U_RUF2.BAT seinerseits wieder U_RUF.BAT aufrufen. Dann aber wird U_RUF.BAT wieder von Anfang an abgearbeitet, was zum erneuten Aufruf von U_RUF2.BAT führt, die ihrerseits wieder U_RUF.BAT aufruft – und so geht es weiter in einer Endlosschleife, was allenfalls für Demo-Zwecke praktikabel sein kann, für den normalen Gebrauch hingegen nicht.

Anders, wenn man den CALL-Befehl einsetzt, wie das U_CALL.BAT tut. Die Bildschirmpräsentation zeigt keinerlei Unterschied zum ersten Beispiel.

Der ist erst zu erkennen, wenn man den Ablauf im Programmcode verfolgt.

U_CALL.BAT ruft die Batch-Datei U_CALL2.BAT auf. Diese Datei wird abgearbeitet, und dann geht es wieder zurück zu U_CALL.BAT und weiter im Text.

U_CALL2.BAT ist also nur ein ausgelagerter Programmteil von U_CALL.BAT. Alles, was die aufgerufene Batch-Datei U_CALL2.BAT tut, hätte man auch in die aufrufende Batch-Datei U_CALL.BAT integrieren können.

Übrigens sehen Sie in beiden Beispielen, wie die Variable %0 eingesetzt wird. Sie steht ja bekanntlich für den Namen der Batch-Datei.

Befehle in Batch-Dateien

Von der Idee zum Programm

Man braucht nicht allzuviel Phantasie, um sich Anwendungszwecke für Batch-Dateien auszudenken. Von der ersten Idee bis zum fertigen Programm dauert es dann allerdings noch seine Zeit, vor allem, wenn das Programm ausgefeilt werden und alle Eventualitäten berücksichtigen soll. Wir zeigen in diesem Kapitel, wie man systematisch vorgeht und eine Batch-Datei mehr und mehr verfeinert.

Auf einen Blick

Was ist zu tun
Eigentlich nichts, außer, daß Sie das Beschriebene durchdenken sollten.

Und dann probieren Sie natürlich die Batch-Datei und ihre Varianten aus.

Kenntnisse, Hintergrundwissen
Sie sollten das vorhergehende Kapitel über die Batch-Befehle studiert haben. Sie alle sind nämlich in das Beispielprogramm eingebaut.

Und natürlich sind allgemeine DOS-Kenntnisse vonnöten. Sollten Sie Lücken in Ihrem Wissensstand bemerken, empfehlen wir den Band »DOS-Starthilfen« aus dieser Reihe.

Ergebnis
Schrittweise wird hier eine Batch-Datei aufgebaut, vom ersten groben Entwurf bis zum ausgestalteten Programm. Sie löscht ein Verzeichnis, ohne daß zuvor dessen Dateien eliminiert werden müssen und behebt damit einen Mangel von DOS, das einen solchen Befehl nicht kennt, auch in der neuen Version 5.0 nicht.

Sie müssen allerdings nicht mühsam ein Beispielprogramm abtippen und es dann verändern. Die Beispieldatei ist auf der beiliegenden Diskette enthalten und befindet sich auch in dem Verzeichnis, das Sie im Kapitel »Was Batch-Dateien sind und wozu man sie braucht« auf Ihrer Festplatte angelegt und in das Sie die Beispielprogramme kopiert haben.

Das Beispielprogramm ist bereits einsatzfähig und existiert zudem in verschiedenen Abarten.

Ideen
Sie erfahren in diesem Kapitel, was man bedenken muß, um eine Aufgabe nicht nur richtig, sondern auch elegant lösen zu können.

Die Erklärungen von Programmierbefehlen hören sich immer so logisch und einfach an. Die Schwierigkeiten kommen, wenn man die Befehle dann tatsächlich einsetzt. Nichts ist mehr logisch, und es ergeben sich nur noch Schwierigkeiten.

In diesem Kapitel wird deshalb eine Batch-Datei vorgestellt, die fast alle Batch-Befehle verwendet.

An einem praktischen Beispiel wird somit diskutiert, was mit Batch-Befehlen möglich ist, was nicht und worauf man besonders achten muß.

Außerdem überlegen wir uns verschiedene Varianten. Denn es gibt nicht nur eine Lösung für ein Problem. Der Vorteil von Batch-Dateien ist, daß man leicht Varianten erstellen und durchprobieren und sich dann für diejenige entscheiden kann, die den eigenen Bedürfnissen am nächsten kommt.

Sie erfahren in diesem Kapitel deshalb auch, wie man ein Problem von mehreren Seiten angehen kann. Das soll Sie inspirieren für Ihre eigenen Batch-Dateien. Und am Ende sind Sie bestimmt so weit, daß Sie den vorgestellten vier Varianten eine fünfte hinzufügen können. Und genau die ist's dann.

Die Grobstruktur des Ablaufs

```
Wechsle in das Verzeichnis X
```

```
Lösche alle Dateien
```

```
Wechsle in das Hauptverzeichnis
```

```
Lösche das Verzeichnis X
```

Umgesetzt in DOS-Befehle
```
CD \X
DEL *.*
CD \
RD \X
```

Erster Entwurf mit Vereinfachungen und Variablen

Die Variable für das Laufwerk

```
%1:
CD \
DEL \%2\*.*
RD \%2
```

Die Variable für das Verzeichnis

Der erste Entwurf

Am Anfang steht eine Idee. Man hat eine Aufgabe zu erledigen und trachtet danach, sie mit möglichst geringem Aufwand auszuführen.

Die Aufgabe

Die Aufgabe, die unsere Beispieldatei erfüllen soll, ist aus dem täglichen Leben gegriffen: Ein Verzeichnis ist zu löschen, mitsamt den darin enthaltenen Dateien.

Auf Befehlsebene zerfällt diese Aktion in zwei Teile.
1. Zunächst müssen die Dateien in dem Verzeichnis gelöscht werden.
2. Dann erst läßt sich das Verzeichnis eliminieren.

DOS kann ein Verzeichnis erst löschen, wenn es leer ist – eine wohlbegründete Vorsichtsmaßnahme, die vor unbedachtem Löschen feit. Denn garantiert war in dem gelöschten Verzeichnis doch noch eine wichtige Datei – man merkt das immer zu spät.

Manchmal aber weiß man genau, daß wirklich alle Dateien überflüssig sind. Und dann beginnt die umständliche Prozedur: ins Verzeichnis wechseln, Dateien löschen, zurück ins Hauptverzeichnis, das Verzeichnis löschen.

Genau das soll die Batch-Datei erledigen.
Verbal läßt sich das dann so beschreiben:

```
Wechsle in das Verzeichnis X
Lösche alle Dateien
Wechsle in das Hauptverzeichnis
Lösche das Verzeichnis X
```

In DOS-Befehle umgesetzt:

```
CD \X
DEL *.*
CD \
RD \X
```

Das ist der ausführliche Weg. Ausführlich ist aber in diesem Fall auch umständlich.

Vereinfachungen

Wer über etwas DOS-Kenntnisse verfügt, weiß, daß man zum Löschen von Dateien nicht unbedingt in das Verzeichnis wechseln muß. Es genügt, beim Löschbefehl den Verzeichnisnamen anzugeben; wer ganz sicher gehen will, kann die Sterne als Joker noch mit angeben.

Ein Wechsel ins Hauptverzeichnis hingegen ist nötig, denn nur von dort aus kann ein Verzeichnis gelöscht werden. Es gibt gute Gründe, diesen Sprung an den Anfang zu setzen, wie wir noch sehen werden.

Vereinfacht lautet die Aufgabe demnach:

```
CD \
DEL \X\*.*
RD \X
```

Damit ist nicht nur eine Zeile Programmcode gespart; das wäre das wenigste.

Wichtiger ist, daß die Aktionen, die DOS ausführen muß, reduziert werden. Je weniger zu tun ist, umso schneller ist die Batch-Datei fertig. Diese Erkenntnis ist so simpel, daß darüber nicht weiter diskutiert werden muß.

Variable

DELDIR.BAT – so heißt das Programm – soll natürlich nicht nur auf ein bestimmtes, sondern auf jedes beliebige Verzeichnis anwendbar sein, sonst wäre das gesamte Programm witzlos.

Deshalb muß der Name des zu löschenden Verzeichnisses der Batch-Datei als Variable übergeben werden:

```
CD \
DEL \%1\*.*
RD \%1
```

Diese Variable, also der Name des Verzeichnisses, wird beim Aufruf angegeben, etwa so:

```
DELDIR TEXTE
```

Die Eingabe des Backslash erspart man sich – kein Problem, ihn in die Batch-Datei zu integrieren.

Noch allgemeingültiger wird das Programm, wenn zusätzlich auch das Laufwerk bestimmt werden kann. Eine zweite Variable muß her, gleichzeitig aber muß das Programm ergänzt werden:

```
%1:
CD \
DEL \%2\*.*
RD \%2
```

Die Variable %1 steht jetzt für das Laufwerk, in das zuerst gewechselt wird, die Variable %2 für das Verzeichnis.

Damit bekommt dann auch der Programmaufruf eine richtige Syntax wie bei einem DOS-Befehl:

```
DELDIR Laufwerk Verzeichnis
```

Wie beim Verzeichnis auf den Backslash, so wird beim Laufwerk auf den Doppelpunkt verzichtet. Auch der läßt sich ohne Mühe in die Batch-Datei einbauen.

Gibt es überhaupt Dateien zum Löschen?

```
%1:
CD \
IF NOT EXIST \%2\*.* GOTO keine
DEL \%2\*.*
:keine
RD \%2
```

Ein möglicherweise vorhandenes Schreibschutzattribut wird zurückgesetzt

```
%1:
CD \
IF NOT EXIST \%2\*.* GOTO keine
ATTRIB -R \%2\*.*
DEL \%2\*.*
:keine
RD \%2
```

Gibt es das Verzeichnis überhaupt?

```
%1:
CD \
IF NOT EXIST \%2\NUL GOTO nicht
IF NOT EXIST \%2\*.* GOTO keine
ATTRIB -R \%2\*.*
DEL \%2\*.*
:keine
RD \%2
GOTO ende
:nicht
ECHO
ECHO
ECHO            Das Verzeichnis gibt es nicht!
ECHO
ECHO
:ende
```

Mit diesem Sprung wird die Meldung übergangen, wenn das Verzeichnis existiert

Wenn es etwas gar nicht gibt

DELDIR.BAT wäre in dieser Form bereits einsatzfähig, könnte allerdings auf ziemliche Schwierigkeiten stoßen.

Denn die Batch-Datei geht stillschweigend davon aus, daß auch vorhanden ist, was gelöscht werden soll: sowohl die Dateien in dem Verzeichnis als auch das Verzeichnis selbst.

Was aber, wenn eins von beiden nicht vorhanden ist?

Wenn die Dateien fehlen

Sind keine Dateien vorhanden, können auch keine gelöscht werden. Eine einfache Einsicht, die DOS ebenso einfach mit einer entsprechenden Meldung beantwortet.

Infolgedessen bauen wir eine kleine Abfrage ein. DOS soll selber nachschauen, ob etwas zu löschen da ist. Das geht mit dem Batch-Befehl IF EXIST. Wir verwenden ihn in seiner Negation:

```
%1:
CD \
IF NOT EXIST \%2\*.* GOTO keine
DEL \%2\*.*
:keine
RD \%2
```

Wenn keine Dateien vorhanden sind, wird der DEL-Befehl übersprungen, das Programm kann sich darauf beschränken, das Verzeichnis zu löschen.

Deshalb wird hier mit GOTO zu einer Sprungmarke verwiesen.

Wenn Dateien nicht gelöscht werden dürfen

Mit dem Schreibschutz-Attribut und dem DOS-Befehl ATTRIB können Dateien vor Änderungen und vor dem Löschen bewahrt werden (mehr über diesen Befehl im Band »Arbeit mit der Festplatte«).

Sind in dem Verzeichnis solche Dateien vorhanden, bleiben sie erhalten, das Verzeichnis wird nicht leer und kann folglich nicht gelöscht werden – Ende der Vorstellung.

Es ist freilich kein Problem, das Attribut zurücksetzen zu lassen:

```
%1:
CD \
IF NOT EXIST \%2\*.* GOTO keine
ATTRIB -R \%2\*.*
DEL \%2\*.*
:keine
RD \%2
```

Versteckte Dateien hingegen lassen sich mit DOS nicht sichtbar machen, ihr Status kann nicht geändert, sie können mithin nicht gelöscht werden. Wenn solche existieren, bricht die Batch-Datei ab.

Das ist dann gleichzeitig ein unübersehbarer Hinweis darauf, daß sich wirklich wichtige Dateien in dem Verzeichnis befinden, sonst würden sie nicht als versteckt klassifiziert.

Wenn das Verzeichnis fehlt

Fehlt das Verzeichnis, bricht die Batch-Datei mit einer Fehlermeldung ab. Das ist nicht schlimm, höchstens unangenehm.

Man macht es dem Benutzer und sich jedoch etwas einfacher, wenn man statt der dürren DOS-Fehlermeldung eine andere Nachricht einbaut.

Da taucht aber das Problem auf, wie sich denn überprüfen läßt, ob ein Verzeichnis vorhanden ist.

Die Abfrage mit IF EXIST läuft hier zunächst ins Leere. Denn IF EXIST kann nur Dateien ausmachen, keine Verzeichnisse.

Nun gut, nach Dateien kann man fragen, das haben wir gesehen.

Man könnte deshalb eine solche Abfrage einbauen:

```
IF EXIST \%2\*.*
```

Aber halt, das hatten wir doch schon! Damit wird nur ermittelt, ob in dem angegebenen Verzeichnis Dateien enthalten sind. In unserem Sinne erhalten wir nur eine richtige Antwort, wenn das Verzeichnis überhaupt nicht existiert, aber eine falsche, wenn es nur keine Dateien hat.

Man muß da zu einem Trick greifen. DOS kennt die Einheit NUL, eine Pseudo-Einheit, die man auch verwendet, um Bildschirmausgaben ins Nichts umzuleiten.

NUL kann genauso als Pseudo-Datei herhalten. Die Abfrage lautet dann so:

```
IF EXIST \%2\NUL
```

Damit überprüft DOS, ob das angegebene Verzeichnis existiert, gleichgültig, ob es Dateien enthält oder nicht.

Da das Programm eine Fehlermeldung ausgeben soll, wenn das Verzeichnis nicht vorhanden ist, muß die Abfrage als Negation eingebaut werden:

```
%1:
CD \
IF NOT EXIST \%2\NUL GOTO nicht
IF NOT EXIST \%2\*.* GOTO keine
ATTRIB -R \%2\*.*
DEL \%2\*.*
:keine
RD \%2
:nicht
(Meldung)
```

Und zwar muß die Verzeichnisprüfung vor der Dateiprüfung erfolgen, denn wenn das Verzeichnis nicht vorhanden ist, braucht auch nicht nach den Dateien gefragt zu werden.

Fehleingaben werden abgefangen

```
IF    %1 ==      GOTO fehler
IF    %2 ==      GOTO fehler
%1:
CD \
:fehler
ECHO
ECHO
ECHO              Programmaufruf: DELDIR Laufwerk Verzeichnis
ECHO
ECHO                    Beispiel: DELDIR c texte
ECHO
ECHO
GOTO ende
IF NOT EXIST \%2\NUL GOTO nicht
IF NOT EXIST \%2\*.* GOTO keine
ATTRIB -R \%2\*.*
DEL \%2\*.*
:keine
RD \%2
GOTO ende
:nicht
ECHO
ECHO
ECHO              Das Verzeichnis gibt es nicht!
ECHO
ECHO
:ende
```

DOS wird eine Antwort übergeben, gleichzeitig wird die Rückmeldung unterdrückt

```
IF    %1 ==      GOTO fehler
IF    %2 ==      GOTO fehler
%1:
CD \
:fehler
ECHO
ECHO
ECHO              Programmaufruf: DELDIR Laufwerk Verzeichnis
ECHO
ECHO                    Beispiel: DELDIR c texte
ECHO
ECHO
GOTO ende
IF NOT EXIST \%2\NUL GOTO nicht
IF NOT EXIST \%2\*.* GOTO keine
ATTRIB -R \%2\*.*
ECHO J | DEL \%2\*.* > NUL
:keine
RD \%2
GOTO ende
:nicht
ECHO
ECHO
ECHO              Das Verzeichnis gibt es nicht!
ECHO
ECHO
:ende
```

Fehleingaben und Systemmeldungen abfangen

Eine andere Chance, das Programm scheitern zu lassen, besteht in der Schusseligkeit des Anwenders.

Das Programm setzt zwei Variablen voraus: eine für das Laufwerk, die andere für das Verzeichnis. Fehlt eine davon, hat das Programm nichts, womit es arbeiten könnte.

Warum man manchmal vergeßlich ist

Sie denken, so schusselig seien Sie nun doch wirklich nicht? Natürlich sind Sie das nicht. Aber vielleicht sind Sie hin und wieder mal vergeßlich. Und das ist ja nichts Ehrenrühriges, sondern etwas zutiefst Menschliches.

Wenn Sie die Batch-Begeisterung packt, werden Sie mehr und mehr Batch-Dateien erstellen. Und Sie werden danach trachten, Ihre Batch-Programme immer vollkommener zu gestalten, immer mehr Feinheiten einzubauen. Und irgendwann wissen Sie selber nicht mehr, was der aktuelle Stand ist, welche Variablen denn gefordert sind.

Fehleingaben abfangen

Am Beginn einer Batch-Datei sollte man deshalb danach trachten, Fehleingaben abzufangen – es könnte ja auch mal was Schlimmes passieren mit einer falschen Eingabe.

Verbunden sein muß das dann stets mit einer Nachricht, die den richtigen Aufruf mitteilt, sonst bleibt man auf dem halben Wege stecken.

Die Abfrage der eingegebenen Variablen erfolgt wiederum mit IF. Zu prüfen ist einzig, ob eine Variable überhaupt angegeben ist:

```
IF "%1"=="" GOTO fehler
IF "%2"=="" GOTO fehler
```

Daran muß nochmals ausdrücklich erinnert werden:

Wichtig ist in einem solchen Vergleich das doppelte Gleichheitszeichen.

DOS weiß, daß in dieser Batch-Datei zwei Variable verwendet werden und setzt in die erste IF-Bedingung deshalb die erste Variable ein. Das könnte dann so aussehen:

```
IF "c"=="" GOTO fehler
```

Das heißt, auf beiden Seiten der Gleichheitszeichen stehen unterschiedliche Zeichenfolgen, die Bedingung ist nicht erfüllt, insofern hat alles seine Ordnung, die Variable ist angegeben.

Anders, wenn sie fehlt. Dann ist die Variable: nichts; an ihrer Stelle steht gleichfalls nichts:

```
IF ""=="" GOTO fehler
```

Jetzt ist die Bedingung erfüllt, das Programm geht zu der Sprungmarke »fehler«, dort wird dann eine entsprechende Meldung ausgegeben.

Es genügt in dem Fall der schlichte Hinweis auf den korrekten Programmaufruf.

Systemmeldungen abfangen

Das Löschen sämtlicher Dateien eines Verzeichnisses muß bekanntermaßen nochmals eigens bestätigt werden – eine durchaus vernünftige Vorsichtsmaßnahme von DOS.

In einer Batch-Datei freilich ist sie ärgerlich, erzwingt sie doch eine Unterbrechung, das Programm bleibt stehen und erwartet die Bestätigung. Wir gehen davon aus, daß wir vernünftig genug sind, um zu wissen, was wir tun, und lassen die Bestätigung deshalb durch das Programm selbst erfolgen.

Die bisherige Zeile

```
DEL \%2\*.*
```

sieht dann so aus:

```
ECHO J | DEL \%2\*.*
```

Auch das ist ein kleiner Trick. Der ECHO-Befehl erzeugt »J«, der wird dann mit dem Symbol | an den Befehl übergeben.

Solche Übergaben kennen Sie von den Filtern MORE, SORT und FIND (siehe den Band »DOS 5.0 – Starthilfen«). Auch bei denen wird etwas, zum Beispiel ein Inhaltsverzeichnis, übergeben und dann durch den Filter gedreht – das Inhaltsverzeichnis wird sortiert, seitenweise ausgegeben oder nach einer Zeichenfolge durchsucht.

Mit diesem Trick drückt die Batch-Datei sozusagen die Taste J, als Antwort auf die Frage von DOS, ob man sicher sei, daß alle Dateien gelöscht werden sollen.

Damit hat man nun glücklich die Frage beantwortet, doch Frage samt Antwort erscheinen nach wie vor auf dem Bildschirm.

Solche Routine-Meldungen (wie sie etwa auch nach einem Kopiervorgang erfolgen) lassen sich mit ECHO OFF nicht unterdrücken. Sie müssen umgeleitet werden:

```
ECHO J | DEL \%2\*.* > NUL
```

NUL ist die schon bekannte Pseudo-Einheit. Die DOS-Rückmeldung wird also ins Nichts gelenkt.

Das vollständige Programm DELDIR.BAT (erster Teil)

```
1   @ECHO OFF
2   REM Datei: DELDIR.BAT
3   REM Aufgabe: Löscht ein Verzeichnis im angegebenen Laufwerk
4   CLS
5   FOR %%e IN (1,2,3) DO ECHO.
6   IF %1 ==      GOTO fehler
7   IF %2 ==      GOTO fehler
8   ECHO
9   ECHO
10  ECHO              Dieses Programm löscht das Verzeichnis
11  ECHO
12  ECHO
13  ECHO.
14  ECHO                             %1:\%2
15  ECHO.
16  ECHO
17  ECHO
18  ECHO                       und sämtliche Dateien darin
19  ECHO
20  ECHO                       Wollen Sie das wirklich?
21  ECHO
22  ECHO
23  ECHO.
24  ECHO.
25  ECHO
26  ECHO
27  ECHO          Wenn ja:    Drücken Sie eine beliebige Taste
28  ECHO          Wenn nein:  Brechen Sie ab mit [Strg]+[C]
29  ECHO
30  ECHO
31  PAUSE > NUL
32  CLS
33  %1:
34  CD \
35  GOTO weiter
36  :fehler
37  ECHO
38  ECHO
39  ECHO          Programmaufruf: DELDIR Laufwerk Verzeichnis
40  ECHO
41  ECHO                   Beispiel: DELDIR c texte
42  ECHO
43  ECHO
44  GOTO ende
45  :weiter
```

Die Möglichkeit zum Abbruch (Zeilen 25–30)

Die unterdrückte PAUSE-Meldung (Zeile 31)

Die Bildschirmmeldung nach erfolgreichem Abschluß:

```
              Das Verzeichnis

                 c:\texte

           ist gelöscht worden!
```

Benutzerführung

Zwar werden Sie wohl kaum in die Verlegenheit kommen, Batch-Dateien kommerziell zu vermarkten. Sie sind für den Eigengebrauch gedacht. Ein professioneller Vertrieb scheitert an den bescheidenen Batch-Möglichkeiten; jeder Hobby-Programmierer bringt in einer der gängigen Programmiersprachen Besseres zustande, und sei's im mißachteten Basic.

Eine Benutzerführung sollte dennoch sein – auch für den Eigengebrauch.

Möglichkeiten zum Ausstieg

Ein handfestes Argument, sich selber, als der eigene Benutzer, zu führen, sind Fehleingaben. Das haben wir schon erörtert: wenn eine der zwei nötigen Variablen fehlt, bricht das Programm ab.

Genauso aber sollten Sie sich selbst die Möglichkeit schaffen, aus dem Programm auszusteigen. Denn aus Gedankenlosigkeit ruft man schon mal das falsche Programm auf – auch das ist menschlich.

Besonders bei Batch-Dateien, die solch radikale Operationen auslösen wie die Globallöschung eines Verzeichnisses, sollte gleich zu Beginn die Chance zum Abbruch offeriert werden.

DELDIR.BAT hat dafür einen richtigen Eingangsbildschirm. Er informiert nicht nur darüber, was diese Batch-Datei generell tut, sondern liefert noch weitergehende Informationen, nämlich darüber, welches Verzeichnis im folgenden tatsächlich gelöscht werden soll.

Dafür werden die Variablen mit dem ECHO-Befehl ausgegeben:

```
ECHO %1:\%2
```

Das kostet nur eine Zeile, ist aber eine Rückversicherung, für die man hin und wieder ganz dankbar ist.

Man kann auf diese Weise überprüfen, ob man beim Programmaufruf die richtigen Variablen eingegeben hat. Wenn nicht, besteht die Chance zum Abbruch, bevor die falschen Dateien gelöscht werden.

Das Programm anhalten

Damit man sich die Sache nochmals überlegen kann, muß das Programm angehalten werden.

Dazu gibt es den Batch-Befehl PAUSE. Leider hat er eine stereotype Meldung (»Wenn bereit, eine Taste betätigen« oder so ähnlich). Sie läßt sich nicht abändern, allenfalls unterbinden, auf die gleiche Weise, wie wir das schon beim DEL-Befehl gesehen haben: Sie wird einfach ins Nichts umgeleitet:

```
PAUSE > NUL
```

Die Wirkung, nämlich die Unterbrechung, bleibt erhalten, die Meldung hingegen wird unterdrückt. Statt dessen läßt sich über ECHO-Befehle eine eigene Meldung erzeugen.

Der Abbruch

Hier wird der Benutzer vor die Alternative gestellt: Entweder soll das Programm fortfahren, dann genügt ein beliebiger Tastendruck – das ist genau das, was PAUSE erwartet.

Oder aber das Programm wird abgebrochen. Das ist nur mit der Tastenkombination ⇧+C möglich. Sie dient bekanntermaßen dazu, jegliche DOS-Operation abzubrechen – auch eine Batch-Datei.

Eine reichlich brutale Methode, doch es geht nicht anders. Man muß auch mit dem Manko leben, daß DOS nochmals zurückfragt, ob die Bearbeitung der Befehlsdatei abgebrochen werden soll. Das läßt sich durch eine Umleitung nicht unterbinden (da es ja dafür keinen ausdrücklichen Befehl gibt), und auch ein »J« zur Bestätigung läßt sich nicht übergeben.

Eine elegantere Lösung zum Abbruch bietet DOS leider nicht. Das bringt man nur mit Zusatzprogrammen zustande, die in Kapiteln »Erweiterte Batch-Befehle« und »Beispiele für die Dateiverwaltung« vorgestellt werden.

Eines, das sei schon verraten, ist auch auf der Beispieldiskette enthalten. In diesem Kapitel wollen wir uns jedoch mit den »hausgemachten« Batch-Möglichkeiten begnügen.

Meldungen über den Programmverlauf

Wie Sie aus dem Listing ersehen (und natürlich dem Programm selber, wenn Sie es einmal einsetzen), erfolgen noch weitere Rückmeldungen.

Zwei sind schon angesprochen worden: Die Fehlermeldungen, wenn beim Aufruf die Variablen fehlen, oder wenn das angegebenen Verzeichnis nicht vorhanden ist.

Eine weitere Nachricht meldet den erfolgreichen Abschluß der Operation.

DELDIR.BAT
(zweiter Teil)

Die Variablen dürfen nicht in einem Rahmen stehen, da man nicht weiß, wie lang sie werden

Eine einfache Möglichkeit, mehrere Leerzeilen zu erzeugen

```
46  FOR %%e IN (1,2,3) DO ECHO.
47  ECHO
48  ECHO
49  ECHO                    Das Verzeichnis
50  ECHO
51  ECHO
52  ECHO.
53  ECHO                         %1:\%2
54  ECHO.
55  IF NOT EXIST \%2\NUL GOTO nicht
56  IF NOT EXIST \%2\*.* GOTO keine
57  ATTRIB -R \%2\*.*
58  ECHO J | DEL \%2\*.* > NUL
59  :keine
60  RD \%2
61  GOTO erfolg
62  :nicht
63  ECHO
64  ECHO
65  ECHO                    gibt es nicht!
66  ECHO
67  ECHO
68  GOTO ende
69  :erfolg
70  ECHO
71  ECHO
72  ECHO                  ist gelöscht worden!
73  ECHO
74  ECHO
75  :ende
76  FOR %%e IN (1,2,3) DO ECHO.
77  @ECHO ON
```

Die Batch-Datei ASCII.BAT bringt eine ASCII-Tabelle auf den Bildschirm, der man auch die Grafikzeichen entnehmen kann

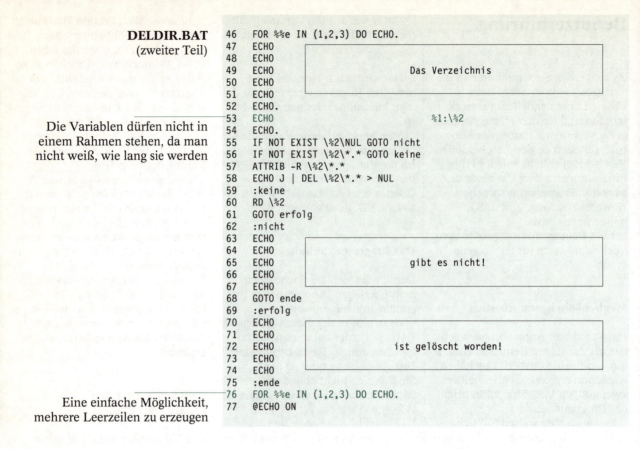

Meldungen optisch gestalten

Den Listings und den Abbildungen haben Sie bereits entnommen, daß die Meldungen des Programmes durch Einrückungen und Linien optisch gestaltet sind.

Das ist kein Muß, allenfalls Freude an einer ästhetischen Präsentation.

Man könnte es schlicht auch als Spielerei bezeichnen. Es verursacht einigen Aufwand, kostet mithin Zeit beim Schreiben des Programmes, überdies beim Ablauf (auch diese Befehle muß DOS ja abarbeiten) und verschlingt unnötig Speicherplatz. Aber zum Spaß am Spiel gehört ja gerade, daß es eigentlich keinen Nutzwert hat, sondern sich selber genügt.

In vielen Beispieldateien haben wir auf solche optische Gestaltung auch verzichtet. Bei DELDIR.BAT ist sie vorhanden – um Ihnen Anregungen zu geben und um Sie auf einige Dinge aufmerksam zu machen.

Leer ist mehr

Ein wichtiges Mittel zur übersichtlichen Gestaltung sind Leerzeichen und Leerzeilen.

Mit Leerzeichen werden die ECHO-Meldungen vom linken Bildschirmrand weggerückt. Sie kleben nicht mehr am Rand, sondern stehen mehr oder weniger zentriert.

Das Maß sind dabei die 80 Zeichen, die ein üblicher Bildschirm pro Zeile darstellen kann. Wer's ganz genau nehmen will, legt sich eine Musterzeile an und richtet die Bildschirmmeldungen danach aus. Für den Hausgebrauch dürfte jedoch das Augenmaß genügen.

Beim Schreiben einer Batch-Datei kann es freilich gewaltig täuschen. Das Auge sieht ja auch die ECHO-Befehle mit, die jedoch muß man von der gesamten Zeilenlänge abziehen, denn sie sind ja kein Bestandteil der Meldung.

Am besten, man gestaltet daher die Bildschirmmeldungen zunächst ohne ECHO und setzt den ECHO-Befehl erst davor, wenn alles fertig ist.

Was Leerzeichen für den linken Rand, das sind Leerzeilen für oberen und unteren Rand. Sie sorgen für die vertikale Ausrichtung.

Ein paar Leerzeilen sollte man oben und unten immer dazugeben, sonst wirken die Meldungen sehr gepreßt.

Leerzeilen werden bekanntermaßen mit ECHO und einem Sonderzeichen erzeugt (siehe das Kapitel »Befehle in Batch-Dateien«).

Genauso aber kann der FOR-Befehl herhalten. Er hat sogar den Vorteil größerer Geschwindigkeit, da DOS nicht für jede Leerzeile eigens in der Batch-Datei nachschauen muß.

Das sieht dann so aus:

```
FOR %%e IN (1,2,3) DO ECHO.
```

Dreimal wird diese Schleife durchlaufen, dreimal gibt ECHO deshalb eine Leerzeile aus.

Linien und Rahmen

Beliebt sind weiterhin Linien und Rahmen zur optischen Gestaltung. Der ASCII-Zeichensatz stellt da ja etliches zur Verfügung, und viele Textprogramme verfügen mittlerweile über Funktionen, mit denen sich Linien und Rahmen leicht ziehen lassen.

Wessen Textprogramm nicht solchen Komfort bietet, ist auf die bewährt umständliche Methode angewiesen: die Taste [Alt] gedrückt halten und im numerischen Zehnerblock den ASCII-Code des Zeichens eingeben. Das freilich kann einem den Spaß gründlich verderben, und wer gar mit COPY CON oder EDLIN seine Batch-Dateien erstellt, wird nach dem ersten Versuch frustriert aufgeben.

Obacht geben muß man bei Rahmen, wenn innerhalb der Meldungen Variable ausgegeben werden. Denn deren Länge ist ja nicht vorauszusehen, und der schönste, mit viel Liebe und Aufwand erstellte Rahmen kommt durcheinander.

In DELDIR.BAT sind deshalb alle Variablen-Ausgaben in eigene Zeilen gestellt worden, außerhalb der Rahmen.

Hilfe zu den Grafikzeichen

Zu Ihrer Erleichterung hätten wir in diesem Buch eine ASCII-Tabelle abdrucken können, der Sie die nötigen Codes für die Grafikzeichen entnehmen.

Aber vermutlich werden Sie dieses Buch nicht ständig neben Ihrem Computer liegen haben (so sehr wir uns das auch wünschen würden).

Deshalb haben wir die Batch-Datei ASCII.BAT erstellt. Sie zaubert Ihnen eine solche ASCII-Tabelle auf den Bildschirm, wann immer Sie sie benötigen.

```
1   @ECHO OFF
2   REM Datei: DELDIR.BAT
3   REM Aufgabe: Löscht ein Verzeichnis im angegebenen Laufwerk
4   CLS
5   FOR %%e IN (1,2,3) DO ECHO.
```

Am Anfang sollte immer der Bildschirm gelöscht werden, damit der gesamte Raum für Meldungen zur Verfügung steht

Drei Leerzeichen am Beginn sorgen für Übersicht

```
46  FOR %%e IN (1,2,3) DO ECHO.
47  ECHO
48  ECHO
49  ECHO                    Das Verzeichnis
50  ECHO
51  ECHO
52  ECHO.
53  ECHO                         %1:\%2
54  ECHO.
55  IF NOT EXIST \%2\NUL GOTO nicht
56  IF NOT EXIST \%2\*.* GOTO keine
57  ATTRIB -R \%2\*.*
58  ECHO J | DEL \%2\*.* > NUL
59  :keine
60  RD \%2
61  GOTO erfolg
62  :nicht
63  ECHO
64  ECHO
65  ECHO                     gibt es nicht!
66  ECHO
67  ECHO
68  GOTO ende
69  :erfolg
70  ECHO
71  ECHO
72  ECHO                   ist gelöscht worden!
73  ECHO
74  ECHO
75  :ende
76  FOR %%e IN (1,2,3) DO ECHO.
77  @ECHO ON
```

Diese Meldung erscheint immer auf dem Bildschirm

Der Sprung zum zweiten Teil, wenn das Verzeichnis nicht existiert

Der Sprung zum anderen zweiten Teil, wenn die Operation abgeschlossen ist

Gut gesprungen ist halb gewonnen

Der einzige Weg, der sturen linearen Abarbeitung von Batch-Datei zu entkommen, sind Sprünge mit GOTO. Klug gewählte Sprünge sind arbeitsökonomisch. Schauen wir uns DELDIR.BAT daraufhin einmal an.

Der Fehler-Sprung

Die ersten Sprünge werden gleich zu Anfang ausgelöst, wenn beim Programmaufruf eine der zwei notwendigen Variablen fehlt (Zeilen 6 und 7). Der Sprung geht zur Fehlermeldung mit dem richtigen Programmaufruf (Zeile 36 ff.)

Üblicherweise steht eine solche Fehlermeldung am Ende der Batch-Datei, denn logischerweise ist damit auch der Ausstieg aus dem Programm verbunden.

Wir haben sie in die Mitte gesetzt, um ein wenig solche Sprünge zu diskutieren; einen anderen Grund dafür gibt es nicht.

Nach der Fehlermeldung muß deshalb zur Marke »ende« gesprungen werden.

Damit hört dann die Batch-Datei noch nicht gleich auf, sondern es werden nochmals drei Leerzeilen angefügt, um die Meldung vom folgenden DOS-Bereitschaftszeichen zu trennen.

Der Eingangsbildschirm

Ist das Programm korrekt aufgerufen worden, präsentiert sich zunächst der bekannte Eingangsbildschirm mit der Information über die Aufgabe des Programmes und der Möglichkeit zum Abbruch.

Zuvor wird mit CLS der Bildschirm gelöscht. Man sollte das vor jeder Meldung machen. Das garantiert, daß die Ausgabe in der ersten Zeile beginnt und sich am Stück präsentiert. Andernfalls kann es passieren, daß sie zeilenweise hochgeschoben wird.

Überdies hat man damit einen Startpunkt für die vertikale Ausrichtung. Man kann die gesamte Bildschirmhöhe ausnutzen, muß freilich bedenken, daß DOS, wenn die Batch-Datei zu Ende ist, auch noch Platz braucht für sein Bereitschaftszeichen.

Geteilte Meldung

In Zeile 35 wird dann die Fehlermeldung übersprungen – und nun kommt eine geteilte Meldung.

Nochmals muß ja ein Fehler abgefangen werden, dann nämlich, wenn das angegebene Verzeichnis gar nicht existiert. Zudem soll das am Ende den erfolgreichen Abschluß der Operation melden.

Das sind zwei Aussagen, die sich so formulieren lassen, daß sie in ihrem ersten Teil gleich sind und sich nur im zweiten Teil unterscheiden.

Gleich bleiben diese beiden Zeilen:

```
Das Verzeichnis
%1:%2
```

Danach kommt dann entweder diese Meldung:

```
gibt es nicht!
```

Oder diese, wenn die Operation ausgeführt worden ist:

```
ist gelöscht worden!
```

Durch geschickte Sprünge enthebt man sich der Notwendigkeit, die komplette Meldung zweimal schreiben zu müssen.

Deshalb erscheint zunächst der erste Teil der Meldung auf dem Bildschirm (Zeilen 47 bis 54) – den braucht man immer, egal was passiert.

Dann erst prüft das Programm, ob das Verzeichnis vorhanden ist (Zeile 55). Wenn nicht, wird zur Zeile 62 und dem passenden zweiten Teil der Meldung gesprungen, von dort aus dann (Zeile 68) zum Ende.

Ist das Verzeichnis gefunden worden, macht die Batch-Datei normal weiter. Der erste Teil der Meldung bleibt auf dem Bildschirm stehen und wird dann am Ende der Operation um die Erfolgsnachricht ergänzt.

Daß der erste Teil auf dem Bildschirm bleibt, ist allenfalls auf sehr langsamen Computern zu bemerken. Ansonsten arbeitet DOS so schnell, daß sich ein fließender Übergang ergibt.

Sie sehen also: Auch bei Batch-Dateien kann man, sollte man strukturiert programmieren und sich überlegen, wo man Programmcode einsparen kann.

Das Programm DELDIR2.BAT
(Ausschnitt)

```
27  :fehler
28  ECHO
29  ECHO
30  ECHO          Programmaufruf: DELDIR2 Verzeichnis1 Verzeichnis2..
31  ECHO
32  ECHO               Beispiel: DELDIR2 texte bilder briefe
33  ECHO
34  ECHO
35  GOTO ende
36  :weiter
37  :schleife
38  IF    %1 ==    GOTO ende
39  IF NOT EXIST \%1\NUL GOTO nicht
40  IF NOT EXIST \%1\*.* GOTO keine
41  ATTRIB -R \%1\*.*
42  ECHO J | DEL \%1\*.* > NUL
43  :keine
44  RD \%1
45  GOTO erfolg
46  :nicht
47  CLS
48  FOR %%e IN (1,2,3) DO ECHO.
49  ECHO
50  ECHO
51  ECHO                        Das Verzeichnis
52  ECHO
53  ECHO
54  ECHO.
55  ECHO                                %1
56  ECHO.
57  ECHO
58  ECHO
59  ECHO                         gibt es nicht!
60  ECHO
61  ECHO
62  GOTO next
63  :erfolg
64  CLS
65  FOR %%e IN (1,2,3) DO ECHO.
66  ECHO
67  ECHO
68  ECHO                        Das Verzeichnis
69  ECHO
70  ECHO
71  ECHO.
72  ECHO                                %1
73  ECHO.
74  ECHO
75  ECHO
76  ECHO                       ist gelöscht worden!
77  ECHO
78  ECHO
79  :next
80  SHIFT
81  GOTO schleife
82  :ende
83  FOR %%e IN (1,2,3) DO ECHO.
84  @ECHO ON
```

Annotations:
- Beginn der großen Schleife (Zeile 37)
- Sprung zum ersten Meldungsblock, wenn das Verzeichnis nicht existiert (Zeile 39)
- Ersten Meldungsblock überspringen (Zeile 45)
- Der erste Meldungsblock (Zeilen 49–61)
- Zweiten Meldungsblock überspringen (Zeile 62)
- Der zweite Meldungsblock (Zeilen 66–78)
- Rücksprung zu Zeile 37 nach der Variablenverschiebung (Zeile 81)

Variante 1: Mehrere Verzeichnisse löschen

Jede Batch-Datei läßt sich immer auch anders schreiben: eleganter, kürzer, besser. Wobei das nicht nur eine Frage des persönlichen Geschmacks ist, sondern auch von den individuellen Einsatzmöglichkeiten abhängt.

Aber das ist ja das Schöne an Batch-Dateien: Jeder kann sie selber variieren, wie er sie braucht.

Zum Beispiel könnten Sie mit Fug und Recht sagen: Eine Laufwerksangabe ist bei DELDIR.BAT überflüssig. Verzeichnisse lösche ich eh nur auf meiner Festplatte. Dafür würde ich gerne mehrere Verzeichnisse auf einen Schlag löschen können.

Überhaupt kein Problem. Sie finden es gelöst in DELDIR2.BAT auf der Beispieldiskette.

Was muß man ändern?

Zunächst kann die Prüfung der zweiten leeren Variable entfallen – die einfachste Aufgabe, die Zeile muß nur gelöscht werden.

Denn wir haben es ja nur noch mit einer Variablen zu tun, die dann mit SHIFT verschoben wird. Der entscheidende Komplex lautet jetzt, aufs Wesentlichste reduziert:

```
:schleife
IF "%1"=="" GOTO ende
IF NOT EXIST \%1\NUL GOTO nicht
IF NOT EXIST \%1\*.* GOTO keine
ATTRIB -R \%1\*.*
ECHO J | DEL \%1\*.* > NUL
:keine
RD \%1
SHIFT
GOTO schleife
```

Am Anfang der Schleife muß eine Abfrage nach einer leeren Variable erfolgen. Die Variable ist dann leer, wenn alle beim Aufruf angegebenen Variablen abgearbeitet sind. Das ist dann der Ausstieg aus der Schleife – Auftrag ausgeführt, GOTO Ende.

Die Meldungen machen Probleme

Dann müssen die Meldungen angepaßt werden, und ausgerechnet sie, die nicht zum eigentlichen Programm gehören, sondern nur informellen Wert haben, machen das meiste Kopfzerbrechen.

Das Problem beginnt beim Eingangsbildschirm. Er soll ja auch darüber informieren, welche Verzeichnisse beim Aufruf angegeben worden sind, mithin zur Löschung anstehen.

Hier kann man zum ersten Mal mit SHIFT die Variablenliste verschieben und eine Schleife einbauen:

```
:nochmals
IF "%1"=="" GOTO fort
ECHO          %1
SHIFT
GOTO nochmals
:fort
```

Das funktioniert – aber dann funktioniert nichts mehr, die Batch-Datei bricht mit einer Fehlermeldung ab. Warum?

Ganz einfach: Mit SHIFT wird die Variablenliste verschoben, und zwar solange, bis die Variable %1 leer ist. Das Löschen kann nicht mehr ausgeführt werden, denn hier wird ja wieder die Variable %1 verlangt, die jetzt nicht mehr existiert.

Verzichten wir also schweren Herzens darauf, die angegebenen Verzeichnisse hier nochmals zu wiederholen, belassen wir es bei der Eingangsmeldung. Im Grunde reicht das ja auch: Es ist eine Unterbrechung, die zum Nachdenken zwingt, und wer sich an dieser Stelle nicht sicher ist, kann ja abbrechen.

Zwischen dem Löschen des Verzeichnisses und SHIFT müssen dann irgendwo die restlichen Meldungen stehen.

Mit einer ökonomischen Teilung ist hier nichts zu machen, denn die Meldung wird ja nicht nur einmal ausgegeben, sondern mehrmals, und DOS kennt keine (einfache) Möglichkeit, eine bestimmte Bildschirmposition anzusprechen. Die Meldungen werden also aneinandergehängt, ziehen folglich am Bildschirm vorbei.

Deshalb also doch zwei vollständige Meldungen, wobei jeweils zuvor der Bildschirm mit CLS gelöscht wird. Wer einen schnellen Computer hat, ist hier freilich im Nachteil. Die Meldungen wechseln unter Umständen so rasch, daß man die Informationen gar nicht aufnehmen kann.

Noch komplizierter werden hier die Sprünge. Wenn eines der angegebenen Verzeichnisse nicht existiert, sollte man jetzt nicht mehr abbrechen, sondern nur den Benutzer entsprechend informieren. Man muß deshalb vor dem SHIFT-Befehl eine weitere Sprungmarke einbauen. Schematisch dargestellt:

```
ECHO Das Verzeichnis gibt es nicht
GOTO next
:erfolg
ECHO Das Verzeichnis ist gelöscht
worden
:next
SHIFT
GOTO schleife
```

Das ist einer der Fälle, wo etwas einfachere Meldungen vielleicht sogar praktikabler sind. Etwa so:

```
ECHO %1 gibt es nicht!
GOTO next
:erfolg
ECHO %1 ist gelöscht worden
:next
SHIFT
```

Diese Meldungen werden dann untereinander auf den Bildschirm geschrieben. Sie finden diese Variante als DELDIR3.BAT auf der Diskette.

Das Programm DELDIR4.BAT

```
1   @ECHO OFF
2   REM   Datei: DELDIR4.BAT
3   REM   Aufgabe: Löscht ein Verzeichnis im angegebenen Laufwerk
4   CLS
5   IF %1 ==    goto fehler
6   :schleife
7   IF %1 ==    goto ende
8   CLS
9   CD \
10  IF NOT EXIST \%1\NUL GOTO nicht
11  IF NOT EXIST \%1\*.* GOTO keine
12  ECHO       Verzeichnis: %1
13  ECHO
14  ECHO       Wollen Sie diese Dateien tatsächlich alle löschen?
15  ECHO
16  ECHO       Wenn ja:     Drücken Sie eine beliebige Taste
17  ECHO       Wenn nein:   Brechen Sie ab mit [Strg]+[C]
18  ECHO
19  DIR \%1 /W | MORE
20  PAUSE > nul
21  ATTRIB -R \%1\*.*
22  ECHO J | DEL \%1\*.* > NUL
23  :keine
24  RD \%1
25  GOTO erfolg
26  :nicht
27  CLS
28  ECHO.
29  ECHO %1 gibt es nicht!
30  GOTO next
31  :erfolg
32  CLS
33  ECHO %1 ist gelöscht worden!
34  :next
35  ECHO.
36  ECHO Fahren Sie mit einer beliebigen Taste fort
37  PAUSE > NUL
38  SHIFT
39  GOTO schleife
40  :fehler
41  ECHO
42  ECHO
43  ECHO       Programmaufruf: DELDIR4 Verzeichnis1 Verzeichnis2..
44  ECHO
45  ECHO            Beispiel: DELDIR4 texte bilder briefe
46  ECHO
47  ECHO
48  :ende
49  @ECHO ON
```

Beginn der Schleife — (Zeile 6)

Die Abbruchmöglichkeit ist in die Schleife eingebunden

Das Inhaltsverzeichnis muß vor der PAUSE angeschaut werden, damit die Chance zum Abbruch besteht

Variante 2: Die Dateien zuerst anschauen

Vorsicht ist auch die Mutter aller Batch-Dateien. Man kann nie genug Sicherungen einbauen. Eine Datei ist schneller gelöscht als wieder restauriert – Binsenweisheit jedes Computer-Benutzers, der schon einmal die falsche Datei gelöscht hat. Und dann erst alle Dateien eines Verzeichnisses!

Deshalb ist es kein schlechter Gedanke, sich die Dateien zuerst anzeigen zu lassen, ehe sie eliminiert werden. Und da wir es hier ja mit Batch-Datei zu tun haben, ist das auch nicht mit viel Arbeit verbunden, wie sonst, wenn man das alles auf DOS-Ebene erledigt.

Und schon wieder Arbeit gespart

Also wird DELDIR3.BAT erweitert zu DELDIR4.BAT (ebenfalls auf der Beispieldiskette). Die Aufgabe: Mehrere Verzeichnisse sollen gelöscht werden, zuvor aber wird jeweils das Inhaltsverzeichnis angezeigt.

Dafür wählt man am besten die abgekürzte Form DIR /W: Das Inhaltsverzeichnis wird auf dem Bildschirm spaltenweise ausgegeben, dafür nur mit Dateinamen, ohne die sonstigen Informationen über Größe und Datum. Das sollte in diesem Fall genügen.

DIR /W eröffnet gute Chancen, ein ganzes Inhaltsverzeichnis auf einer Bildschirmseite unterzubringen. Zur Sicherheit hängt man noch den Filter MORE an, falls doch sehr viele Dateien im Verzeichnis versammelt sind.

Diese Zeile muß also irgendwo untergebracht werden:

```
DIR \%1 /W | MORE
```

Aber wo?

Die Umarbeitung der Batch-Datei macht weniger Probleme, als man anzunehmen geneigt ist.

Zunächst reduziert sich das Problem der Rückmeldungen. Diese Programmvariante ist ohnehin von vorn bis hinten interaktiv, erfordert also laufend Bestätigungen des Benutzers – denn was nützt ein Blick aufs Inhaltsverzeichnis, wenn man nicht notfalls abbrechen kann? Um abbrechen zu können, muß zuvor mit PAUSE angehalten werden, und wenn angehalten wird, muß man mit einer beliebigen Taste fortfahren.

Der erste Haltepunkt muß am Ende des Inhaltsverzeichnisses gesetzt werden.

Wo baut man das ein?

Ganz klar: nach den Überprüfungen, ob das Verzeichnis existiert und ob es Dateien enthält. Wenn beides nicht zutrifft, kann auch nichts angezeigt werden. Sie finden den DIR-Befehl deshalb in Zeile 19.

Sie verfügen mittlerweile schon über so viel Erfahrung, daß Ihnen die Analyse der restlichen Änderungen leichtfallen wird.

Am wichtigsten: Die gesamte Prozedur ist jetzt in die Schleife eingebunden, einschließlich des Eingangsbildschirms. Mehr noch: dieser ist nach unten gerutscht, hinter die Verzeichnis- und Datei-Überprüfung. Denn er kann ja jetzt nicht mehr global gültig sein, sondern muß sich auf jedes einzelne Verzeichnis beziehen – sofern das vorhanden ist und sofern es Dateien enthält. Andernfalls ist eine Inhaltsanzeige wiederum sinnlos.

Ansonsten hat sich wenig geändert, außer daß nach den Rückmeldungen am Ende (Verzeichnis gibt es nicht bzw. Verzeichnis ist gelöscht worden) weitere Haltepunkte eingebaut sind.

Im zweiten Fall muß das nicht sein (wenn man auf die Meldung ganz verzichten will), im ersten Fall ist es notwendig. Denn ebenfalls notwendig ist, daß für den nächsten Durchgang der Schleife der Bildschirm wieder gelöscht wird (wegen des Inhaltsverzeichnisses), und dann taucht die Negativ-Meldung unter Umständen nur so kurz am Bildschirm auf, daß sie nicht wahrgenommen wird.

Die PAUSE-Anweisung sowie die entsprechende Meldung braucht hier wieder nur einmal zu stehen. Denn jede Meldung muß ja zu SHIFT führen, damit der nächste Durchgang beginnen kann. Davor kann man PAUSE samt Meldung plazieren.

Haben Sie etwas gelernt daraus?

Na, das wollen wir doch hoffen! Zumindest dies: Daß es immer mehrere Lösungen für ein Problem gibt. Und daß es »die« Lösung nicht geben kann. Der eine hätte es gern so und der andere anders, und jeder hat gute Gründe für sein Begehren.

Gelernt haben Sie sicherlich auch, daß Anpassungen und Umarbeitungen bei Batch-Dateien keinen riesigen Aufwand erfordern. Und Sie werden selbst die Erfahrung machen, daß Sie Ihre eigenen Batch-Dateien immer mal wieder abändern, je nachdem, wie es die Situation erfordert.

Betrachten Sie alle Beispielprogramme dieses Buches in diesem Sinne: als Angebot, als Denkanregung – als eine von vielen möglichen Lösungen.

114

Beispiele für die Dateiverwaltung

Die Dateiverwaltung, und dazu zählt das Aufräumen auf der Festplatte ebenso wie das Kopieren von Disketten oder Dateien (als Sicherungskopien beispielsweise), ist immer mit viel Tipparbeit verbunden. Batch-Dateien helfen.

Auf einen Blick

Was ist zu tun
Dieses Kapitel ist nicht ausdrücklich mit Übungen verbunden. Vielmehr werden die Beispielprogramme vorgestellt und analysiert.

Aber natürlich möchten und sollen Sie die Programme auch ausprobieren.

Kenntnisse, Hintergrundwissen
Sie sollten die Batch-Befehle kennen und demzufolge das Kapitel »Befehle in Batch-Dateien« durchgearbeitet haben.

Ergebnis
Dieses Kapitel zeigt, ebenso wie die beiden folgenden, die Batch-Befehle im praktischen Einsatz. Dabei wird diskutiert, welche Tücken sie bergen und wie man am besten (und elegantesten) zu verschiedenen Problemlösungen kommt.

Vorgestellt werden Batch-Programme für folgende Aufgaben:
☐ Kopieren mehrerer Dateien auf einen Streich in das Laufwerk A und ein anderes Verzeichnis.
☐ Verschieben von Dateien in ein anderes Verzeichnis.
☐ Unterschiedliche Arten des Löschens von Dateien.
☐ Formatieren von Disketten ohne das Risiko, versehentlich die Festplatte zu löschen.
☐ Verschiedene kleinere Lösungen, die vornehmlich Tipparbeit abnehmen oder den Kampf mit der richtigen Syntax beenden.

Ideen
Die Beispielprogramme sind in dieser Form voll einsatzfähig. Aber das muß nicht heißen, daß sie auch Ihren Ansprüchen genügen.

Wir geben daher Anregungen, wie sie abgeändert und variiert werden können.

Das soll Sie animieren, selber nach Lösungsmöglichkeiten für Ihre Probleme zu suchen. Denn Batch-Programme haben ja den großen Vorteil, daß man sie haargenau auf seine eigenen Vorstellungen hin konzipieren kann.

Man könnte jetzt einwenden, daß das meiste auch mit der DOS-Shell von DOS 5.0 geht, und zwar weitaus einfacher.

Völlig richtig. Aber zum einen sind diese Batch-Dateien (wie die meisten) für den Einsatz auf der DOS-Befehlsebene gedacht. Und zum anderen geht es um Probleme und deren Lösung mit Hilfe von Batch-Dateien. Um modellhafte Lösungen, die Ihnen als Ausgangspunkt dienen sollen.

Denn eines ist klar: so schön und brauchbar die DOS-Shell auch ist – für individuelle Lösungen bleiben oft nur Batch-Dateien.

Das Programm KOPIE_A.BAT

```
1   @ECHO OFF
2   REM
3   REM    Datei:        KOPIE_A.BAT
4   REM    Aufgabe:      Kopieren mehrerer Dateien
5   REM                  auf das Laufwerk A
6   REM    DOS-Version:  5.0
7   REM    Erstellt von: Autorengruppe Kost/Steiner/Valentin
8   REM                  Aus dem Band  Batch-Dateien
9   REM                  in der Reihe  So geht's!
10  REM
11  CLS
12  IF  %1 ==    GOTO fehler
13  :schleife
14  IF  %1 ==    GOTO ende
15  IF NOT EXIST a:%1 GOTO okay
16  ECHO.
17  ECHO         Die Datei
18  ECHO         %1
19  ECHO         existiert bereits!
20  ECHO.
21  ECHO    Wenn sie überschrieben werden soll,
22  ECHO    bitte ein beliebige Taste drücken
23  ECHO.
24  ECHO    Andernfalls abbrechen mit [Strg]+[C]
25  ECHO.
26  PAUSE > NUL
27  :okay
28  COPY %1 a: > NUL
29  SHIFT
30  CLS
31  GOTO schleife
32  :fehler
33  ECHO.
34  ECHO     Programmaufruf:    KOPIE_A Dateiname[n]
35  ECHO.
36  :ende
```

Der Kommentarteil informiert über Aufgabe und Herkunft des Programms

Fehleingaben abfangen

Der Ausstieg aus der Schleife

Die Datei wird nur kopiert, wenn sie in Laufwerk A noch nicht vorhanden ist, andernfalls hat man die Chance zum Abbruch

Mehrere Dateien nach Laufwerk A kopieren

Der DOS-Befehl COPY erlaubt nur, eine einzelne Datei zu kopieren. Mehrere Dateien können nur kopiert werden, wenn mit Jokern ein Dateimuster aufgebaut wird. Zum Beispiel *.TXT, das alle Dateien mit der Endung .TXT erfaßt.

Das ist aber oft zu wenig – oder vielmehr zuviel. Es gibt oft Gelegenheiten, bei denen man gezielt einzelne Dateien zu kopieren hat und nicht jedesmal den vollständigen COPY-Befehl neu eingeben möchte.

Diesen Mangel beheben zwei Batch-Dateien. KOPIE_A.BAT kopiert beliebig viele Dateien in das Laufwerk A, KOPIE.BAT in ein anderes Verzeichnis. Ausgangspunkt für beide Programme ist das aktuelle Verzeichnis.

Widmen wir uns auf diesen zwei Seiten zunächst KOPIE_A.BAT.

Die erste Zeile ist Standard in fast jeder Batch-Datei: Das ECHO wird ausgeschaltet. Und ebenso die Zeile 11, wo mit CLS der Bildschirm gelöscht wird, so daß der Cursor in Zeile 1 steht und alle Meldungen dort beginnen.

Der Kommentarteil

In den Zeilen 2 bis 10 sehen Sie hier einen Kommentarteil. Er informiert über Name und Aufgabe des Programmes, über den Urheber und darüber, für welche DOS-Version es gedacht ist.

Der letzte Punkt kann sehr wichtig werden, wenn eine Batch-Datei unter einer früheren DOS-Version abläuft, aber Batch-Befehle verwendet, die es da noch nicht gab: CALL oder @ zur Befehlsunterdrückung.

Alle Beispieldateien haben solch einen Kommentarkopf. Aus Platzgründen drucken wir ihn allerdings nicht immer ab. Mitgezählt in der Zeilennumerierung wird er gleichwohl, damit Sie in der Programmdatei die Zeilen leichter finden.

Falschen Aufruf abfangen

KOPIE_A.BAT wird aufgerufen mit einem Dateinamen oder mit mehreren Dateinamen. Ob das geschehen ist, wird in Zeile 12 abgefragt. Wenn keine Variable eingegeben wird, springt das Programm zu einer Fehlermeldung (ab Zeile 32), die den korrekten Programmaufruf mitteilt und dann die Batch-Datei beendet.

Auch das ist Routine und sollte immer sein. Nicht nur für fremde Benutzer ist das wichtig. Auch selber vergißt man oft, wie man die Batch-Datei aufgebaut hat und welche Variablen anzugeben sind. Man könnte diese Meldung noch ergänzen durch einen allgemeinen Hinweis auf die Aufgabenstellung.

Der Hauptteil des Programmes ist in ein Schleife eingebunden – die Sprungmarke heißt entsprechend. Um den Ausstieg aus der Schleife zu ermöglichen, wenn alle angegebenen Variablen abgearbeitet sind, wird wieder nach einer »leeren« Variablen gefragt (Zeile 14) und gegebenfalls beendet.

Kopieren mit Rückversicherung

Das Programm prüft aber auch, ob die zu kopierende Datei im Ziellaufwerk vorhanden ist und gibt dem Benutzer die Chance zum Abbruch – eine Erweiterung des COPY-Befehls, der ja erbarmungslos und ohne Rückmeldung überschreibt.

Diese Prüfung wird eingeleitet in Zeile 15. Wenn die Datei nicht existiert, ist alles okay, sie kann kopiert werden (Zeile 28). In der folgenden Zeile wird die Variablenliste mit SHIFT verschoben, dann wird wieder zum Anfang der Schleife gesprungen – die nächste Datei ist an der Reihe.

Gibt es die Datei bereits auf der Diskette, wird dies gemeldet und dem Benutzer die Chance zum Abbruch geboten (Zeile 16 bis 26). Die Meldung wird von einem Piepston begleitet, der hier (Zeile 17) als ^G dargestellt ist. In einem Textprogramm sollte er mit seinem ASCII-Wert 7 eingegeben werden und sieht dann etwas anders aus. (Zu den diesbezüglichen Problemen des DOS-Editors ist im vorigen Kapitel einiges gesagt worden.)

Die Abbruchmöglichkeit also. Mit PAUSE wird das Programm angehalten, damit der Benutzer überlegen kann (Zeile 26). Mit der Umleitung in NUL wird die Standard-PAUSE-Meldung unterdrückt, ebenso übrigens in Zeile 28 die übliche DOS-Erfolgsmeldung, daß eine Datei kopiert worden sei.

Varianten

Wer oft nach Laufwerk B kopieren muß, kann KOPIE_A.BAT leicht abändern. Er muß nur in den Zeilen 15 und 28 A: gegen B: tauschen.

Grundsätzlich ist KOPIE_A.BAT ein gutes Ausgangsprogramm, wenn das Kopierziel feststeht, sei es ein Laufwerk oder ein bestimmtes Verzeichnis.

Das Programm KOPIE.BAT

```
1   @ECHO OFF
2   REM
3   REM     Datei:          KOPIE.BAT
4   REM     Aufgabe:        Kopieren mehrerer Dateien
5   REM                     in ein anderes Verzeichnis
6   REM     DOS-Version:    5.0
7   REM     Erstellt von:   Autorengruppe Kost/Steiner/Valentin
8   REM                     Aus dem Band  Batch-Dateien
9   REM                     in der Reihe  So geht's!
10  REM
11  CLS
12  IF  %1 ==      GOTO fehler
13  IF  %ZIEL% ==      GOTO meldung
14  :schleife
15  IF  %1 ==      GOTO ende
16  IF NOT EXIST \%ZIEL%\NUL GOTO nichtda
17  IF NOT EXIST \%ZIEL%\%1 GOTO okay
18  ECHO.
19  ECHO            Die Datei
20  ECHO                  %1
21  ECHO                existiert bereits!
22  ECHO.
23  ECHO      Wenn sie überschrieben werden soll,
24  ECHO      bitte ein beliebige Taste drücken
25  ECHO.
26  ECHO      Andernfalls abbrechen mit [Strg]+[C]
27  ECHO.
28  PAUSE > NUL
29  :okay
30  COPY %1 \%ZIEL% > NUL
31  SHIFT
32  CLS
33  GOTO schleife
34  :meldung
35  ECHO     Vor dem Programmaufruf muß mit
36  ECHO          SET ZIEL=Verzeichnis
37  ECHO     das Zielverzeichnis festgelegt werden.
38  ECHO.
39  GOTO ende
40  :nichtda
41  ECHO       Das Zielverzeichnis gibt es nicht!
42  GOTO ende
43  :fehler
44  ECHO.
45  ECHO                     Programmaufruf:
46  ECHO.
47  ECHO      Erster Schritt:             Zweiter Schritt:
48  ECHO.
49  ECHO      Mit                         Programm aufrufen
50  ECHO      SET ZIEL=Verzeichnis        mit
51  ECHO      Zielverzeichnis festlegen   KOPIE Dateiname[n]
52  ECHO.
53  :ende
54  SET ziel=
```

Ist das Zielverzeichnis vorab festgelegt worden? Wenn nicht, dann Abbruch mit entsprechender Meldung

Die Umgebungsvariable wird wieder gelöscht

Mehrere Dateien in ein anderes Verzeichnis kopieren

KOPIE.BAT ist eine Variante von KOPIE_A.BAT. Auch sie kopiert mehrere Dateien auf einen Schlag, das Ziel aber ist ein anderes Verzeichnis. Und zwar eines, das der Benutzer beim Programmaufruf frei bestimmen soll.

Das ist ein kitzliges Problem. Man könnte zwar beim Aufruf das Zielverzeichnis und die Datei, die kopiert werden soll, angeben. Das beschränkt das Programm allerdings auf eine einzige Datei.

Denn wird mit SHIFT die Variablenliste verschoben (die Voraussetzung, wenn mehrere Dateien erfaßt werden sollen), rutscht notgedrungen ein Dateiname an die Stelle des Verzeichnisnamens. Und schon ist's aus.

Der Umweg über eine Umgebungsvariable

Den Ausweg bietet eine Umgebungsvariable. Solche Umgebungsvariablen werden mit SET definiert und in einem speziellen Speicherbereich festgehalten.

Die Definition lautet in dieser Batch-Datei:

```
SET ZIEL=Verzeichnis
```

»ZIEL« ist der Name der Umgebungsvariable (Sie können jeden beliebigen Namen dafür nehmen). Der Trick dabei: In einer Batch-Datei kann jede Umgebungsvariable mit ihrem Namen abgerufen werden, wenn der von Prozentzeichen umschlossen wird.

Sie sehen das zum Beispiel in den Zeilen 16 und 17, wo geprüft wird, ob das Verzeichnis und die zu kopierende Datei überhaupt existieren.

Eine Batch-Datei kann zwar über eine Variable selber eine Umgebungsvariable belegen, das behebt das SHIFT-Problem aber immer noch nicht.

Programm mit Vorlauf

Aus diesem Grunde braucht KOPIE.BAT gewissermaßen einen Vorlauf. Bevor das Programm gestartet werden kann, muß vom Benutzer die Umgebungsvariable definiert werden. Die Fehlermeldung beim Aufruf ohne Variable (Zeile 44 bis 52) weist darauf hin.

In Zeile 13 wird zudem geprüft, ob die Umgebungsvariable »Ziel« schon definiert ist und gegebenenfalls eine entsprechende Meldung ausgegeben (Zeile 34 bis 39).

Denn wird KOPIE.BAT mit Dateinamen gestartet, gibt es ja die Information über den korrekten Programmaufruf nicht.

Ganz zum Schluß, in Zeile 54, wird die Umgebungsvariable dann wieder gelöscht.

Das ist notwendig, denn wird KOPIE.BAT während der gleichen Arbeitssitzung nochmals aufgerufen (das Ausschalten des Computers löscht auch die Umgebungsvariablen) und prüft dann, wie es der Programmablauf will, ob die Umgebungsvariable »Ziel« existiert, ist das Ergebnis positiv.

Das ist dann aber nicht unbedingt das Verzeichnis, in das Sie Ihre Dateien kopiert haben wollen.

Variante: Programmteile auslagern

Im weiteren Verlauf unterscheidet sich diese Batch-Datei nicht wesentlich von KOPIE_A.BAT.

Falls eine der zu kopierenden Dateien bereits existiert, wird dem Benutzer die Möglichkeit zum Abbruch geboten.

Dieser Programmteil ist identisch mit dem korrespondieren Teil in KOPIE_A.BAT – Sie sehen, einmal erstellte Programmschritte können mehrfach verwendet werden.

Es wäre sogar möglich, diesen Komplex (Zeile 18 bis 28) in eine eigene Batch-Datei auszulagern und diese dann mit CALL aufzurufen, wenn eine solche Meldung erforderlich ist.

Und sie läßt sich bestimmt häufig einblenden, denn vielfach ähneln sich die Aufgaben von Batch-Dateien ja.

Der Nachteil ist, daß man unter Umständen leicht die Übersicht verliert.

Verzeichnis überprüfen

Eine wesentliche Ergänzung gegenüber KOPIE_A.BAT ergibt sich in Zeile 16. Hier wird abgefragt, ob das angegebene – und nunmehr als Umgebungsvariable gespeicherte – Zielverzeichnis überhaupt existiert.

Dazu bedient man sich der Pseudo-Datei NUL, die in jedem Verzeichnis vorhanden ist, gleichgültig, ob es Dateien enthält oder nicht und die bei DELDIR.BAT (Kapitel »Von der Idee zum Programm«) schon ausführlich diskutiert worden ist.

Ergänzung

Ebenfalls überprüfen könnte man noch, ob auch im Ausgangsverzeichnis die Dateien vorhanden sind – zur vollen Sicherheit.

Ideen

Die sind gefragt: Wie kann man es erreichen, das Zielverzeichnis in derselben Batch-Datei abzufragen und zu speichern? Oder wenigstens die Tipparbeit zu reduzieren?

Denken Sie mal darüber nach. Im Kapitel »Beispiele für die Menügestaltung« finden Sie eine Lösung.

Das Programm MOVE.BAT

```
1   @ECHO OFF
2   REM
3   REM    Datei:        MOVE.BAT
4   REM    Aufgabe:      Verschieben in ein anderes Verzeichnis
5   REM                  (Einzeldatei oder mehrere mit Joker)
6   REM    DOS-Version:  5.0
7   REM    Erstellt von: Autorengruppe Kost/Steiner/Valentin
8   REM                  Aus dem Band   Batch-Dateien
9   REM                  in der Reihe   So geht's!
10  REM
11  CLS
12  FOR %%e IN (1,2,3) DO ECHO.
13  IF  %1 ==      GOTO fehler
14  IF  %2 ==      GOTO fehler
15  ECHO.
16  ECHO      Dieses Programm verschiebt die Datei(en):    %1
17  ECHO                              in das Verzeichnis:  %2
18  ECHO.
19  ECHO      Drücken Sie eine beliebige Taste
20  ECHO      Oder brechen Sie ab mit [Strg]+[C]
21  PAUSE > NUL
22  CLS
23  IF NOT EXIST %1 GOTO nicht1
24  IF NOT EXIST \%2\NUL GOTO nicht2
25  IF EXIST \%2\%1 GOTO schonda
26  :weiter
27  COPY %1 \%2 > NUL
28  ATTRIB -R %1
29  IF %1==*.* GOTO alles
30  IF EXIST \%2\%1 DEL %1
31  :alles
32  IF EXIST \%2\%1 ECHO J | del %1 > nul
33  ECHO              Alles erfolgreich verschoben!
34  GOTO ende
35  :nicht1
36  ECHO              Diese Datei(en) gibt es nicht!
37  GOTO ende
38  :nicht2
39  ECHO              Das Zielverzeichnis gibt es nicht!
40  GOTO ende
41  :schonda
42  ECHO       Diese Datei(en) gibt es bereits!
43  ECHO       Soll(en) sie überschrieben werden?
44  ECHO       Wenn ja:    Drücken Sie eine beliebige Taste
45  ECHO       Wenn nein:  Brechen Sie ab mit [Strg]+[C]
46  PAUSE > NUL
47  GOTO weiter
48  :fehler
49  ECHO  Programmaufruf: MOVE Datei Zielverzeichnis
50  ECHO.
51  ECHO                  Datei  ist entweder eine Einzeldatei
52  ECHO                         oder ein Dateimuster (mit Jokern)
53  GOTO ende
54  :ende
55  FOR %%E IN (1,2,3) DO ECHO.
56  @ECHO ON
```

Alle Eventualitäten werden abgefangen

Die Prüfung, ob erfolgreich kopiert worden ist; nur dann wird gelöscht

Die Einschränkung: nur eine Datei kann verschoben werden oder eine mit Jokern bestimmte Dateigruppe

Dateien verschieben

Diese Funktion ist nun erfreulicherweise in der DOS-Shell enthalten, auf Befehlsbene gibt es aber immer noch keinen entsprechenden Befehl. Dabei ist es im Grunde doch so einfach (auch für eine Batch-Datei): Man kopiert eine Datei in ein anderes Verzeichnis und löscht sie dann im Ursprungsverzeichnis. Nichts anderes macht MOVE.BAT.

Welches Problem dabei auf uns zukommt, kennen Sie bereits von KOPIE.BAT. Mehrere Dateien und gleichzeitig das Zielverzeichnis anzugeben ist nicht möglich.

Eine (weise) Beschränkung

KOPIE.BAT ging den Umweg über eine Umgebungsvariable. Darauf wurde in MOVE.BAT verzichtet (es ist aber kein Problem, diese Batch-Datei entsprechend auszubauen).

Was zur Folge hat, daß nur eine Datei verschoben werden kann – oder mehrere Dateien, wenn sie über Joker definiert werden. Das geht. Denn das Problem ist ja die Variablenliste. Aber ein Namensmuster oder Dateifilter ist auch nur eine einzige Variable.

Dementsprechend ist der Programmaufruf, den die Fehlermeldung mitteilt (Zeile 48 bis 53), für den Fall, daß das Programm ohne Variablen gestartet wird.

Da zwei Variablen angegeben werden müssen, muß auch zweimal (Zeile 13 und 14) geprüft werden, ob sie nicht »leer« sind.

Nie genug Informationen

Wenn Sie DELDIR.BAT aus dem Kapitel »Von der Idee zum Programm« noch im Kopf haben, wird Ihnen manches bekannt vorkommen – in den meisten Batch-Dateien wiederholt sich irgend etwas, da die Aufgabenstellungen oft nur geringfügig variieren.

Am Anfang des Programmes wird noch einmal mitgeteilt, was diese Batch-Datei zu tun im Begriffe ist. Und zwar nicht bloß in allgemeinen Worten.

Vielmehr wird gezielt darüber informiert, welche Datei wohin verschoben wird – es ist ja kein Problem, die Variablen in ECHO-Meldungen einzuschließen (Zeile 15 bis 21).

Verschiedene Standard-Elemente kennen Sie bereits. Hier die Chance zum Abbruch mit einer umgeleiteten, also unterdrückten PAUSE (Zeile 21), dann die diversen Abfragen und die daraus resultierenden Meldungen: ob die zu verschiebende Datei überhaupt vorhanden ist (Zeile 23), ob es das Zielverzeichnis gibt (Zeile 24), ob dort bereits eine Datei dieses Namens existiert (Zeile 25), und hier dann wieder eine Möglichkeit zum Ausstieg (Zeile 41 bis 46).

Probleme beim Löschen abfangen

Dann wird kopiert und das Schreibschutzattribut zurückgesetzt (Zeile 27 und 28). Denn hat die Datei ein solches, kann sie nicht gelöscht werden.

Gelöscht werden aber muß sie, sonst wäre sie ja nicht verschoben, sondern bloß kopiert worden.

Für das Löschen muß jedoch eine weitere Sicherheitsabfrage eingebaut werden.

Hat der Benutzer nämlich alle Dateien mit *.* verschoben, müssen auch alle Dateien gelöscht werden, mit der bekannten Folge, daß sich DOS diese Aktion nochmals eigens bestätigen läßt. Diese Meldung taucht auch während eines Batch-Ablaufes auf.

Um das zu unterbinden oder vielmehr nicht sichtbar werden zu lassen, wird in Zeile 32 mit ECHO das erforderliche »J« zum DEL-Befehl geschickt, der wiederum nach NUL umgeleitet, damit keine Meldung auf dem Bildschirm erscheint.

Das Löschen selber wird von einer Bedingung abhängig gemacht (Zeile 30 und 32).

Nur wenn die betreffende Datei im Zielverzeichnis existiert, also kopiert worden ist, dann wird sie im Ursprungsverzeichnis auch gelöscht.

Das ist wiederum eine Vorsichtsmaßnahme. Es könnte ja sein, daß aus irgendeinem Grund die Datei nicht kopiert wurde.

Wird sie dann trotzdem gelöscht, ist sie auf Nimmerwiedersehen verschwunden.

Ergänzungen und Varianten

An dieser Stelle könnte man das Programm auch gut ergänzen und eine Information einbauen, wenn tatsächlich nicht kopiert worden ist.

Der Einschub muß dann vor Zeile 29 erfolgen:

```
IF NOT EXIST \%2\%1 GOTO meldung
```

Damit ist ein mögliches Malheur abgefangen.

MOVE.BAT kann ohne Aufwand so umgearbeitet werden, daß nicht ein Verzeichnis, sondern ein Laufwerk das Ziel ist.

Wenn das Laufwerk ebenfalls als Variable angegeben werden soll, müssen Sie vor der Variable %2 nur den Backslash löschen und danach den Backslash durch einen Doppelpunkt ersetzen.

Aber vielleicht arbeitet man bei einer solchen Variante ohnehin mit einem festen Ziel.

Und dann ist es ja auch kein Problem, mehrere Dateien anzugeben. Es muß nur eine Schleife eingebaut werden.

Sie finden diese Variante als MOVE_A.BAT auf der Beispieldiskette. Vergleichen Sie mal!

Das Programm KILL.BAT

```
1   @ECHO off
2   REM
3   REM    Datei:          KILL.BAT
4   REM    Aufgabe:        Löschen mehrerer Dateien
5   REM    DOS-Version:    5.0
6   REM    Erstellt von:   Autorengruppe Kost/Steiner/Valentin
7   REM                    Aus dem Band   Batch-Dateien
8   REM                    in der Reihe   So geht's!
9   REM
10  CLS
11  ECHO.
12  IF  %1 ==     GOTO fehler
13  ECHO Folgende Dateien sind gelöscht worden:
14  ECHO.
15  :schleife
16  IF  %1 ==     GOTO ende
17  DEL %1
18  FOR %%a IN (%1) DO ECHO %%a
19  SHIFT
20  GOTO schleife
21  :fehler
22  ECHO Programmaufruf:   KILL Dateiname[n]
23  ECHO.
24  :ende
```

Diese Meldung bleibt auf dem Bildschirm stehen ... (Zeile 13)

... und wird hier um den Namen der jeweiligen Datei ergänzt (Zeile 18)

Das Programm KILL2.BAT

```
1   @ECHO OFF
2   REM
3   REM    Datei:          KILL2.BAT
4   REM    Aufgabe:        Löschen mehrerer Dateien mit Bestätigung
5   REM    DOS-Version:    5.0
6   REM    Erstellt von:   Autorengruppe Kost/Steiner/Valentin
7   REM                    Aus dem Band   Batch-Dateien
8   REM                    in der Reihe   So geht's!
9   REM
10  CLS
11  ECHO.
12  IF  %1 ==     GOTO fehler
13  :schleife
14  IF  %1 ==     GOTO ende
15  ECHO     Folgende Datei soll gelöscht werden:
16  ECHO.
17  ECHO                  %1
18  ECHO.
19  ECHO     Ist das ok? Dann eine beliebige Taste drücken,
20  ECHO              andernfalls abbrechen mit [Strg]+[C]
21  PAUSE > NUL
22  DEL %1
23  SHIFT
24  CLS
25  GOTO schleife
26  :fehler
27  ECHO Programmaufruf:   KILL2 Dateiname[n]
28  ECHO.
29  :ende
```

Die Rückversicherung beim Löschen (Zeile 15)

Löschen – mal so und mal so

Mehrere Dateien kopieren, mehrere Dateien verschieben – was liegt da näher, als das Spektrum auch auf das Löschen auszudehnen?

Die Batch-Datei heißt ganz martialisch KILL.BAT, und sie ist eigentlich eine ganz einfache Geschichte und stellt keinerlei Anforderung an den Programmierverstand.

Gerade solche kleinen, unauffälligen Batch-Dateien reizen aber manchmal zum ökonomischen Programmieren. Denn sie sind überschaubar und leicht zu ändern. Und die Erkenntnisse daraus lassen sich dann auf die komplexeren Programme übertragen.

Löschen mehrfach: KILL.BAT

Gehen wir KILL.BAT einmal Zeile für Zeile durch.
☐ Zeile 1 bis 10:
Der übliche, unvermeidliche Anfang mit ECHO OFF, dem Kommentarteil und dem Löschen des Bildschirmes.
☐ Zeile 11:
Eine Leerzeile auf dem Bildschirm, um Meldungen vom oberen Rand etwas abzurücken. Sie wird gleich am Anfang eingefügt, denn das Programm produziert auf jeden Fall eine Meldung, entweder eine Erfolgs- oder eine Fehlermeldung.
☐ Zeile 12:
Die Abfrage auf eine »leere« Variable beim Programmaufruf und gegebenenfalls der Sprung zu der Fehlermeldung in den Zeilen 21 bis 23.

☐ Zeile 13 und 14:
Das eigentliche Programm beginnt – mit einer Bildschirmnachricht, gefolgt von einer Leerzeile. Diese Meldung steht vor der Schleife, das heißt, sie bleibt auf dem Bildschirm stehen und wird ergänzt durch die Meldungen, die innerhalb der Schleife produziert werden.
☐ Zeile 15 und 16:
Die Sprungmarke für die Schleife und der Ausstieg aus der Schleife, wenn alle Variablen abgearbeitet sind.
☐ Zeile 17:
Darum dreht sich alles: eine Datei wird gelöscht.
☐ Zeile 18:
Jetzt wird die »stehende« Meldung ergänzt um den Namen der eben gelöschten Datei. Das geschieht, einfach um der Programmierabwechslung willen, in einer FOR-Schleife (eine schlichte ECHO-Ausgabe hätte auch genügt).

Beachten Sie, daß die Batch-Variable %1 nur als Listenelement in der Klammer auftaucht. So wäre es falsch:

```
FOR %%a IN (%1) DO ECHO %1 %%a
```

Der ECHO-Befehl würde den Dateinamen dann zweimal ausgeben, denn er ist in der FOR-Variablen %%a ja bereits enthalten.
☐ Zeile 19 und 20:
Die Verschiebung der Variablenliste und der Sprung zum Beginn der Schleife.
☐ Zeile 21 bis 24:
Die Fehlermeldung bei falschem Programmaufruf und die Sprungmarke für den Ausstieg aus der Schleife – Ende.

Löschen mit Bestätigung: KILL2.BAT

DEL löscht, wie Sie wissen, erbarmungslos und ohne Rückfrage, es sei denn, sämtliche Dateien eines Verzeichnisses werden angegeben.

Wer jegliche Gefahr ausschließen will, löscht indirekt. Er verschiebt die Dateien, die zum Löschen vorgesehen, mit einer Batch-Datei wie MOVE.BAT in ein »Papierkorb«-Verzeichnis, das er dann später mit Abstand und in Ruhe noch einmal durchgehen kann.

Das ist eine Möglichkeit. Die andere ist eine Variante von KILL.BAT, heißt KILL2.BAT und tut, was der DOS-Befehl DEL eigentlich auch tun sollte: Sie fragt bei jeder Datei nach, ob sie auch gelöscht werden soll.

Das geschieht innerhalb der Schleife in den Zeilen 15 bis 21, und das ist auch die einzige gravierende Änderung gegenüber KILL.BAT.

Wenn Sie das aber einmal durchdenken und/oder ausprobieren, merken Sie schnell, wo es klemmt.

Zwar kann ich, wenn die falsche Datei angegeben wird, das Löschen unterbinden. Aber dazu muß ich mit [Strg]+[C] abbrechen – mithin die gesamte Operation. Selbst wenn hernach noch Dateien kommen, die unbedingt gelöscht werden sollen.

Hier stoßen wir an die Grenzen der DOS-Batch-Befehle. Abgefragt werden können nur Benutzereingaben, die beim Programmaufruf erfolgen, nicht mitten während des Programmablaufs. Da gibt es nur die Alternative: weiter mit einer beliebigen Taste oder Totalabbruch.

Höchste Zeit, dagegen etwas zu tun.

Das Programm KILL3.BAT

```
1   @ECHO OFF
2   REM
3   REM  Datei:        KILL3.BAT
4   REM  Aufgabe:      Löschen mehrerer Dateien mit Bestätigung
5   REM                unter Verwendung von ANTWORT.COM
6   REM  DOS-Version:  5.0
7   REM  Erstellt von: Autorengruppe Kost/Steiner/Valentin
8   REM                Aus dem Band   Batch-Dateien
9   REM                in der Reihe   So geht's!
10  REM
11  CLS
12  ECHO.
13  IF %1 ==     GOTO fehler
14  :schleife
15  IF %1 ==     GOTO ende
16  ECHO       Folgende Datei soll gelöscht werden:
17  ECHO.
18  ECHO                  %1
19  ECHO.
20  ECHO       Wählen Sie:
21  ECHO       (1) Diese Datei löschen
22  ECHO       (2) Diese Datei übergehen
23  ECHO       (3) Abbrechen
24  :loop
25  ANTWORT
26  IF ERRORLEVEL 52 GOTO falsch
27  IF ERRORLEVEL 51 GOTO ende
28  IF ERRORLEVEL 50 GOTO zwei
29  IF ERRORLEVEL 49 GOTO eins
30  GOTO loop
31  :falsch
32  ECHO       Falsche Eingabe! Bitte wiederholen!
33  GOTO loop
34  :eins
35  DEL %1
36  :zwei
37  SHIFT
38  CLS
39  GOTO schleife
40  :fehler
41  ECHO Programmaufruf:   KILL3 Dateiname[n]
42  ECHO.
43  :ende
44  CLS
```

Anmerkungen:
- Der Beginn der großen Schleife (Zeile 14)
- Das Auswahlmenü (Zeilen 20–23)
- Die kleine Schleife für das Menü (Zeile 24)
- Das Hilfsprogramm ANTWORT.COM wird aktiviert, dann die Eingabe abgefragt und entsprechend verzweigt (Zeilen 25–30)

Noch einmal Löschen – aber jetzt mit Pfiff

Daß DOS in Batch-Dateien keine Eingaben abfragen und auswerten kann, hat die Freaks von Anfang an gestört, und was ein echter Freak ist, der programmiert sich eben selber, was es nicht gibt.

Etliche solcher Ergänzungsprogramme finden Sie im Kapitel »Erweiterte Batch-Befehle« beschrieben. Eines, ein ganz einfaches und klitzekleines, kommt hier schon zum Einsatz, weil Sie es, im Gegensatz zu denen des erwähnten Kapitels, auch gleich einsetzen können.

Es befindet sich nämlich auf der diesem Buch beiliegenden Diskette (und im entsprechenden Verzeichnis auf Ihrer Festplatte) und heißt ANTWORT.COM. Wir verdanken es dem Buch »DOS 3.3 für PCs und Personal System/2« von Hans H. Gerhardt (Markt&Technik Verlag, 1988).

Das Hilfsprogramm ANTWORT.COM

ANTWORT.COM erlaubt die Eingabe eines einzelnen Zeichens innerhalb einer Batch-Datei. Dieses Zeichen wird gespeichert und läßt sich als ERRORLEVEL abfragen; der ERRORLEVEL-Wert entspricht dabei dem ASCII-Wert des eingegebenen Zeichens.

Mit ANTWORT.COM ist man als Batch-Programmierer vieler Sorgen ledig. Denn damit läßt sich ein Batch-Ablauf ziemlich differenziert steuern.

Und zudem ist ANTWORT.COM kinderleicht einzusetzen. Sie sehen das an dem Beispiel KILL3.BAT, einer Variante von KILL2.BAT. Das Grundprinzip von KILL3.BAT ist ebenfalls, daß das Löschen einer Datei bestätigt werden muß. Aber dank ANTWORT.COM kann man eine Datei auch überspringen und ist nicht zum Abbruch des gesamten Programms gezwungen, wenn eine Datei auftaucht, die erhalten bleiben soll.

Die Änderung gegenüber KILL2.Bat beginnt in Zeile 20. Hier ist ein kleines Auswahlmenü mit den drei Möglichkeiten: die Datei löschen oder übergehen (dann ist die nächste Datei an der Reihe) oder das Programm ganz abbrechen.

Die Abfrage des ERRORLEVEL

Der entscheidene Teil kommt ab Zeile 25. Hier wird das Programm ANTWORT.COM aufgerufen, und ANTWORT.COM hat zunächst mal eine ähnliche Wirkung wie PAUSE: Das Programm hält an, der Cursor blinkt und wartet darauf, was der Benutzer eingibt.

Diese Eingabe wird dann mit IF ERRORLEVEL abgefragt, und das Programm verzweigt zu den entsprechenden Sprungmarken.

Abfragen mit IF ERRORLEVEL müssen immer absteigend erfolgen. Der höchstmögliche Wert muß zuerst geprüft werden, denn die IF ERRORLEVEL-Bedingung ist dann erfüllt, wenn der Wert gleich oder größer ist.

Als mögliche Eingaben vorgegeben sind die Zahlen 1 bis 3. Der ERRORLEVEL, den ANTWORT erzeugt, entspricht dem ASCII-Wert des eingegebenen Zeichens. 3, die höchstmögliche Eingabe, hat den ASCII-Wert 51, deshalb ist die richtige Reihenfolge:

```
IF ERRORLEVEL 51 ...
IF ERRORLEVEL 50 ...
IF ERRORLEVEL 49 ...
```

Das nimmt Rücksicht auf die ERRORLEVEL-Mechanik: gleich oder größer. IF ERRORLEVEL 51 würde mithin 51 oder größer erfassen, und das heißt: Alle Zahlen von 4 bis 9 sowie alle Buchstaben (deren ASCII-Wert größer als der von Zahlen ist) würden den Menüpunkt 3 auslösen. Eine falsche Eingabe führte also zum Abbruch des Programms. (Erinnert sei hier nochmals an das Programm ASCII.BAT, das eine ASCII-Tabelle auf den Bildschirm bringt.)

Fehleingaben abfangen

Zuvor aber kommt eine Abfrage nach dem ERRORLEVEL 52, was der Zahl 4 entspricht. Die ist im Auswahlmenü aber gar nicht vorgesehen. Was hat das zu bedeuten?

Das wird mit IF ERRORLEVEL 52 abgefangen. Falsche Eingaben provozieren nur noch eine entsprechende Meldung.

Die gesamte ERRORLEVEL-Abfrage ist in eine Schleife eingebunden (damit man eine Sprungadresse hat, um eine falsche Eingabe wiederholen zu können), und der Rest des Programmes ist unschwer zu enträtseln.

Die Sprungmarken

Je nach Eingabe kommt eine andere Sprungmarke in Frage, und die löst die gewünschte Funktion aus.

Die Sprungmarken dabei nach dem Zeichen zu benennen, ist eine kleine Hilfe, denn was die ASCII-Werte zu bedeuten haben, kann sich der Normalmensch ohnehin nicht merken.

Wenn man die Sprungmarken geschickt setzt, ist der weitere Ablauf gar nicht viel Aufwand.

Soll die Datei gelöscht werden, springt man zu Zeile 35 mit dem DEL-Befehl.

Der wird übergangen, wenn sie erhalten bleiben soll – die Sprungmarke »Zwei« steigt gleich beim SHIFT-Befehl in Zeile 37 ein, und von dort aus geht es wieder zum Anfang der Schleife, die nächste Datei ist an der Reihe.

Das Programm F.BAT

```
1   @ECHO OFF
2   REM
3   REM  Datei:          F.BAT
4   REM  Aufgabe:        Formatieren unter Ausschluß der Festplatten
5   REM  DOS-Version:    5.0
6   REM  Erstellt von:   Autorengruppe Kost/Steiner/Valentin
7   REM                  Aus dem Band   Batch-Dateien
8   REM                  in der Reihe   So geht's!
9   REM
10  CLS
11  ECHO.
12  IF  %1 ==    GOTO fehler
13  FOR %%A IN (C c D d) DO IF %%A==%1 GOTO abbruch
14  FORMAT %1:
15  GOTO ende
16  :abbruch
17  ECHO Sie sind gerade dabei, das Festplatten-Laufwerk
18  ECHO.
19  ECHO                         %1
20  ECHO.
21  ECHO zu formatieren. Wir brechen zur Sicherheit ab.
22  GOTO ende
23  :fehler
24  ECHO Sie müssen ein Laufwerk angeben
25  :ende
26  ECHO.
```

Die FOR-Schleife

FOR %%A IN (C c D d) DO IF %%A==%1 GOTO abbruch

Die Festplattenlaufwerke in allen Schreibvariationen werden abgefragt

Die FOR-Variable, die durch Elemente aus der Liste ersetzt wird

Die Eingabe-Variable, die mit dem Listenelement verglichen wird

Formatieren ohne Risiko

Der FORMAT-Befehl hat einiges von seinem Schrecken verloren, seit DOS zwingend eine Laufwerksangabe verlangt.

Früher konnte das unterbleiben, dann war automatisch das aktuelle Laufwerk gemeint – und das war vielfach die Festplatte.

Die katastrophalen Folgen kann man sich ausmalen, und die Computerzeitschriften waren voll mit mehr oder weniger umständlichen Tips, wie man sich davor sichern kann.

Die einfachste Lösung

Auf die allereinfachste Lösung ist niemand gekommen: Man benennt FORMAT.COM (oder FORMAT.EXE, es gibt beide Fassungen) um in beispielsweise XFORMAT.COM und erstellt sich dann diese einfache Batch-Datei:

```
XFORMAT A:
```

Damit kann dann nur noch im Laufwerk A formatiert werden.

Wie gesagt, das ist Schnee von gestern. Die Gefahr, die Festplatte zu formatieren, hat sich beträchtlich reduziert. Aber sie besteht immer noch – wenn man aus Versehen FORMAT C eingibt und gedankenlos alles positiv beantwortet, was da so an Bildschirmmeldungen erscheint. Denn man kennt das alles ja, macht es täglich, was kann da schon passieren ...

Mit dem neuen Befehl UNFORMAT kann man in DOS 5.0 zwar die Katastrophe wieder rückgängig machen. Aber lästig und nervenstrapazierend ist es allemal.

Wenn zwei sich um den Namen streiten ...

Damit wirklich nichts passiert, gibt es eine Batch-Datei. Wer hundertprozentig sicher gehen will, benennt das DOS-FORMAT um, wie oben beschrieben, und nennt die Batch-Datei FORMAT.BAT, damit sie wie gewohnt aufgerufen werden kann.

Gibt es nämlich sowohl eine Batch-Datei mit dem Namen FORMAT als auch eine Programmdatei mit dem Namen FORMAT (Endung COM oder EXE), kommt erst die COM- oder EXE-Datei dran und dann erst die BAT-Datei. So will es die Datei-Hierarchie.

Unsere Beispieldatei heißt gleichwohl F.BAT, damit sie ausprobiert werden kann, ohne daß FORMAT zuvor umbenannt werden muß.

F.BAT verlangt, wie FORMAT, die Angabe eines Laufwerkes, um sie auch verfügbar zu machen, wenn zwei Diskettenlaufwerke vorhanden sind.

Die Raffinessen einer FOR-Schleife

Ausgeschlossen werden sollen nur Festplattenlaufwerke. Dies wird mit einer FOR-Schleife in Zeile 13 erreicht. Sie ist auch das einzig interessante an dieser Batch-Datei, die ansonsten Elemente verwendet, die Sie von anderen Programmen bereits kennen.

Diese FOR-Schleife untersucht mögliche Benutzereingaben beim Programmaufruf. Sie tritt in Aktion, wenn diese Eingabe C oder D ist (wenn Sie mehr Partitionen auf Ihrer Festplatte haben, müssen Sie die Liste entsprechend ergänzen). Und zwar muß sowohl Groß- als auch Kleinschreibung erfaßt werden, denn die nachfolgende IF-Bedingung unterscheidet hierin ja.

Was passiert da jetzt genau (es sieht ja einigermaßen erschreckend aus)? Angenommen, die Batch-Datei wird mit

```
F c
```

aufgerufen. FOR schaut zunächst nach, ob in seiner Liste »c« vorhanden ist. Das ist der Fall, also wird die Variable %%a durch »c« ersetzt.

Dann kommt das Kommando zum Zuge, das hinter DO steht, und das ist eine Bedingung:

```
IF %%a==%1 GOTO abbruch
```

Die Bedingung ist dann erfüllt, wenn die FOR-Variable %%a mit der Batch-Variaben %1 (also der Benutzereingabe) identisch ist.

In dem Fall ist sie das. Ausgefüllt lautet dieser Teil nämlich jetzt:

```
IF c==c GOTO abbruch
```

Die Batch-Datei tut, was ihre Aufgabe ist: Sie bricht – mit einer entsprechenden Meldung – ab, weil das Festplattenlaufwerk C formatiert werden soll.

Wird etwas anderes als C oder D eingegeben, wird diese Zeile 13 einfach übergangen, und der FORMAT-Befehl in Zeile 14 kann seines Amtes walten.

Damit ist das Formatieren beschränkt auf die Diskettenlaufwerke.

Alle anderen Eingaben, zum Beispiel Z, blockt DOS von sich aus ab mit dem Hinweis, daß dieses Laufwerk nicht existiert.

Ideen

Haben Sie welche, wie man das Formatieren noch mehr vereinfachen kann?

Ein paar Anregungen finden Sie in den Kapitel »Beispiele für die Arbeitsumgebung« und »Beispiele für die Menügestaltung«.

Das Programm X.BAT

```
1   @ECHO OFF
2   REM
3   REM   Datei:         X.BAT
4   REM   Aufgabe:       Hilfe für XCOPY
5   REM   DOS-Version:   5.0
6   REM   Erstellt von:  Autorengruppe Kost/Steiner/Valentin
7   REM                  Aus dem Band   Batch-Dateien
8   REM                  in der Reihe   So geht's!
9   REM
10  CLS
11  IF %1==? GOTO hilfe
12  IF %1 ==  GOTO hilfe
13  XCOPY %1 A: %2 %3 %4 %5 %6 %7 %8 %9
14  GOTO ende
15  :hilfe
16  ECHO   Kopiert vom aktuellen Verzeichnis nach A
17  ECHO.
18  ECHO   Programmaufruf: x Dateimuster /Option1 /Option2 ...
19  ECHO.
20  ECHO   Die Optionen sind:
21  ECHO   /A     Nur Dateien mit Archivierungsattribut
22  ECHO   /M     Setzt Archivierungsattribut zurück
23  ECHO   /P     Bestätigung jeder Datei
24  ECHO   /S     Kopiert auch Unterverzeichnisse
25  ECHO          Zusatz: /E  Auch leere Unterverzeichnisse
26  ECHO   /V     Prüft jede Datei
27  ECHO   /W     Wartet mit der Ausführung
28  ECHO   /D:n   Abhängig vom Datum
29  :ende
```

- Mit einem Fragezeichen kann Hilfe angefordert werden (Zeilen 11–14)
- Alle möglichen Schalter müssen berücksichtigt werden (Zeile 13)

Das Programm REP.BAT

```
1   @ECHO OFF
2   REM
3   REM   Datei:         REP.BAT
4   REM   Aufgabe:       Hilfe für REPLACE
5   REM   DOS-Version:   5.0
6   REM   Erstellt von:  Autorengruppe Kost/Steiner/Valentin
7   REM                  Aus dem Band   Batch-Dateien
8   REM                  in der Reihe   So geht's!
9   REM
10  CLS
11  IF %1==? GOTO hilfe
12  IF %1 ==  GOTO hilfe
13  REPLACE %1 A: %2 %3 %4 %5 %6
14  GOTO ende
15  :hilfe
16  ECHO   Ersetzt Dateien im Laufwerk A (REPLACE)
17  ECHO.
18  ECHO   Programmaufruf: REP Dateimuster /Option1 /Option2 ...
19  ECHO.
20  ECHO   Die Optionen sind:
21  ECHO   /A     Dateien werden angehängt (nicht mit /D oder /S)
22  ECHO   /D     Nur ersetzen, wenn neueren Datums (nicht mit /A)
23  ECHO   /P     Bestätigung jeder Datei
24  ECHO   /R     Ersetzt auch schreibgeschütze Dateien
25  ECHO   /S     Ersetzt in Unterverzeichnissen (nicht mit /A)
26  ECHO   /W     Wartet mit der Ausführung
27  :ende
```

Ein Batch-Knigge für alle Fälle

Batch-Dateien müssen nicht immer ein Ausbund an Raffinesse sein. Die allerkleinsten, diejenigen, die nur aus einer Zeile bestehen, sind oftmals die nützlichsten. Sie nehmen wirklich Arbeit ab und entlasten das Gedächtnis.

Packen Sie häufig verwendete Befehle doch in Batch-Dateien, haargenau auf Ihre Erfordernisse zugeschnitten (wenn man sie nicht, mit Hilfe einer Batch-Datei, auf eine Funktionstaste legt, wie dies im Kapitel »Beispiel für die Arbeitsumgebung« demonstriert wird).

Freilich wird Ihr Vorrat an Batch-Dateien dadurch gewaltig anschwellen, Sie drohen bald den Überblick zu verlieren, und irgendwann tritt der Effekt ein, den Sie mit Ihren Batch-Dateien eigentlich verhindern wollten: Sie wissen nicht mehr, wie man die Batch-Programme richtig aufruft. (Es sei denn, man bindet diese Programme in Menüs ein – siehe das Kapitel »Beispiele für die Menügestaltung«).

Grundsätzlich sollten Sie sich immer einen Ausweg lassen und sich selber ins Gedächtnis rufen, wozu Ihre Batch-Datei dient.

Dazu dient üblicherweise der Sprung zu einer Fehlermeldung, wenn dem Programmaufruf keine Variable folgt – Sie haben das schon vielfach erlebt, bei unseren Beispielprogrammen ist das immer so.

Das bereitet zwar etwas mehr Aufwand, aber Batch-Dateien sollen ja eine wirkliche Hilfe sein.

Die nebenan abgedruckten Programmen X.BAT und REP.BAT (die auf der nächsten Seite noch näher erläutert werden) schlagen zwei Fliegen mit einer Klappe.

Mit der Eingabe eines Fragezeichens kann auch eine Hilfestellung zur komplizierten Befehlssyntax abgerufen werden.

Das ist im Prinzip das gleiche, nur daß dann eben nicht eine leere Variable abgefragt wird, sondern die Eingabe eines Fragezeichens überprüft wird.

Nun ist so etwas mittlerweile eigentlich überflüssig. Sie wissen ja, in DOS 5.0 kann mit /? zu jedem Befehl eine Hilfe aufgerufen werden.

Notgedrungen ist solche Hilfe jedoch immer recht knapp, eigentlich mehr eine Gedächtnisstütze.

Als Teil einer Batch-Datei hingegen kann man die Informationen individuell zuschneiden. Zum Beispiel für KollegIn Maier, der/die ohnehin nur mit Mühe zur regelmäßigen Datensicherung zu bewegen ist. Weil XCOPY ja so schrecklich kompliziert ist.

Wie nennen wir das Kind?

Auch der Dateiname will sorgsam überlegt sein. Solche Konstruktionen wie U_ERROR.BAT, wie sie im Kapitel »Befehle in Batch-Dateien« verwendet werden, sind eigentlich Unfug und nur zu rechtfertigen, weil sie klar geschieden werden sollten von den übrigen Beispielprogrammen.

Aber wetten, daß Sie hierbei vielfach schon über den simplen Unterstrich gestolpert sind und statt dessen einen Bindestrich eingegeben haben?

Namen für Batch-Dateien sollten kurz und dennoch prägnant sein, und das zu vollbringen, ist hier ein fast noch größeres Kunstttück als bei normalen Dateien.

Denn die prägnantesten Namen sind bereits durch die DOS-Befehle belegt.

Und Batch-Dateien und DOS-Befehle dürfen nicht den gleichen Namen haben, wie Sie wissen, denn sonst kommt nur der DOS-Befehl zum Zuge, und die Batch-Datei kümmert ungerufen und mißachtet vor sich hin.

Ein Buchstabe genügt

Vielfach genügt ein Buchstabe, das ist am wenigstens Tippaufwand. Und wenn man es schafft, alle Buchstaben des Alphabets halbwegs sinnvoll zu belegen, hat man immerhin 26 Batch-Dateien zur leichten Auswahl – das dürfte die meisten Anwendungen abdecken.

Unsere Batch-Dateien, das haben Sie schon gemerkt, haben nach Möglichkeit »sprechende« Namen, die etwas über den Anwendungszweck aussagen, und die Varianten sind schlichtweg durchnumeriert, um ihre Herkunft zu unterstreichen.

Nichts hindert Sie, diese Beispieldateien nach eigenem Geschmack umzubenennen.

Komfortable Auswahl

Das höchste der Gefühle wäre natürlich, wie schon erwähnt, ein Menü, mit dem die wichtigsten Batch-Dateien abgerufen werden können oder aus dem zumindest ersichtlich ist, welche vorhanden sind und wie man sie aufruft.

Im letzteren Fall ist das dann eigentlich kein Menü, sondern eine schlichte Bildschirmmeldung.

Und weil wir immer bemüht sind, Ihnen Arbeit abzunehmen, finden Sie dazu Beispiele und Anregungen im Kapitel »Beispiele für die Menügestaltung«.

Auf den folgenden Seiten aber präsentieren wir Ihnen einige dieser kleinen, doch nützlichen Helfer.

Das Programm NODIR.BAT

```
1   @ECHO OFF
2   REM
3   REM    Datei:         NODIR.BAT
4   REM    Aufgabe:       Inhaltsverzeichnis unter Ausschluß
5   REM                   bestimmter Dateien
6   REM    DOS-Version:   5.0
7   REM    Erstellt von:  Autorengruppe Kost/Steiner/Valentin
8   REM                   Aus dem Band  Batch-Dateien
9   REM                   in der Reihe  So geht's!
10  REM
11  CLS
12  IF  %1 ==    GOTO fehler
13  DIR | FIND /V  %1  | MORE
14  GOTO ende
15  :fehler
16  ECHO    Inhaltsverzeichnis OHNE bestimmte Dateien
17  ECHO.
18  ECHO    Programmaufruf:    NODIR TEXT (in Großbuchstaben!!!)
19  ECHO    Beispiel:          NODIR BAT
20  ECHO                       (alle Dateien werden angezeigt,
21  ECHO                       nur nicht die mit der Endung .BAT)
22  ECHO.
23  :ende
```

Der Schalter /V zeigt alles an, was den Suchbegriff nicht enthält

Die Eingabe muß in Großbuchstaben erfolgen, da die Verzeichniseinträge so gespeichert sind

Das Programm DATDIR.BAT

```
1   @ECHO OFF
2   REM
3   REM    Datei:         DATDIR.BAT
4   REM    Aufgabe:       Inhaltsverzeichnis nach Datum oder Zeit
5   REM    DOS-Version:   5.0
6   REM    Erstellt von:  Autorengruppe Kost/Steiner/Valentin
7   REM                   Aus dem Band  Batch-Dateien
8   REM                   in der Reihe  So geht's!
9   REM
10  CLS
11  IF  %1 ==    goto fehler
12  DIR | FIND  %1  | MORE
13  GOTO ende
14  :fehler
15  ECHO    Inhaltsverzeichnis nach Datum oder Zeit selektieren
16  ECHO.
17  ECHO    Programmaufruf:    DATDIR Datum
18  ECHO    Beispiele:         DATDIR 15. (Tag/Stunde)
19  ECHO                       DATDIR .08 (Monat/Minute)
20  ECHO                       DATDIR .90 (Jahr)
21  ECHO                       DATDIR 15.08.90 (genaues Datum)
22  ECHO.
23  :ende
```

Befehle, die man sich nie merken kann

Davon gibt es jede Menge, darunter selbst welche, die man häufig einsetzt (oder doch mit Gewinn einsetzen kann).

Hauptsächlich ist die etwas komplizierte Syntax oder die Vielzahl der möglichen Schalter schuld daran.

X.BAT für XCOPY

XCOPY ist so ein Befehl. Dabei ist er wirklich nützlich, erlaubt er doch ohne viel Aufwand eine tägliche Datensicherung, bei der man auch, im Gegensatz zu BACKUP, leichter wieder an sein Daten kommt. (Ausführlich wird XCOPY im Band »Arbeit mit der Festplatte« vorgestellt.) Wenn nur diese vielen Schalter nicht wären!

X.BAT (Programmcode auf der Seite zuvor) ist ein Mittelding aus Hilfestellung und angewendetem XCOPY.

Dieses Programm kopiert Dateien aus dem aktuellen Verzeichnis (nötigenfalls auch dessen Unterverzeichnisse) in das Laufwerk A – ein häufiges Einsatzgebiet, eben zur Datensicherung.

Die Wahl der Schalter ist freigestellt – eine Hilfestellung, mit dem Fragezeichen aufzurufen, führt sie alle auf.

Der eigentliche XCOPY-Befehl in Zeile 13 muß mit seinen Variablen alle möglichen Schalter berücksichtigen.

Und beim Programmaufruf müssen die Schalter mit dem Schrägstrich angegeben werden – eine Sache, die man sonst in Batch-Dateien gern vermeidet, einfach, weil sie sich in der Regel bequem in der Batch-Datei selber unterbringen lassen und man schon wieder ein Zeichen weniger tippen muß.

Bei X.BAT geht das aber nicht. Wird der Schrägstrich in Zeile 13 vorgegeben, werden aber nicht alle Variablen ausgefüllt (das heißt, nicht alle möglichen Schalter in Anspruch genommen), hängen bei der Ausführung von XCOPY noch ein paar Schrägstriche ohne Schalter hinten dran – und dem verweigert sich DOS.

Wer regelmäßig Datensicherung mit XCOPY betreibt, stellt X.BAT (oder eine andere Batch-Datei) natürlich gezielt auf seine Bedürfnisse ab.

Eine solche Batch-Datei kann sich auf eine Zeile reduzieren, etwa:

```
XCOPY *.* a:/m
```

Meist ist eine Schalter-Auswahl nicht notwendig, sondern man kann vorgeben, was man braucht.

REP.BAT für REPLACE

Eine ähnliche Funktion erfüllt REP.BAT für den REPLACE-Befehl, der genauso schwer zu merken ist wie XCOPY, aber ebenso unschätzbare Dienst erweisen kann.

REP.BAT (abgedruckt ebenfalls auf der Seite zuvor) ist vom Aufbau her identisch mit X.BAT, auch in der Aufgabenstellung: Ausgangspunkt ist das aktuelle Verzeichnis, ersetzt werden Dateien im Diskettenlaufwerk A.

Wenn Sie's andersrum brauchen, macht es keine Mühe, REP.BAT umzuändern – weniger jedenfalls, als sich diese ganzen Schalter zu merken.

Wer sucht, der findet

Auch FIND ist so ein Kandidat. Kein Mensch weiß so recht, wozu man das heutzutage noch braucht – um eine Datei nach einer Zeichenkette zu durchsuchen bestimmt nicht, das kann jedes Textprogramm besser. Und dann wieder diese schreckliche Syntax, die man jedesmal wieder nachschlagen muß!

Es gibt aber doch Aufgaben für FIND. Zum Beispiel kann man den DIR-Befehl damit ein wenig erweitern.

Mit Jokern und DIR, selbst mit den neuen DIR-Parametern in DOS 5.0, schafft man nur eine positive Auswahl für ein Inhaltsverzeichnis. NODIR.BAT dreht den Spieß um und zeigt ein Inhaltsverzeichnis nur von Dateien, deren Verzeichniseintrag – jetzt in der FIND-Terminologie gesprochen – eine bestimmte Zeichenfolge nicht enthält.

Es könnte zum Beispiel sein, daß Sie alle Dateien sehen möchten, nur die mit der Endung BAT nicht, weil Sie jetzt genug haben von Batch-Dateien – NODIR.BAT macht's möglich:

```
NODIR BAT
```

Zu beachten ist, daß die Zeichenfolge in Großbuchstaben eingegeben werden muß (weil die Verzeichniseinträge auch so sind), daß Sie keinen Punkt vornedran setzen dürfen, wie man das von Jokern gewöhnt ist (weil der Verzeichniseintrag auch keinen hat), dafür vielleicht vor und hinter BAT ein Leerzeichen – dann ist die Auswahl eindeutig auf die Endung begrenzt.

Eine Variante davon ist DAT-DIR.BAT. Das ist wieder eine positive Auswahl, gedacht dazu, ein Inhaltsverzeichnis nach Datum oder Zeit zu selektieren. Das schafft man mit Jokern nicht, die beziehen sich nur auf Dateiname und Endung, auch nicht mit DIR /OD, denn damit wird ja nur sortiert, nicht selektiert.

Natürlich kann man mit DAT-DIR.BAT nach jeder beliebigen Zeichenfolge in den Verzeichniseinträgen suchen und das Inhaltsverzeichnis entsprechend selektieren. Manches Mal ist das einfacher, als mit Jokern zu jonglieren.

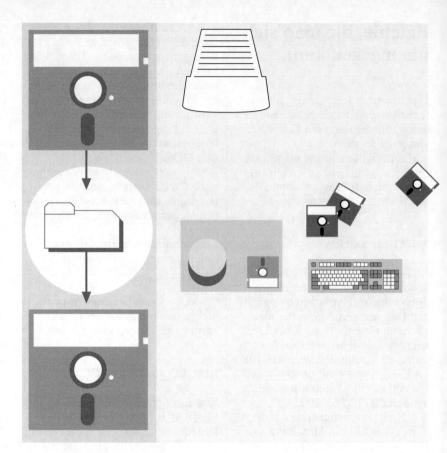

Das Programm DKOPIE.BAT

```
1   @ECHO OFF
2   REM
3   REM Datei:         DKOPIE.BAT
4   REM Aufgabe:       Diskette kopieren über ein Unterverzeichnis
5   REM DOS-Version:   5.0
6   REM Erstellt von:  Autorengruppe Kost/Steiner/Valentin
7   REM                Aus dem Band   Batch-Dateien
8   REM                in der Reihe   So geht's!
9   REM
10  CLS
11  ECHO       Originaldiskette in Laufwerk A legen
12  PAUSE > NUL
13  MD \tmp
14  CLS
15  ECHO       Der Kopiervorgang läuft
16  XCOPY A:*.* C:\TMP /S > NUL
17  CLS
18  ECHO       Zieldiskette in Laufwerk A legen
19  PAUSE > NUL
20  CLS
21  ECHO       Der Kopiervorgang läuft
22  XCOPY C:\TMP\*.* A: /S
23  CLS
24  ECHO       Kopiervorgang abgeschlossen
25  CD \
26  echo | j del \tmp > nul
27  RD \TMP
```

Ein temporäres Verzeichnis wird angelegt → (Zeile 13)

Der Schalter /S berücksichtigt auch Unterverzeichnisse → (Zeile 16)

Klein, aber fein

Batch-Dateien, das wurde schon des öfteren gesagt, sollen die Arbeit erleichtern. Und dieser Zielsetzung folgend, läßt sich eine ungeheure Vielzahl von Batch-Dateien für jeden Bedarf erstellen.

Für jeden Bedarf: Das muß man ganz wörtlich nehmen. Batch-Dateien sollen auf die individuellen Bedürfnisse zugeschnitten, im Wortsinne maßgeschneidert sein. Und Batch-Dateien umzuändern oder zu erweitern, ist kein großes Problem.

Hier noch ein paar kleine Helfer, vornehmlich als Anregungen gedacht, die Sie zu eigenen Lösungen animieren sollen.

Disketten kopieren

Große Disketten mit 1,2 oder 1,4 Mbyte zu kopieren, ist eine Geduldsprobe. Originaldiskette rein, Originaldiskette raus, Zieldiskette rein, Zieldiskette raus, wieder Originaldiskette rein ... und so ein paar Mal.

DKOPIE.BAT macht's ein wenig bequemer, wenn auch nicht unbedingt schneller. Die Originaldiskette wird in ein eigenes Verzeichnis auf der Festplatte kopiert – das bei der Gelegenheit gleich mit angelegt wird –, hernach die Dateien von diesem Verzeichnis wieder auf die Zieldiskette. Das erspart den häufigen Diskettenwechsel, und man muß nicht ständig aufpassen, daß man Original- und Zieldisketten nicht vertauscht.

Freilich ist das nur eine Notlösung. Es funktioniert reibungslos, wenn die Originaldiskette keine Unterverzeichnisse enthält. Falls doch, müssen die ja mitkopiert werden. Deshalb wird nicht der normale COPY-Befehl verwendet, sondern XCOPY mit dem Schalter /S. Der kopiert auch Unterverzeichnisse.

Das ist noch nicht das Problem, auch nicht das Zurückkopieren. Das geht auf die gleiche Weise. Aber jetzt kommt's. Die Dateien im temporären Verzeichnis müssen ja wieder gelöscht werden, damit das Verzeichnis frei ist für einen weiteren Kopiervorgang.

Auch das bewältigt die Batch-Datei DKOPIE.BAT noch spielend. Vor den Unterverzeichnissen im temporären Verzeichnis aber muß sie kapitulieren. Die zu löschen ist Handarbeit – die sich aber mit der Batch-Datei DELDIR.BAT auch halbwegs bequem erledigen läßt.

Ebenfalls unberücksichtigt bleiben bei dieser Methode versteckte Dateien und Labels (Namen für Disketten).

Programmdisketten, die oft beides enthalten, sollte man deshalb besser auf herkömmlichem Wege kopieren.

Programmaufrufe

Meistens macht man's ja so: Man wechselt in das Verzeichnis, in dem man arbeiten möchte, und ruft von dort aus sein Programm auf.

Hat man seine Verzeichnisebenen tief gestaffelt, kann das zur Qual werden. Lange Pfade bedingen lange Tipparbeit.

Dazu sind Batch-Dateien geradezu ideal. Wir haben keine Beispieldateien vorgesehen, da wir nicht wissen, mit welchen Programmen und welchen Verzeichnissen Sie arbeiten.

Aber solche Batch-Dateien sind ja schnell selber erstellt. Zum Beispiel so (erinnern Sie sich noch an die Dame mit dem flinken Finger?):

```
CD \SOGEHTS\DOS33BAT\TEXTE
WORD
```

Ganz einfach, nur das, was man sonst per Hand machen würde: Verzeichnis wechseln, Programm aufrufen. Wenn man das ganze W.BAT nennt, ist es fast nur noch ein Handgriff – und jederzeit schnell abgeändert, wenn man in einem anderen Verzeichnis häufiger zu tun hat.

Je nach Programm läßt sich noch eine Variable integrieren (oder auch mehrere), etwa:

```
CD \SOGEHTS\DOS33BAT\TEXTE
WORD %1
```

Damit kann dann das Programm – hier Word – mit einem seiner üblichen Schalter gestartet werden – wenn gewünscht. Wenn nicht, bleibt die Variable eben leer, was den Programmaufruf aber nicht im mindesten stört.

Das läßt sich nach Belieben erweitern. Wer zum Beispiel einen hochauflösenden Bildschirm hat, muß vielfach erst einen entsprechenden Treiber aufrufen. Auch das läßt man natürlich von einer Batch-Datei erledigen:

```
CD \DGIS
DGIS
CALL VPPROF
CD\DGIS
DGIS -X
CD ..
```

Hier wird zuerst in das entsprechende Verzeichnis gewechselt, dort der Treiber aufgerufen, dann mit CALL eine Batch-Datei für den eigentlichen Programmstart (hier ist es der Ventura Publisher), nach dem Ende des Programmes wieder in das Treiber-Verzeichnis gewechselt und der Treiber wieder ausgeschaltet.

Beispiele für die Arbeitsumgebung

Die Arbeitsumgebung soll schön sein, freundlich, sonnig; vielleicht ein paar Blumen am Fenster, ein bequemer Sessel ... So ähnlich kann man auch die Computer-Arbeitsumgebung einrichten. Dann fällt das Arbeiten leichter und macht womöglich auch mehr Spaß.

Auf einen Blick

Was ist zu tun
Auch hier wieder gilt: Besondere Übungen gibt es nicht, statt dessen sind Sie gehalten, die Beispielprogramme auszuprobieren.

Kenntnisse, Hintergrundwissen
Sie müssen über die Batch-Befehle Bescheid wissen. Hintergrundwissen zu den PROMPT-Befehlen kann ebenfalls nichts schaden.

Das Wichtigste wird zwar kurz erläutert, für eingehendere Beschäftigung empfehlen wir allerdings den Band »DOS 5.0 – Starthilfen« aus der Reihe »So geht's!«

Wenn Sie sich zudem das vorige Kapitel »Beispiele für die Dateiverwaltung« zu Gemüte geführt haben, ist das gewiß von Vorteil.

Voraussetzungen
Für einige Batch-Dateien dieses Kapitels muß DOS auf den Bildschirmtreiber ANSI.SYS zugreifen können, und dazu muß er in der Startdatei CONFIG.SYS aktiviert werden.

Sie muß eine Zeile dieser Art enthalten:

```
DEVICE=ANSI.SYS
```

Unter Umständen muß ANSI.SYS auch das Verzeichnis vorangestellt werden, in dem diese Datei zu finden ist (gemeinhin im DOS-Verzeichnis).

Wenn Sie diese Zeile neu hinzufügen, müssen Sie Ihren Computer nochmals starten, weil erst dann die Befehle in CONFIG.SYS wirksam werden.

Ergebnis
Einige bisher gewonnene Erkenntnisse aus der Batch-Programmierung werden hier vertieft und weiter ausgebaut.

Die Beispieldateien ermöglichen:
☐ Eine Belegung der Funktionstasten mit DOS-Befehlen,
☐ individuelle Auswahl der Bildschirmfarben,
☐ temporäre oder feste Ergänzung der bestehenden PATH-Zuweisung,
☐ erleichterte Möglichkeiten für besondere PATH-Aufgaben,
☐ verschiedene Startdateien AUTOEXEC.BAT und CONFIG.SYS für wechselnde Konfigurationen.

Ideen
Die Beispielprogramme zeigen, wie's grundsätzlich geht, und sind natürlich sofort einsetzbar.

Sie können aber auch Vorlage sein für eigene Lösungen. Denn für die Arbeitsumgebung gilt noch mehr: jeder hätte es gern etwas anders.

Die Batch-Dateien sind deshalb so gestaltet, daß sie leicht abgeändert werden können. Und wenn Sie sie einmal ausprobieren, reifen in Ihnen bestimmt Ideen, was für Sie genau das richtige wäre.

Das Programm TASTEN.BAT

Die Bildschirmmeldung über die Belegung der Funktionstasten, mit dem Schalter »info« abzurufen

```
             Die neue Belegung der Funktionstasten               F1: ----------
                                                           Shift+F1: CHKDSK /F
                                                            Strg+F1:
                                                             Alt+F1:

      F2: ----------       F3: ----------       F4: ----------
Shift+F2: TREE       Shift+F3: REN        Shift+F4: COPY
 Strg+F2:             Strg+F3:             Strg+F4:
  Alt+F2:              Alt+F3:              Alt+F4:

      F5: ----------       F6: ----------       F7: FORMAT A:
Shift+F5:            Shift+F6: SORT Name  Shift+F7: FORMAT B:
 Strg+F5:             Strg+F6: SORT Endung Strg+F7:
  Alt+F5:              Alt+F6: SORT Größe  Alt+F7:

      F8: A:               F9: DIR /W          F10: DIR/P
Shift+F8: B:         Shift+F9:            Shift+F10:
 Strg+F8: C:          Strg+F9:             Strg+F10:
  Alt+F8: D:           Alt+F9:              Alt+F10:
```

Die Belegung der Tasten

ECHO ←[0;84;"CHKDSK /F";13p

Symbol für Escape, gefolgt von einer eckigen Klammer

Code für die Taste (hier 0;84 für ⇧+F1), gefolgt von einem Semikolon

Die neue Belegung (zwischen Anführungszeichen), gefolgt von einem Semikolon

Der Code für ↵

Die gesamte Sequenz wird mit »p« abgeschlossen

Tasten neu belegen

Wie jeder weiß – zumindest jeder, der den Band »DOS 5.0 – Starthilfen« aus dieser Reihe kennt, wo das ausführlich beschrieben ist – lassen sich mit dem PROMPT-Befehl sämtliche Tasten neu belegen.

Für die normalen Tasten ist das nicht unbedingt sinnvoll, wenn man auch gern mal jemandem ein X für ein U vormachen würde.

Aber die Funktionstasten liegen unter DOS ziemlich brach. Und andererseits gibt es viele DOS-Funktionen, die man regelmäßig braucht.

Also bietet es sich an, die Funktionstasten mit solchen häufig benutzten DOS-Befehlen zu belegen, so daß sie fürderhin mit dem berühmten Tastendruck ausgeführt werden können.

Dies macht TASTEN.BAT, wobei die Funktionstasten [F1] bis [F6] ausgeklammert bleiben. Legen Sie da drauf die Befehle, die Sie wirklich häufig benötigen, zum Beispiel Programmaufrufe. (Für die Bearbeitung der Befehlszeile braucht man diese Funktionstasten ja nicht mehr, seit es DOSKEY gibt. Sollten Sie diesen Befehlszeileneditor intensiv nutzen, müssen Sie freilich TASTEN.BAT anpassen, um die restlichen Funktionstasten frei zu haben, die DOSKEY verwendet.)

Dreierlei Aufruf

TASTEN.BAT kann auf dreierlei Arten aufgerufen werden, wie die übliche Fehlermeldung mitteilt, wenn überhaupt nichts angegeben wird.

Entsprechend sind auch die Abfragen (und Verzweigungen) am Anfang in den Zeilen 11 bis 14. Das ist ein wenig kritisch, denn das setzt voraus, daß die Schalter stets korrekt in Kleinbuchstaben eingegeben werden. Alle möglichen Kombinationen aus Groß- und Kleinbuchstaben abzufragen, wäre freilich ziemlich Aufwand.

Zuvor wird in Zeile 10 die aktuelle PROMPT-Anweisung gesichert und am Ende (Zeile 67) wiederhergestellt. Darüber mehr auf der nächsten Seite.

Die Belegung der Tasten

Der Hauptteil von TASTEN.BAT ist viel Schreibarbeit – die Tastenbelegung ist eine mühselige Angelegenheit (deshalb überläßt man sie ja einer Batch-Datei).

Sie erfolgt nach diesem Schema:

```
PROMPT $E[Tastencode;"Text";p
```

Den PROMPT-Befehl werden Sie freilich vergeblich suchen. Statt seiner wird hier eine andere Form verwendet.

Die Zeichenfolge $E ist nur ein Ersatz für das Zeichen »Escape«; man spricht deshalb auch von Escape-Sequenzen. (Die dienen, nebenbei bemerkt, auch zur Ansteuerung von Druckern.)

In Textprogrammen (aber nicht auf DOS-Ebene, deshalb dort eben $E) kann man Escape als Escape eingeben, mit seinem ASCII-Code 27 (die Taste [Alt] gedrückt halten, im Zehnerblock den ASCII-Wert eingeben). Bei manchen Textprogrammen erscheint dann ein Pfeil, bei manchen die Zeichenkombination ^[.

Diese Form bedingt dann eine Ausgabe mit dem ECHO-Befehl. Ausgabe? Ja, richtig. Die Anweisung wird tatsächlich ausgegeben, DOS fängt sie ab, und weil das Zeichen »Escape« auftaucht, weiß DOS, was damit anzufangen ist: in dem Fall, eine Taste neu zu belegen.

Die Belegung selbst ist ein DOS-Befehl, wie man ihn sonst über die Tastatur eingeben würde; er muß zwischen Anführungszeichen stehen. Die gesamte Sequenz wird von einem Semikolon und nachfolgendem »p« beschlossen. Steht vor diesem noch der Wert 13, ist dies gleichbedeutend mit einem Abschluß des Befehls mit [←]. Mithin: Eine so belegte Taste löst diesen Befehl gleich aus. Bei Befehlen, die noch eine weitere Angabe erfordern, wie COPY oder RENAME, verzichtet man selbstredend auf den [←]-Code 13.

Natürlich muß in der Befehlssequenz angegeben werden, welche Taste denn gemeint ist. Jede Taste hat einen bestimmten Code, über den sie identifiziert wird. Auf der nächsten Seite finden Sie eine Tabelle mit den Codes der wichtigsten Tasten. (Die Codes sämtlicher Tasten sind im Band »DOS-Starthilfen« aufgeführt.)

Und alles wieder zurück

Wird TASTEN.BAT mit dem Zusatz »aus« gestartet, wird die Tastenbelegung wieder zurückgenommen, die Tasten erhalten ihre ursprüngliche Bedeutung (Zeile 49 bis 59).

Diese Originalbedeutung ist im Tastencode enthalten. Man muß die Tasten deshalb gewissermaßen mit sich selber belegen, und der Urzustand ist wiederhergestellt.

Welche Taste bewirkt was?

Nur wenn man ständig mit neubelegten Tasten arbeitet, kann man sich auch merken, welche Taste was bewirkt. Deshalb ist die Möglichkeit gegeben, mit dem Schalter »info« die Belegung abzurufen als Bildschirmmeldung. Auch das ist nur Tipparbeit und sonst nichts.

Wie die Tasten mit TASTEN.BAT belegt werden, ist ein Vorschlag. Er soll für Sie eine Anregung sein. Was noch fehlt, sind zum Beispiel die Aufrufe häufig verwendeter Programme – kein Problem, sie einzubauen.

Tastenbelegung aufheben
Der Code wird nochmals zugewiesen

```
51  ECHO ←[0;84;0;84p ←[0;85;0;85p
52  ECHO ←[0;86;0;86p ←[0;87;0;87p
53  ECHO ←[0;89;0;89p ←[0;99;0;99p
54  ECHO ←[0;109;0;109p
55  ECHO ←[0;65;0;65p ←[0;90;0;90p
56  ECHO ←[0;66;0;66p ←[0;91;0;91p ←[0;101;0;101p ←[0;111;0;111p
57  ECHO ←[0;67;0;67p ←[0;68;0;68p
```

Den vorhandenen PROMPT speichern

```
10  SET tmp=%prompt%
```

Freigewählter Name für die Umgebungsvariable

Reservierter Name für den PROMPT (zwischen Prozentzeichen)

```
67  PROMPT %tmp%
```

Die gespeicherte Variable wird als neuer PROMPT zugewiesen. Wichtig sind hier ebenfalls die Prozentzeichen am Anfang und Ende

Tastencodes

Taste	Allein	Mit ⇧	Mit Strg	Mit Alt
F1	0;59	0;84	0;94	0;104
F2	0;60	0;85	0;95	0;105
F3	0;61	0;86	0;96	0;106
F4	0;62	0;87	0;97	0;107
F5	0;63	0;88	0;98	0;108
F6	0;64	0;89	0;99	0;109
F7	0;65	0;90	0;100	0;110
F8	0;66	0;91	0;101	0;111
F9	0;67	0;92	0;102	0;112
F10	0;68	0;93	0;103	0;113
⏎	13	-	-	-
Pos1	0;71	55	0;119	-
↑	0;72	56	-	-
Bild↑	0;73	57	0;132	-
←	0;75	52	0;115	-
→	0;77	54	0;116	-
Ende	0;79	49	0;117	-
↓	0;80	50	-	-
Bild↓	0;81	51	0;118	-

Die Umgebung und ihre Variablen

In den Zeilen 10 und 67 des Beispielprogrammes TASTEN.BAT wird die aktuelle PROMPT-Zuweisung gesichert bzw. wiederhergestellt.

Das betrifft vorzugweise ein selbstdefiniertes Bereitschaftszeichen. Denn PROMPT-Anweisungen gibt es ja in dreierlei Gestalt. Man kann sowohl das Bereitschaftszeichen ändern, die Tasten neu belegen, die Farben ändern und den Cursor positionieren.

Der Bereitschaftsprompt muß dabei immer am Ende kommen, sonst wird er von den anderen PROMPTs erbarmungslos überschrieben.

Variable Variablen

Gesichert wird der PROMPT als Umgebungsvariable. Dieses Verfahren haben Sie bereits mehrfach gesehen.

Die Besonderheit hieran ist, daß für den PROMPT (wie auch für den PATH) ein Variablenname reserviert ist. Der ist, zur allseitigen Freude gedächtnisschwacher Menschen, identisch mit dem DOS-Kommando.

Umgebungsvariablen werden in Batch-Dateien von Prozentzeichen umschlossen, deshalb die Befehlszeilen:

```
SET TMP=%PROMPT%
PROMPT %TMP%
```

Die Umgebungsvariable erhält den Namen »tmp« – der ist freigestellt und könnte demgemäß auch anders lauten –, sie wird mit dem aktuellen PROMPT belegt. Am Dateiende wird dann über einen ganz normalen PROMPT-Befehl der PROMPT wiederhergestellt, indem die Umgebungsvariable »tmp« eingesetzt wird. Und dann müßte man eigentlich hinterher mit

```
SET TMP=
```

diese Umgebungsvariable wieder löschen.

Die Sache mit der Umgebung

Die »Umgebung«, von der hier die ganze Zeit die Rede ist und in der diese Variable gespeichert wird (und unter anderem auch eine PATH-Zuweisung) ist ein spezieller Bereich im Arbeitsspeicher, der die unangenehme Eigenschaft hat, schnell zu klein zu werden.

Von Hause aus ist er nämlich nur 160 Byte groß, und mit einer langen PATH-Angabe in AUTOEXEC.BAT und einem klitzekleinen PROMPT dazu ist er schon voll. TASTEN.BAT zum Beispiel verschafft er nicht. Sie erhalten von DOS nur eine Fehlermeldung statt Funktionen auf Tastendruck.

Man kann aber zum Glück den Umgebungsbereich vergrößern. Dazu muß in die Startdatei CONFIG.SYS folgende Zeile aufgenommen werden:

```
SHELL=C:\DOS\COMMAND.COM /E:512 /P
```

Dazu nur so viel, ohne jetzt auf Einzelheiten einzugehen (die werden im Band »Arbeiten mit der Festplatte« erörtert): Mit diesem Befehl wird eine Kopie des Kommandoprozessors COMMAND.COM (die Datei mit den internen DOS-Befehlen, die auch für die Umgebung zuständig ist) fest in den Arbeitsspeicher geladen und gleichzeitig die Umgebung vergrößert. Notwendig ist dazu der Pfad auf das Verzeichnis, in dem COMMAND.COM zu finden ist.

Die Umgebungsgröße wird definiert mit

```
/E:512
```

Hier sind es 512 Byte, und das müßte reichen. Wenn nicht: 32 768 Byte sind die Obergrenze für die Umgebung.

Korrespondierend dazu braucht auch AUTOEXEC.BAT eine Ergänzung:

```
SET COMSPEC=C:\DOS\COMMAND.COM
```

COMSPEC ist ebenfalls eine Umgebungsvariable und legt fest, wo COMMAND.COM zu finden ist. Genauer gesagt: welches COMMAND.COM. Normalerweise wird COMMAND.COM nämlich im Hauptverzeichnis gesucht (und dort meist auch gefunden), und das ist dann unter Umständen die Variante, deren Umgebungsbereich nicht vergrößert worden ist.

Und wenn es doch nicht reicht?

Trotz aller Bemühungen und trotz Vergrößerung der Umgebung kann es bei manchen Computern passieren – manche sind da etwas eigenwillig –, daß trotzdem nicht alle Tastenbelegungen akzeptiert werden. Meist sind davon nur die Tasten [F9] oder [F10] betroffen.

Als Ausweg bietet sich an, die Funktionstasten von unten her zu belegen und dabei auch die Ebenen mit [⇧], [Strg] und [Alt] auszunutzen. Oder auf ein paar Funktionen zu verzichten. Oder sich mehrere solcher Batch-Dateien zu erstellen. Oder im nächsten Kapitel, »Beispiele für die Menügestaltung«, nachzuschlagen.

Schwierigkeiten gibt es manchmal auch, wenn die Tastenbelegung in einer Arbeitssitzung mehrmals aktiviert und wieder deaktiviert wird (und die Deaktivierung ist gelegentlich notwendig, weil sonst in manchen Anwendungsprogrammen die Funktionstasten blockiert sind). Das Problem läßt sich leicht lösen: einfach den Computer neu starten. Dabei wird dann der Arbeitsspeicher geleert, samt den Resten, die sich dort unkontrolliert eingenistet haben.

Das Programm FARBEN.BAT

```
1   @ECHO OFF
2   REM
3   REM  Datei:         FARBE.BAT
4   REM  Aufgabe:       Einstellung der Bildschirmfarben
5   REM  DOS-Version:   5.0
6   REM  Erstellt von:  Autorengruppe Kost/Steiner/Valentin
7   REM                 Aus dem Band "Batch-Dateien"
8   REM                 in der Reihe "So geht's!"
9   REM
10  IF "%1"=="" GOTO aufruf
11  IF "%2"=="" GOTO aufruf
12  IF "%3"=="" GOTO aufruf
13  REM Wenn der bestehende Prompt keine Farben hat, dann als
14  REM Umgebungsveriable speichern:
15  REM SET tmp=%prompt%
16  PROMPT $E[%1;%2;%3m
17  REM Alten Prompt wieder aktivieren:
18  REM PROMPT %tmp%
19  ECHO ON
20  PROMPT $p$g
21  @ECHO OFF
22  CLS
23  GOTO ende
24  :aufruf
25  CLS
26  ECHO
27  ECHO                 Hintergrund           Zeichen
28  ECHO
29  ECHO    Schwarz          40                   30
30  ECHO    Rot              41                   31
31  ECHO    Grün             42                   32
32  ECHO    Gelb             43                   33
33  ECHO    Blau             44                   34
34  ECHO    Magenta          45                   35
35  ECHO    Kobaltblau       46                   36
36  ECHO    Weiß             47                   37
37  ECHO
38  ECHO    Attribute für Zeichen
39  ECHO
40  ECHO    Normal (alle Attribute aus)            0
41  ECHO    Fett                                   1
42  ECHO    Verminderte Intensität (Schattenschrift) 2
43  ECHO    Blinken                                5
44  ECHO    Invers                                 7
45  ECHO    Unsichtbar                             8
46  ECHO
47  ECHO.
48  ECHO      Aufruf: FARBE Hintergrund Zeichen Attribut
49  ECHO              Alle drei Schalter angeben!
50  :ende
```

Eine Möglichkeit zur Änderung — *Zeile 13*

Die Definition der Farben — *Zeile 16*

Das ECHO muß eingeschaltet sein, damit in der folgenden Zeile ein neues Bereitschaftszeichen definiert werden kann — *Zeile 19*

In Farben schwelgen

Wer über einen Farbbildschirm verfügt und meint, Abwechslung labe die Seele, kann mit PROMPT-Anweisungen auch die Farben verändern. Freilich nur auf DOS-Ebene, Anwendungsprogramme verwenden ihre eigenen Farben.

Das ist nicht ganz so kompliziert wie eine Tastenbelegung. Man muß nur die Farbcodes kennen. Die weiß garantiert niemand auswendig. Deshalb: nachschlagen (zum Beispiel im Band »DOS 5.0 – Starthilfen«) – oder FARBE.BAT verwenden.

Die Farbcodes

Die übliche Fehlermeldung bei einer »nackten« Eingabe präsentiert eine Tabelle mit den Farbcodes. Und die ist so gestaltet, daß sie genau auf den Bildschirm paßt, trotz nachfolgendem Bereitschaftszeichen.

Kein Problem also, mit Blick auf die Tabelle FARBE nochmals einzugeben, nun mit den gewünschten Farbcodes. (Unter uns: Damit die Tabelle paßt, wurde auf einige Attribute verzichtet. Das macht aber nichts. Sie funktionieren ohnehin bei den meisten Bildschirmen nicht.)

Erforderlich sind drei Werte: die Farbe für den Hintergrund, die Farbe für die Schrift und das Attribut für die Schrift. Die Reihenfolge spielt übrigens keine Rolle, da die Werte für alle Elemente unterschiedlich sind und demnach keine Verwechslungsgefahr besteht.

Bevor Sie jetzt weiterlesen, sollten Sie FARBE.BAT erst einmal ausprobieren und sich dem Farbrausch hingeben.

Wer nur einen Monochrom-Bildschirm hat, ist leider ziemlich benachteiligt. Ihm bleibt nicht viel mehr, als mit den Attributen zu spielen.

In der Batch-Datei erfolgt die Farbzuweisung in Zeile 17: Ein schlichter PROMPT-Befehl, der die drei Werte als Variablen einsetzt. Weil am Ende des Programmes der Bildschirm gelöscht wird (Zeile 22), erstrahlt er gleich in den neuen Farben. Sonst würden sie nur zeilenweise aufgebaut – mit jeder Zeile, die der Bildschirm bei Befehlseingaben oder Ausgaben nach oben rutscht.

Farbe schafft auch Probleme

Alle PROMPT-Zuweisungen bereiten in irgendeiner Form Schwierigkeiten. Warum sollte FARBE.BAT eine Ausnahme machen?

Die Schwierigkeit, die hier gemeint ist, tritt allerdings nur auf, wenn Sie sich ein Bereitschafszeichen erstellt haben, das auch mit den Farben spielt. Das beißt sich mit der allgemeinen Einfärbung des Bildschirmes.

Deshalb wird in Zeile 20 ein Bereitschaftszeichen neu definiert, das Laufwerk und Verzeichnis enthält. Das Besondere – und Wichtige – daran: Zuvor muß das ECHO eingeschaltet werden. Alle PROMPT-Zuweisungen funktionieren nur mit ECHO ON. Bei den Farbzuweisungen ist das ansonsten kein Problem, weil unmittelbar danach ja zu DOS zurückgeschaltet und das ECHO damit automatisch wieder aktiviert wird.

Wie Sie FARBE.BAT ändern können

Wenn Sie sich ein Bereitschaftszeichen erstellt haben, das keine Farben verwendet, aber dafür sonst einige Elemente, sollten Sie FARBE.BAT etwas abändern. Wo, ist in der Batch-Datei auch kommentiert.

In den Zeile 15 und 18 löschen Sie jeweils den Kommentar-Befehl REM. Dann wird der aktuelle PROMPT gesichert und hernach wiederhergestellt – genau die gleiche Sache, die TASTEN.BAT gemacht hat.

Zusätzlich muß auch die Zeile 20 eliminiert oder mit REM zu einem Kommentar herabgestuft werden – sonst wird der wiederhergestellte PROMPT gleich wieder überschrieben.

Übrigens: Wenn man das Bereitschaftszeichen auf diese Weise definiert, also über eine Umgebungsvariable, muß das ECHO nicht ausgeschaltet sein. Da soll sich noch einer auskennen ...

Wenn Ihnen eine Farbe besonders gut gefällt

... dann sollten Sie das festhalten für alle Ewigkeit. Oder zumindest solange, bis Sie Ihren Geschmack wieder ändern.

Wie festhalten? Ganz einfach, indem Sie die entsprechende Farbzuweisung in AUTOEXEC.BAT aufnehmen.

Falls Sie sich über die richtige Sequenz im unklaren sind – sie ist ganz einfach:

```
PROMPT $E[Wert1;Wert2;Wert3;m
```

Und sind Sie dessen überdrüssig: FARBE.BAT schafft Abhilfe.

Das Programm ADDPATH.BAT

```
1   @ECHO OFF
2   REM
3   REM  Datei:         ADDPATH.BAT
4   REM  Aufgabe:       PATH-Angabe temporär erweitern
5   REM  DOS-Version:   5.0
6   REM  Erstellt von:  Autorengruppe Kost/Steiner/Valentin
7   REM                 Aus dem Band "Batch-Dateien"
8   REM                 in der Reihe "So geht's!"
9   REM
10  IF "%1"=="" GOTO fehler
11  PATH=%PATH%;%1
12  CLS
13  ECHO.
14  ECHO         Der Pfad ist um das Verzeichnis
15  ECHO.
16  ECHO         %1
17  ECHO.
18  ECHO         ergänzt worden.
19  ECHO         Der aktuelle Pfad ist jetzt:
20  ECHO.
21  PATH
22  ECHO.
23  GOTO ende
24  :fehler
25  ECHO.
26  ECHO         Ergänzt den aktuellen Pfad
27  ECHO.
28  ECHO         Programmaufruf: ADDPATH \Pfad
29  ECHO              Beispiel:  ADDPATH \texte
30  ECHO                         (mit \ eingeben!)
31  :ende
```

Der Pfad wird neu definiert. Zuerst wird die Umgebungsvariable %PATH% eingesetzt, dann die Eingabe angehängt (Zeile 11)

Das Programm AUTOPFAD.BAT (Ausschnitt)

```
10  IF "%1"=="" GOTO fehler
11  CD \
12  PATH=%PATH%;%1
13  PATH > \PFAD.TMP
14  COPY AUTOEXEC.BAT+PFAD.TMP > NUL
15  DEL PFAD.TMP
16  CLS
17  ECHO.
18  ECHO         Das Verzeichnis
19  ECHO.
20  ECHO         %1
21  ECHO.
22  ECHO         ist in die PATH-Anweisung von
23  ECHO         AUTOEXEC.BAT aufgenommen worden.
24  ECHO.
25  ECHO         Der aktuelle Pfad ist jetzt:
26  ECHO.
27  @PATH
28  GOTO ende
29  :fehler
30  ECHO.
31  ECHO         Ergänzt die PATH-Angabe in AUTOEXEC.BAT
32  ECHO.
33  ECHO         Programmaufruf: AUTOPFAD \Pfad
34  ECHO              Beispiel:  AUTOPFAD \texte
35  ECHO                         (mit \ eingeben!)
36  :ende
```

Der aktuelle Pfad wird in eine Datei geschrieben (Zeile 13)

Verkettetes Kopieren hängt die Datei PFAD.TMP (mit dem aktuellen Pfad) an AUTOEXEC.BAT an (Zeile 14)

Pfade durch den Daten-Dschungel

Wer Programme aus jedem beliebigen Verzeichnis aufrufen will, muß mit PATH einen Weg dorthin weisen, wo die Programmdatei beheimatet ist.

Damit dieser PATH automatisch gesetzt wird, macht man ihn zu einem Bestandteil von AUTOEXEC.BAT. Denn ansonsten wird eine PATH-Angabe wieder gelöscht, sobald der Computer ausgeschaltet wird. (Grundlegendes zu PATH im Band »DOS 5.0 – Starthilfen«, Weiterführendes – auch zu APPEND – im Band »Arbeiten mit der Festplatte«.)

Je mehr Programme man hat (und das müssen nicht nur die großen, können auch kleine Dienstprogramme sein), desto umfangreicher wird der PATH. Und hier fangen die Probleme an.

Der PATH wird zu groß, als daß er vom Umgebungsbereich noch geschluckt werden könnte. Gut, das läßt sich beheben, indem man die Umgebung vergrößert. Schwerwiegender jedoch: Das System wird schwerfälliger. DOS muß ja jedes Verzeichnis im PATH durchsuchen, bis die gewünschte Programmdatei gefunden ist, und muß dafür lange, lange Wege zurücklegen.

Auch das Problem kann man mit Batch-Datei beheben.

Den Pfad ergänzen

ADDPATH.BAT ergänzt den aktuellen Pfad – Sie haben diese Batch-Datei bereits im Kapitel »Was Batch-Dateien sind und wozu man sie braucht« eingesetzt.

Auch dieses Programm macht sich zunutze, daß der aktuelle Pfad als spezielle Umgebungsvariable gespeichert ist.

Und darum reduziert sich das Programm im Grunde auf eine Zeile, die Zeile 11: Mit PATH wird ein neuer Pfad gesetzt. Er besteht aus dem bisherigen Pfad, als Umgebungsvariable abgerufen (notwendig: die Prozentzeichen davor und dahinter), dem einfach die Benutzereingabe angehängt wird.

Das ist ein temporärer Pfad, nur gültig bis zum Ende der Arbeitssitzung. Die PATH-Angabe in AUTOEXEC.BAT wird nicht berührt.

Den Pfad ergänzen und festschreiben

Eine Erweiterung des Programmes ADDPATH.BAT ist die Batch-Datei AUTOPFAD.BAT; auch dieses Programm haben Sie bereits im Einsatz erlebt.

Zeile 12 ergänzt wieder den aktuellen Pfad um Ihre Eingabe. Dann wird dieser ergänzte Pfad ausgegeben, aber in die Datei PFAD.TMP umgeleitet (die dann später, in Zeile 15, wieder gelöscht wird).

PFAD.TMP wird sodann (Zeile 14) an AUTOEXEC.BAT angehängt, mit Hilfe eines verketteten Kopierens (mehr über diese Technik im Band »DOS 5.0 – Starthilfen«).

Mutmaßlich hat Ihre Startdatei AUTOEXEC.BAT dann zwei PATH-Angaben: die alte ziemlich am Anfang und die neue ganz am Ende.

Das macht aber nichts. Die erste wird ja, wenn AUTOEXEC.BAT beim Computerstart abgearbeitet wird, von der zweiten überschrieben und damit aufgehoben.

Deshalb können Sie AUTOPFAD.BAT beliebig oft einsetzen, denn der neue Pfad wird immer die letzte Zeile in AUTOEXEC.BAT sein und damit der maßgebliche.

Freilich wird er erst dann gültig, wenn der Computer neu gestartet wird. Oder wenn Sie AUTOEXEC.BAT nochmals ablaufen lassen. Das geht, das ist ja auch eine Batch-Datei.

Für jeden seinen eigenen Pfad

ADDPATH.BAT und AUTOPFAD.BAT bescheren allerdings die Probleme, die weiter oben angesprochen wurden: Sie vergrößern den Pfad.

Praxisgerechter ist deshalb folgendes Verfahren. In die PATH-Angabe nehmen Sie nur die Verzeichnisse auf, die Sie wirklich regelmäßig einsetzen – die allernotwendigsten eben.

Andere Programme starten Sie über eine Batch-Datei, die so aussehen könnte:

```
SET PATHALT=%PATH%
PATH C:\XXX;C:\DOS
(Programmaufruf)
PATH=%PATHALT%
SET PATHALT=
```

Der bestehende Pfad wird in der Umgebungsvariablen PATHALT (oder wie immer Sie sie nennen wollen) gesichert, dann ein neuer Pfad definiert und das Programm aufgerufen. Nach dessen Ende wird der alte Pfad wiederhergestellt, indem die PATH-Anweisung mit der gespeicherten Umgebungsvariablen belegt wird. Zum Schluß wird die Umgebungsvariable gelöscht.

Das hat auch den Vorteil, daß das Verzeichnis des aufzurufenden Programmes an die erste Stelle des Pfades gesetzt werden kann – dort sucht DOS als erstes nach der Programmdatei.

Beispiel für AUTOEXEC.BAT

```
@ECHO OFF
KEYB GR, 437
PATH C:\;C:\DOS;\C:\WORD5;C:\BAT
CALL tasten ein
CALL dosmenue
```

TASTEN.BAT wird aufgerufen mit der Variablen »ein«

```
@ECHO OFF
REM
REM   Datei:         TASTEN.BAT
REM   Aufgabe:       Belegung der Funktionstasten
REM   DOS-Version:   5.0
REM   Erstellt von:  Autorengruppe Kost/Steiner/Valentin
REM                  Aus dem Band "Batch-Dateien"
REM                  in der Reihe "So geht's!"
REM
SET tmp=%prompt%
IF "%1"=="" GOTO fehler
IF %1==ein GOTO ein
IF %1==aus GOTO aus
```

Die Batch-Datei DOSMENUE.BAT wird aufgerufen

```
@ECHO OFF
REM
REM   Datei:         DOSMENÜ.BAT
REM   Aufgabe:       Beispiel für eine Menügestaltung
REM                  (unter Verwendung von ANTWORT.COM)
REM   DOS-Version:   5.0
REM   Erstellt von:  Autorengruppe Kost/Steiner/Valentin
REM                  Aus dem Band "Batch-Dateien"
REM                  in der Reihe "So geht's!"
REM
:schleife
CLS
13      ECHO.
```

AUTOEXEC.BAT kann noch mehr

AUTOEXEC.BAT, das wissen Sie, ist die zweite Startdatei neben CONFIG.SYS – auch eine Batch-Datei, wie der Endung zu entnehmen ist. DOS arbeitet sie nach dem Start des Computers automatisch ab und befolgt brav alle Anweisungen darin.

Und deshalb benutzt man AUTOEXEC.BAT, um sich die richtige Arbeitsumgebung einrichten zu lassen.

Alles, was in AUTOEXEC.BAT steht, könnte man (im Gegensatz zu CONFIG.SYS) auch manuell vom DOS-Bereitschaftszeichen aus eingeben und aktivieren.

(Mehr zu den Startdateien und zu AUTOEXEC.BAT in den Bänden »DOS 5.0 – Starthilfen« und »Arbeiten mit der Festplatte«.)

AUTOEXEC.BAT macht das Leben leichter

Weil es aber nun mal AUTOEXEC.BAT gibt und weil man damit Dinge automatisch erledigen lassen kann, packt man in AUTOEXEC.BAT alles, was nötig ist, um sinnvoll arbeiten zu können.

Das ist zum Beispiel ein deutscher Tastaturtreiber und eine PATH-Angabe. Das sollte sein. Mehr ist nicht unbedingt notwendig.

Mehr kann aber sein. Aber weil es nun mal AUTOEXEC.BAT gibt und weil man ... das hatten wir ja schon. Sie merken, worauf es hinausgeht: Für all die kleinen Sächelchen, die das Computerleben angenehmer gestalten, ist AUTOEXEC.BAT die ideale Heimat.

Zum Beispiel das Bereitschaftszeichen. Öde ist es in der Grundversion, informiert nur über das aktuelle Laufwerk.

Ein bißchen mehr darf es schon sein. Angaben über das aktuelle Verzeichnis sind hilfreich. Die Uhrzeit oder das Datum kann man integrieren, das alles auch noch farbig gestalten – der Möglichkeiten gibt es viele (sie werden im Band »DOS 5.0 – Starthilfen« beschrieben). Der richtige Platz dafür ist, wie gesagt, AUTOEXEC.BAT, weil man den doch etwas umständlichen PROMPT-Befehl nicht jedesmal neu eingeben möchte.

Ähnlich verhält es sich mit einer Tastaturbelegung, wie sie mit TASTEN.BAT vorgestellt worden ist. Und nun kommen wir allmählich zum eigentlichen Kern der Sache.

Hallo, Programm, bitte kommen!

Die Tastaturbelegung, um bei diesem Beispiel zu bleiben, existiert bereits als Batch-Datei. AUTOEXEC.BAT ist auch eine Batch-Datei, und weil eine Batch-Datei auch eine andere aufrufen kann, liegt es nahe, AUTOEXEC.BAT nicht aufzublähen, sondern sie statt dessen mit CALL-Anweisungen zu füttern.

CALL ruft eine andere Batch-Datei auf, kehrt aber danach zur aufrufenden Datei zurück, in dem Fall zu AUTOEXEC.BAT.

Was hat das für Vorteile? Zum einen bleibt AUTOEXEC.BAT klein und damit übersichtlich. Zum andern liegen die aufzurufenden Programme als abgeschlossene und ebenfalls überschaubare Einheiten vor. Änderungen sind einfacher, als wenn man sich eine umfangreiche AUTOEXEC.BAT vornehmen müßte.

Und ganz wichtig: Man bleibt variabel. Man ändert ja seine Bedürfnisse. Was man in dieser Woche noch als lustig, weil neu empfindet, hat in der nächsten Woche seinen Reiz verloren und wird lästig. Und manchmal hat man auch – notgedrungen – mit verschiedenen Startdateien zu tun, wie im nächsten Abschnitt beschrieben wird, möchte aber auf seine gewohnte Arbeitsumgebung nicht verzichten.

50 Zeilen Programmcode aus AUTOEXEC.BAT zu entfernen (und irgendwo abzulegen, man möchte ihn ja nicht wegwerfen) oder in eine andere Datei zu kopieren ist mühsam und fehlerträchtig. Zu leicht übersieht man einen Komplex. Und bedenken Sie auch: Sämtliche Sprungmarken müssen abgeglichen werden, damit sie nicht zufällig den gleichen Namen haben.

In AUTOEXEC.BAT hingegen zu schreiben:

CALL tasten

oder wieder zu löschen – das ist eine Kleinigkeit.

Bedenken Sie aber, daß sich dazu nicht alle Batch-Dateien eignen, zumindest nicht alle Beispielprogramme in der vorliegenden Form (dazu wird im nächsten Kapitel auch noch einiges zu sagen sein).

Denn mit CALL können Sie zwar Variablen übergeben, etwa

CALL tasten ein

Aber diese Variablen müssen in fester Form übergeben werden, sie können nicht durch das aufzurufende Programm abgefragt werden.

Zum Beispiel würde

CALL farben

nur kurz die Übersicht mit den Farbcodes zeigen und dann wieder zu AUTOEXEC.BAT zurückschalten. Es bleibt keine Chance, die Farbcodes so einzugeben, wie das FARBEN.BAT eigentlich vorsieht.

Statusabfrage in AUTOEXEC.BAT

```
DEL STATUS.TXT > NUL
```

Eine vielleicht vorhandene Datei STATUS.TXT wird gelöscht

Die Umleitung nach NUL unterdrückt die DOS-Rückmeldung, falls STATUS.TXT nicht existiert

```
COPY AUTOEXEC.BAT > \STATUS.TXT
```

AUTOEXEC.BAT wird in die Datei STATUS.TXT umgeleitet

```
COPY CONFIG.SYS >> \STATUS.TXT
```

CONFIG.SYS wird an STATUS.TXT angehängt

```
CALL START
```

```
@ECHO ON
TYPE C:\STATUS.TXT | MORE
```

Die Batch-Datei START.BAT erlaubt jederzeit die schnelle Abfrage des aktuellen Status

Startdateien für alle Gelegenheiten

Je mehr Computer können, desto komplizierter werden sie. Wir wollen jetzt gar nicht von Hard- und Software-Installationen reden. Das normale Leben ist schon schwer genug.

Zum Beispiel gibt es da ein Programm, das ziemlich viel freien Arbeitsspeicher braucht. Mehr, als eigentlich zur Verfügung steht, weil man so allerhand in den Arbeitsspeicher geschaufelt hat, von diversen PROMPT-Raffinessen über spezielle Treiber bis hin zu speicherresidenten Hilfsprogrammen.

Ein anderes Programm wieder kommt mit dem installierten Treiber für eine Speichererweiterung nicht zurande. Genau diesen Treiber braucht man aber wieder für ein drittes Programm, weil dieses sonst den erweiterten Speicher nicht nutzen kann.

Es bleibt da nichts anderes übrig, als jeweils verschiedene Startdateien AUTOEXEC.BAT und CONFIG.SYS zu erstellen, zugeschnitten auf die jeweilige Situation.

Wie's einfacher geht

Den Wechsel von einer Startdatei zur anderen kann man sich mit Batch-Dateien wesentlich erleichtern. Wir beschreiben Ihnen, wie das geht, Beispieldateien dazu finden Sie aber nicht auf der Diskette. Denn solche Programme sind wirklich individuelle Lösungen.

Als erstes kopieren Sie die hauptsächlich gebrauchten Fassungen von AUTOEXEC.BAT und CONFIG.SYS unter einem anderen Namen, zum Beispiel als

```
AUTOEXEC.XXX
CONFIG.XXX
```

Dann erstellen sie sich die verschiedenen anderen Startdateien. Sie brauchen natürlich jeweils andere Namen, und möglichst solche, aus denen hervorgeht, für welche Situation oder welches Programm sie vorgesehen sind.

Es bietet sich an, hier die Endung zu variieren, etwa

```
AUTOEXEC.VP
CONFIG.VP

AUTOEXEC.W3
CONFIG.W3
```

Und jetzt sind eine Reihe von Batch-Dateien vonnöten. Sie heißen nur jeweils anders (praktischerweise nimmt man als Namen die verschiedenen Endungen), sind aber vom Inhalt her gleich:

```
W3.BAT

COPY CONFIG.W3 CONFIG.SYS
COPY AUTOEXEC.W3 AUTOEXEC.BAT
```

Damit werden also diese maßgeschneiderten Startdateien auf die üblichen kopiert und wirksam, sobald der Computer neu gestartet wird.

Und das Ganze wieder retour

Nun braucht man nur noch eine Batch-Datei, die den Urzustand wiederherstellt:

```
RETOUR.BAT

COPY CONFIG.XXX CONFIG.SYS
COPY AUTOEXEC.XXX AUTOEXEC.BAT
```

Damit werden die Haupt-Startdateien (beziehungsweise deren Kopien mit der Endung XXX) wieder zu den aktuellen. Leider ist jeweils ein Neustart nötig, um den veränderten Zustand zu aktivieren. Darauf kann man nur verzichten, wenn CONFIG.SYS bleibt. Denn AUTOEXEC.BAT kann man, da das ja eine Batch-Datei ist, jederzeit neu aufrufen. CONFIG.SYS hingegen braucht einen Neustart.

Hilfen für das schwache Gedächtnis

Wer seine Startdateien öfter austauschen muß, weiß oft nicht mehr, welche gerade aktuell ist. Auch solche Informationen kann man sich mit Batch-Dateien schneller verschaffen, als wenn man mit TYPE in die Startdateien hineinschaut.

Eine Möglichkeit, in AUTOEXEC.BAT eingebunden, wäre die:

```
DEL STATUS.TXT > NUL
COPY AUTOEXEC.BAT > \STATUS.TXT
COPY CONFIG.SYS > >\STATUS.TXT
```

AUTOEXEC.BAT wird als Kopie in eine Datei namens STATUS.TXT umgeleitet, CONFIG.SYS dieser Datei angehängt. Damit sich tatsächlich nur die aktuellen Startdateien in STATUS.TXT befinden, muß eine eventuell vorhandene Datei STATUS.TXT vorher gelöscht werden.

Nun braucht man nur noch eine Batch-Datei, mit der man jederzeit STATUS.TXT einsehen kann und die am Ende von AUTOEXEC.BAT auch gleich aufgerufen wird:

```
START.BAT

@ECHO ON
TYPE C:\STATUS.TXT | MORE
```

Bitte beachten Sie, daß TYPE nur funktioniert, wenn das ECHO eingeschaltet ist.

Beispiele für die Arbeitsumgebung

Beispiele für die Menügestaltung

Menüs sind die emanzipierteste Form der Arbeitserleichterung. Sie nehmen Tipparbeit fast vollständig ab, weil sie Funktionen zur Auswahl anbieten. Auch mit Batch-Dateien kann man Menüs entwerfen.

Auf einen Blick

Was ist zu tun
Wenn Sie die Beispielprogramme auf Herz und Nieren prüfen, sind Sie eine Zeitlang beschäftigt. Menüs haben es nun mal an sich, daß sie mehr als eine Operation zur Auswahl anbieten.

Und Sie sollten tatsächlich die Programme erst einmal ablaufen lassen, damit Sie die nachfolgenden Analysen besser verstehen.

Kenntnisse, Hintergrundwissen
Sie sollten die Programme aus den beiden vorherigen Kapiteln »Beispiele für die Dateiverwaltung« und »Beispiele für die Arbeitsumgebung« ausprobiert oder zumindest angeschaut haben.

Denn die Menüs, die in diesem Kapitel vorgestellt werden, greifen teilweise auf andere Programme zurück.

Voraussetzungen
Auch einige dieser Batch-Dateien benötigen wieder den Bildschirmtreiber ANSI.SYS. Sollten Sie ihn im vorigen Kapitel noch nicht in CONFIG.SYS eingebunden haben, fügen Sie dieser Startdatei eine Zeile dieser Art hinzu (falls sie nicht eh schon enthalten ist):

```
DEVICE=ANSI.SYS
```

Unter Umständen muß ANSI.SYS auch das Verzeichnis vorangestellt werden, in dem diese Datei zu finden ist (gemeinhin im DOS-Verzeichnis).

Wenn Sie diese Zeile neu hinzufügen, müssen Sie Ihren Computer nochmals starten, weil erst dann die Befehle in CONFIG.SYS wirksam werden.

Ergebnis
So ganz nebenbei ergeben sich in diesem Kapitel auch Lösungen für Probleme, die bisher nur auf Umwegen zu bewältigen waren. Die Einbindung in ein Menü macht's möglich.

Sie lernen hier zwei grundsätzlich unterschiedliche Arten der Menügestaltung kennen, erfahren aber auch, wie sich beide harmonisch zusammenführen lassen. Damit bleiben dann kaum noch Wünsche übrig.

Wie immer, sind die Beispielprogramme zwar idealtypisch aufgebaut, um Probleme und ihre Lösungsmöglichkeiten besser darstellen zu können. Gleichwohl sind sie einsatzbereit.

Ideen
Die Menüentwicklung ist gewiß die Sternstunde jedes Batch-Programmierers, denn spätestens hier kann er beweisen, wie mächtig Batch-Dateien sein können.

Menüs schaffen zudem Ordnung im Wirrwarr der vielen Batch-Dateien, lassen sich doch hier Einzelprogramme zusammenfassen.

Was der Mensch an Arbeitshilfen braucht und was demzufolge in ein Menü aufgenommen werden muß, ist wieder einmal Geschmackssache.

Die vorgestellten Menülösungen zeigen deshalb Weg auf, wie man Menüsysteme entwickelt und worauf man achten muß, daß sie auch funktionieren.

Sie können gleichzeitig als Grundlage für eigene Lösungen dienen, denn einzelne Komplexe lassen sich leicht gegen andere Funktionen austauschen.

Auch hier stellt sich natürlich wieder die Frage: wozu noch Menüs, wenn es doch die DOS-Shell gibt?

Sehen Sie Batch-Menüs auch als eine Art Denksportaufgabe. Denn gerade Menüs werfen eine Reihe verzwickter Probleme auf, für die es eine Lösung zu finden gilt. Und die kann man dann wieder auf andere Batch-Dateien übertragen.

Die Auswahl von DOSMENUE

```
┌─────────────────────────────────┬──────────────────────────────┐
│ DISKETTEN FORMATIEREN           │ STATUSBERICHTE               │
│                                 │                              │
│ (1) Formatieren in A            │ (a) Belegung der Festplatte  │
│ (2) Formatieren in B            │ (b) Verzeichnisstruktur      │
│ (3) Systemdiskette in A         ├──────────────────────────────┤
│ (4) Systemdiskette in B         │         FARBAUSWAHL          │
├─────────────────────────────────┤                              │
│ INHALTSVERZEICHNIS              │ (c) Weiß auf blau            │
│                                 │ (d) Weiß auf schwarz         │
│ (5) Laufwerk A                  │ (e) Schwarz auf weiß         │
│ (6) Sortiert nach Namen         │ (f) Rot auf grün             │
│ (7) Sortiert nach Endungen      │ (g) Rot auf gelb             │
│ (8) Sortiert nach Größe         │ (h) Rot auf blau             │
│ (9) Sortiert nach Datum         │ (i) Gelb auf rot             │
├─────────────────────────────────┴──────────────────────────────┤
│ (0) ENDE, ZURÜCK ZU DOS                                        │
└────────────────────────────────────────────────────────────────┘

Ihre Auswahl (in Kleinbuchstaben!)
```

Menü mit einfacher Auswahl

Pull-down-Menüs, dann vielleicht noch mit Mausbedienung: Das geht natürlich mit Batch-Dateien nicht, wenn man nur auf die eingebauten DOS-Befehle angewiesen ist.

Aber es geht sowas wie DOS-MENUE.BAT. Es stellt wichtige, häufig gebrauchte DOS-Funktionen in einem Menü zum Abruf bereit. Als kleines Schmankerl ist zudem eine Farbauswahl integriert.

DOSMENUE.BAT ist eine Alternative zu TASTEN.BAT und enthebt aller Probleme über zu kleinen Umgebungsbereich und Tastenbelegungen, die vom System nicht akzeptiert werden.

Wundern Sie sich übrigens nicht allzu sehr, daß es DOSMENUE und nicht DOSMENÜ heißt. Zwar verkraftet DOS 5.0 normalerweise Umlaute in Dateinamen klaglos, aber bei manchen herstellereigenen Versionen gibt es eben doch Probleme, und in Netzwerken auch.

Das DOSMENUE als Beispiel

Wenn sich DOSMENUE.BAT in einem Verzeichnis befindet, das in die PATH-Angabe eingeschlossen ist, läßt es sich von jedem Verzeichnis aus aufrufen.

Dieses Menü samt den Funktionen, die es anbietet, ist zwar voll einsatzbereit, soll für Sie jedoch hauptsächlich Anregung sein. Sie können und sollen es abändern und erweitern (und weiter hinten geben wir Ihnen auch Ratschläge dafür).

Die folgenden Erörterungen beschäftigen sich deshalb auch vordringlich mit dem Aufbau dieses Programmes. Denn wenn Sie es einmal anschauen, werden Sie feststellen, daß es höchstens durch seinen Umfang verwirrt, nicht durch besondere Programmierraffinessen. (Das Programmlisting umfaßt 179 Zeilen und kann deshalb nicht am Stück abgedruckt werden.)

Ein Menü dieser Art ist hauptsächlich Tipparbeit, weil alle Auswahlfunktionen ja irgendwie integriert werden müssen.

Die Vor- und Nachteile von ANTWORT.COM

DOSMENUE.BAT verwendet das Hilfsprogramm ANTWORT.COM, das im Kapitel »Beispiel für die Dateiverwaltung« eingeführt und erläutert worden ist (und das selbstredend auf der beiliegenden Diskette enthalten ist.)

Deshalb nur so viel: Dieses Zusatzprogramm ANTWORT.COM erlaubt die Eingabe eines einzelnen Zeichens innerhalb einer Batch-Datei.

Dieses Zeichen wird gespeichert und läßt sich als ERRORLEVEL abfragen; der ERRORLEVEL-Wert entspricht dabei dem ASCII-Wert des eingegebenen Zeichens. (Erinnert sei nochmals an die Beispieldatei ASCII.BAT, der man die ASCII-Werte aller Zeichen entnehmen kann.)

ANTWORT.COM behebt einen argen Mangel der Batch-Programmierung, freilich nur auf die allereinfachste Art.

Wie gesagt: nur ein Zeichen kann eingegeben und abgefangen werden. Das beschränkt dieses Menü auf die bloße Auswahl von feststehenden Funktionen. Variablen können nicht übergeben werden.

Deshalb ist beispielsweise eine Funktion, mit der ein Verzeichnis gewechselt wird, nicht möglich mit ANTWORT.COM.

Denn dazu müßte ja – zusätzlich zur Auswahl dieser Funktion – noch ein Verzeichnisname als Variable mit angegeben werden. (Natürlich läßt sich so etwas trotzdem in einem Menü verwenden, wie Sie in den nächsten Abschnitten noch sehen werden, aber dann eben nicht mit ANTWORT.COM.)

Was das DOSMENUE zeigen soll

Gleichwohl enthebt das Dienstprogramm ANTWORT.COM etlicher Verkrampfungen, zu denen sich Batch-Programmierer sonst gezwungen sehen, und man sollte nicht mehr hineinlegen in dieses Hilfsprogramm, als es leisten will. Nämlich: einfache Auswahl von Funktionen.

Und oft reicht das ja auch. DOSMENUE.BAT vereint etliche DOS-Befehle, die häufig eingesetzt werden, aber mitunter äußerste Konzentration bei der Eingabe verlangen (wer schreibt schon CHKDSK auf Anhieb fehlerfrei?) oder tiefes Nachdenken: Was ist die Syntax des SORT-Befehles? Welche Spalte muß man angeben, um nach dem Datum zu sortieren?

Bloße Spielerei ist vielleicht die Farbauswahl. Wir haben sie aus einem bestimmten Grund mit aufgenommen, wie Sie noch sehen werden.

Andere, weitere Funktionen sind natürlich denkbar, doch immer unter der Maßgabe, daß sie fest, ohne Variablen, einprogrammiert werden können – zumindest in der Form, in der DOSMENUE.BAT hier vorliegt.

Bevor wir uns jetzt dem Programmcode zuwenden, sollten Sie DOSMENUE.BAT natürlich erst einmal ausführlich ausprobieren. Und dann werfen Sie einen Blick auf den Programmcode selbst und versuchen zu verstehen, wie er aufgebaut ist. Wenn Sie dieses Buch bis hierher durchgearbeitet haben, sollten Sie eigentlich alles entschlüsseln können.

Beispiele für die Menügestaltung

Das Programm DOSMENUE
(Kopf und Bildschirmmeldung wurden hier weggelassen)

ANTWORT.COM wird aufgerufen

Die Auswertung der Eingaben

Beispiel für eine Menüoption

Die meisten Menüoptionen steuern am Ende die Sprungmarke »meldung« an

Die Batch-Datei verwendet die neuen Zusätze zum DIR-Befehl. Sie ist deshalb unter früheren DOS-Versionen nicht lauffähig

```
35 ECHO     Ihre Auswahl (in Kleinbuchstaben!)
36 :loop
37 ANTWORT
38 IF ERRORLEVEL 106 GOTO falsch
39 IF ERRORLEVEL 105 GOTO i
40 IF ERRORLEVEL 104 GOTO h
41 IF ERRORLEVEL 103 GOTO g
42 IF ERRORLEVEL 102 GOTO f
43 IF ERRORLEVEL 101 GOTO e
44 IF ERRORLEVEL 100 GOTO d
45 IF ERRORLEVEL 99 GOTO c
46 IF ERRORLEVEL 98 GOTO b
47 IF ERRORLEVEL 97 GOTO a
48 IF ERRORLEVEL 57 GOTO neun
49 IF ERRORLEVEL 56 GOTO acht
50 IF ERRORLEVEL 55 GOTO sieben
51 IF ERRORLEVEL 54 GOTO sechs
52 IF ERRORLEVEL 53 GOTO fuenf
53 IF ERRORLEVEL 52 GOTO vier
54 IF ERRORLEVEL 51 GOTO drei
55 IF ERRORLEVEL 50 GOTO zwei
56 IF ERRORLEVEL 49 GOTO eins
57 IF ERRORLEVEL 48 GOTO ende
58 GOTO loop
59 :falsch
60 ECHO     Falsche Eingabe! Mit beliebiger Taste zurück
61 PAUSE > NUL
62 GOTO schleife
63 :eins
64 CLS
65 FORMAT A:
66 GOTO meldung
67 :zwei
68 CLS
69 FORMAT B:
70 GOTO meldung
71 :drei
72 CLS
73 FORMAT A:/S
74 GOTO meldung
75 :vier
76 CLS
77 FORMAT B:/S
78 GOTO meldung
79 :fuenf
80 CLS
81 DIR A:/P
82 GOTO meldung
83 :sechs
84 CLS
85 DIR /ON /P
86 GOTO meldung
87 :sieben
88 CLS
89 DIR /OE /P
90 GOTO meldung
91 :acht
92 CLS
93 DIR /OS /P
94 GOTO meldung
95 :neun
96 CLS
```

Fortsetzung nächste Seite

Aufbau eines Menüs und Möglichkeiten der Abfrage

Alle Funktionen in einem Menü sollten sinnvoll zusammengefaßt, die einzelnen Funktionsgruppen optisch voneinander getrennt werden.

Der Spielraum ist groß und vom persönlichen Geschmack abhängig – es läßt sich gewiß eine schönere Gestaltung finden, als sie das Beispielprogramm DOSMENUE.BAT jetzt bietet. (Wobei man freilich bedenken sollte, daß eine Gestaltung mit Rahmen und Linien mitunter mehr Arbeit macht als der Rest des Programmes.)

Was immer man an Funktionen aufnimmt, ein Menüpunkt ist obligatorisch: einer, mit dem man das Programm beenden und wieder auf DOS-Ebene zurückkehren kann.

Praktischerweise nimmt man dafür in allen Menüs stets das gleiche Zeichen, zum Beispiel 0. Dann muß man nicht jedesmal umdenken. Und das hat auch noch andere Vorteile, wie Sie sehen werden.

Kriterien für die Menüauswahl

Weil ANTWORT.COM immer nur ein Zeichen auswerten kann, muß dieses eine Zeichen zur Auswahl vorgegeben werden. Was nimmt man dafür? Am schönsten wäre eines, das dem Namen der Funktion entspricht, zum Beispiel »E« für Ende.

Da schiebt aber ANTWORT einen Riegel vor. Wie Sie wissen, muß das eingegebene Zeichen über den ERRORLEVEL abgefragt werden, und der entspricht dem ASCII-Wert des Zeichens.

Wie Sie auch wissen, muß der ERRORLEVEL in einer Batch-Datei immer absteigend abgefragt werden: der höchstmögliche Wert zuerst. Denn IF ERRORLEVEL ist stets dann gültig, wenn der Wert gleich oder größer ist.

Wer will, kann natürlich sämtliche Zeichen, die mit der Tastatur eingegeben werden können, einzeln abfragen und nur die erwünschten Eingaben herausfiltern. Man wäre dann tatsächlich völlig frei und könnte »sprechende« Auswahlzeichen vorgeben.

Bevor Sie selbst anfangen zu zählen: Sie müßten 104 IF ERRORLEVEL-Abfragen einbauen, um sämtliche möglichen Eingaben auszuwerten.

Das ist natürlich ein bißchen viel. Praktischer ist es, man beschränkt die Auswahl auf Zeichen, die in der ASCII-Tabelle beieinander liegen.

Was tun mit der Lücke?

Wer sich DOSMENUE.BAT anschaut und dann einen Blick in eine ASCII-Tabelle wirft, wird freilich einen Widerspruch entdecken. DOSMENUE verwendet die Zahlen sowie Kleinbuchstaben von »a« bis »i«.

Den ASCII-Werten nach gibt es aber folgende Blöcke (aufsteigend):
☐ Sonderzeichen wie Komma oder Schrägstrich,
☐ Zahlen,
☐ ein paar Sonderzeichen wie Doppelpunkt oder Semikolon,
☐ Großbuchstaben,
☐ wieder Sonderzeichen wie eckige Klammern oder Backslash,
☐ Kleinbuchstaben.

Werfen wir zunächst einmal einen Blick auf die Abfragen der Eingabe (Zeile 39 bis 58).

Das höchstwertige Eingabezeichen im Menü ist »i« mit dem ASCII-Wert 105. Setzen wir noch eins drauf, dann können wir, nach dem Grundsatz »gleich oder größer«, alle noch höheren Eingaben abfangen und mit einer entsprechenden Meldung als »Falsche Eingabe« deklarieren:

```
IF ERRORLEVEL 106 GOTO falsch
```

Damit können alle Kleinbuchstaben von »j« bis »z« und alles, was in der ASCII-Tabelle darüberliegt (von Bedeutung sind da nur die Umlaute) schadlos abgefangen werden.

Die restlichen Abfragen sind reine Routine und erzeugen Sprünge zu den entsprechenden Komplexen mit den DOS-Funktionen.

Aber die Lücke zwischen »9« und »a«! Durchdenken wir einmal, was passiert, wenn eines der dazwischenliegenden Zeichen eingegeben wird, zum Beispiel der Großbuchstabe »A« (ASCII-Wert 65)?

Gleich oder größer: ANTWORT nimmt den nächstniedrigeren Wert, der noch abgefragt wird.

Das ist 57 für »9«. (Der nächsthöhere abgefragte Wert, 97 für »a«, ist ja durch eine konkrete Aktion belegt).

Mithin wird also ein nach Datum sortiertes Inhaltsverzeichnis ausgegeben. Eine falsche Eingabe richtet demnach zumindest keinen Schaden an – darauf sollte man achten, wenn Lücken in der IF ERRORLEVEL-Abfrage sind.

Ohnehin sind Falscheingaben dieser Art wenig wahrscheinlich. Üblicherweise schreibt man der Bequemlichkeit halber auf DOS-Ebene in Kleinbuchstaben (deshalb ist die Menüauswahl auch in Kleinbuchstaben), und einen Doppelpunkt gibt man aus Versehen auch selten ein.

Pefektionisten freilich läßt dieses Problem nicht los. Wenn doch ...

Es ist ganz einfach zu lösen. Fügen Sie vor Zeile 49 (Abfrage nach 57, das ist Menüpunkt 9) folgendes ein:

```
IF ERRORLEVEL 58 GOTO falsch
```

Und damit ist alles zwischen 58 und 96 ebenfalls abgefangen, die Lücke ist geschlossen.

```
 97     DIR /OD /P
 98     GOTO meldung
 99     :a
100     CLS
101     CHKDSK /F
102     GOTO meldung
103     :b
104     CLS
105     TREE | MORE
106     GOTO meldung
107     :c
108     ECHO ON
109     PROMPT $E[44;37;1m
110     @CLS
111     PROMPT $E[44;37;1m
112     @CLS
113     @ECHO OFF
114     GOTO schleife
115     :d
116     ECHO ON
117     PROMPT $E[37;40;1m
118     @CLS
119     PROMPT $E[37;40;1m
120     @CLS
121     @ECHO OFF
122     GOTO schleife
123     :e
124     ECHO ON
125     PROMPT $E[30;47;1m
126     @CLS
127     PROMPT $E[30;47;1m
128     @CLS
129     @ECHO OFF
130     GOTO schleife
```

Eine Farbzuweisung: doppelt, damit die neuen Farben gleich zu sehen sind — lines 109–114

Damit die Farbzuweisung auch funktioniert, muß das ECHO eingeschaltet werden — line 124

```
163     :meldung
164     ECHO.
165     ECHO
166     ECHO      Mit einer beliebigen Taste zurück zum Menü
167     ECHO
168     ECHO.
169     PAUSE > NUL
170     GOTO schleife
171     :ende
172     ECHO ON
173     PROMPT $p$g
174     @CLS
```

Das gemeinsame Ziel vieler Menüoptionen: die Rückkehr zur Auswahl — lines 163–170

Am Ende wird ein Bereitschaftszeichen definiert — line 173

Der Ablauf von DOSMENUE.BAT

Wenden wir uns nun dem eigentlichen Programmablauf zu. Schematisch läßt er sich so strukturieren:
□ Ein Menüpunkt wird mit einem Zeichen ausgewählt.
□ Dieses Zeichen wird von ANTWORT.COM ausgewertet.
□ Ein Sprung führt zum entsprechenden Programmteil mit der ausgewählten DOS-Funktion.
□ Von dort aus geht es wieder zum Anfang des Programmes, damit das Menü angezeigt und zur nächsten Auswahl freigegeben wird.

Zwei Schleifen sind dazu notwendig: eine große (Funktion ausgeführt, Menü neu anzeigen), darin eingeschlossen eine kleine, die die Eingabe abfängt.

Sinnvolle Sprungmarken

Ist die Benutzereingabe von ANTWORT.COM mit Hilfe des ERRORLEVEL ausgewertet, verzweigt das Programm zu den entsprechenden Sprungmarken.

In DOSMENUE.BAT haben sie die Namen derjenigen Zeichen, die zur Auswahl eingegeben werden müssen – eine kleine Erleichterung, weil man aus dem ASCII-Wert, der für ERRORLEVEL notwendig ist, in der Regel nicht schließen kann, welcher Menüpunkt gemeint ist. Vor allem, wenn die Auswahl so groß ist wie hier.

»Sprechende« Namen für die Sprungmarken wie »Check« oder »Rot-grün« sind natürlich genauso möglich, sofern einem genügend einfällt, was in acht Zeichen unterzubringen ist (länger darf der Sprungmarkenname ja nicht sein.)

Hüten muß man sich vor Umlauten, DOS akzeptiert sie seltsamerweise nicht in Sprungmarken. »Fünf« etwa führt zu einer Fehlermeldung – deshalb »Fuenf«.

Eine Pause muß sein

Wenn Sie den Programmcode studieren, fällt Ihnen auf, daß sämtliche Funktionen, mit Ausnahme der Farbauswahl, nicht direkt zum Schleifenbeginn zurückspringen, sondern zu einer »Meldung«.

Diese Meldung ist eine einfache Programmunterbrechung mit einer umgeleiteten und durch eine eigene Meldung ergänzte PAUSE.

Die Pause ist notwendig, denn sonst würde ja, sobald die angesprochene Funktion ausgeführt, sofort und blitzschnell wieder zum Menü umgeschaltet, und was CHKDSK meldet, könnte überhaupt nicht gelesen werden.

Aus Gründen der Programmökonomie nimmt man die Pause nur einmal auf. Es ist ja kein Problem, jeweils dorthin zu springen.

Die Probleme mit den Farbzuweisungen

Die Farbauswahl stellt vor einige Probleme. Sie erfolgt bekanntermaßen mit PROMPT-Befehlen, und PROMPT-Befehle, auch daran muß man sich immer wieder erinnern, werden nur wirksam, wenn das ECHO eingeschaltet ist.

Bei dem im Kapitel »Beispiel für die Arbeitsumgebung« vorgestellten Programm FARBE.BAT war das kein Thema, da diese Batch-Datei mit der Farbzuweisung per PROMPT endete und mithin gleich auf ECHO ON schaltete.

Bei DOSMENUE.BAT sind die PROMPT-Zuweisungen jedoch mittendrin, also bleibt nichts anderes übrig, als zuvor ECHO ON einzufügen, mit dem unliebsamen Nebeneffekt, daß der Befehl selbst mit angezeigt zeigt. Das geht jedoch so fix, daß es auf schnellen Computern nur dann auffällt, wenn man darum weiß, und bei nicht ganz so schnellen macht es sich zumindest nicht störend bemerkbar.

Zudem muß die Farbzuweisung zweimal hintereinander erfolgen, damit das Menü die Farben gleich zeigt. Sonst würden sie erst wirksam, wenn DOSMENUE wieder verlassen wird.

Etwas weniger schreibintensiv wäre das alles, wenn man mit CALL jeweils eine eigene Batch-Datei aufruft – nennen wir sie mal COLOR.BAT und an sie nur Variablen übergibt.

Die müßte dann so aussehen:

```
PROMPT $E[%1;%2;%3m
```

In DOSMENUE.BAT lautet die Anweisung dann entsprechend:

```
CALL color 37 40 1
```

DOSMENUE.BAT sollte aber ausdrücklich ein Menübeispiel sein, das alle notwendigen Anweisungen in einer Batch-Datei vereint. Wie's anders geht, zeigt der nächste Abschnitt.

Das Programm MENUE.BAT
(Ausschnitt)

PROMPT wird als Umgebungsvariabele gesichert

Weiter zu M.BAT

```
10 SET tmp=%prompt%
11 CLS
12 m
```

Das Programm M.BAT
(Ausschnitt)

Der PROMPT wird gelöscht

Dem Cursor wird eine bestimmte Position zugewiesen

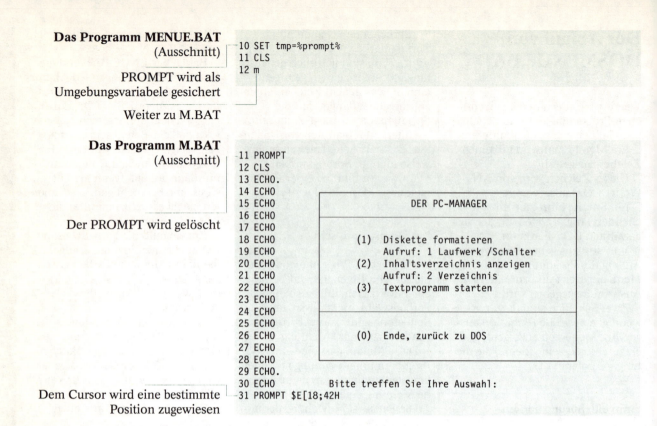

```
11 PROMPT
12 CLS
13 ECHO.
14 ECHO
15 ECHO                   DER PC-MANAGER
16 ECHO
17 ECHO
18 ECHO        (1)  Diskette formatieren
19 ECHO             Aufruf: 1 Laufwerk /Schalter
20 ECHO        (2)  Inhaltsverzeichnis anzeigen
21 ECHO             Aufruf: 2 Verzeichnis
22 ECHO        (3)  Textprogramm starten
23 ECHO
24 ECHO
25 ECHO
26 ECHO        (0)  Ende, zurück zu DOS
27 ECHO
28 ECHO
29 ECHO.
30 ECHO          Bitte treffen Sie Ihre Auswahl:
31 PROMPT $E[18;42H
```

Befehle zur Cursorpositionierung

Befehl	Bedeutung
Esc[#A	Cursor bewegt sich um die Anzahl Zeilen nach oben.
Esc[#B	Cursor bewegt sich um die Anzahl Zeilen nach unten.
Esc[#C	Cursor bewegt sich um die Anzahl Spalten nach rechts.
Esc[#D	Cursor bewegt sich um die Anzahl Spalten nach links.
Esc[#;#H	Cursor wird positioniert. Die erste Zahl ist die Zeilennummer (1 bis 25), die zweite die Spaltennummer (1 bis 80).
Esc[#;#f	Identisch mit Esc[#;#H
Esc[s	Die derzeitige Cursorposition wird gespeichert.
Esc[u	Der Cursor wird auf die gespeicherte Position gesetzt.
Esc[6n	Abfrage der derzeitigen Cursorposition. Die Meldung erfolgt in der Form Esc[#;#R, wobei die erste Zahl die Zeile, die zweite die Spalte angibt.
Esc[#2J	Der gesamte Bildschirm wird gelöscht, der Cursor in Zeile 1, Spalte 1 gesetzt.
Esc[K	Die Zeile wird von der gegenwärtigen Position bis zum Zeilenende gelöscht.

Anmerkung: Bei der Befehlseingabe ist darauf zu achten, daß die Codes wie angegeben groß oder klein geschrieben werden.

Ein Menü mit vielen Verzweigungen

Auf die Einschränkungen von ANTWORT.COM wurde schon mehrfach hingewiesen: Nur ein Zeichen kann eingegeben werden, deshalb lassen sich über ein solches Menü wie DOSMENUE.BAT keine Funktionen abrufen, die Variablen benötigen.

Das sind in der Tat Einschränkungen. Das Inhaltsverzeichnis, das mit DOSMENUE.BAT angezeigt werden kann, beschränkt sich deswegen auf das aktuelle Verzeichnis. Und das Verzeichnis kann mit DOSMENUE.BAT auch nicht gewechselt werden.

So hilfreich ANTWORT.COM auch ist: Mitunter ist es besser, man verzichtet darauf.

Wir stellen Ihnen deshalb jetzt ein Menü vor, das ohne ANTWORT.COM auskommt und dennoch (oder gerade deswegen) mehr kann. Das ist ein Beispiel dafür, wie man mit den hauseigenen Batch-Befehlen, ohne Erweiterungsprogramme, Menüs entwickeln kann.

Dieses Beispiel beschränkt sich bewußt auf nur zwei ausgearbeitete Menüpunkte, damit die Struktur durchschaubar bleibt und die Mechanik besser verfolgt werden kann.

Jetzt wollen Sie natürlich wissen, wie das Ding heißt? Das heißt sozusagen mehrfach. Verraten wir deshalb zunächst einmal, wie man es startet: mit der Batch-Datei MENUE.BAT.

Die Bestandteile

Dieses Menü nämlich besteht aus mehreren Batch-Dateien:
☐ MENUE.BAT: Einrichtungsprogramm
☐ M.BAT: Das eigentliche Menü zur Auswahl
☐ 1.BAT: Programm für den Menüpunkt »Diskette formatieren«
☐ 2.BAT: Programm für den Menüpunkt »Inhaltsverzeichnis anzeigen«
☐ 3.BAT: Programm für den Menüpunkt »Textprogramm starten«
☐ 0.BAT: Programm für den Menüpunkt »Ende, zurück zu DOS«
☐ ZURUECK.BAT: Bildschirmmeldung

Vielleicht ahnen Sie jetzt schon, wie dieses Menü aufgebaut ist und wie man erreicht, daß Variable übergeben werden können.

Gehen wir das alles der Reihe nach durch, so wie das Menü auch abläuft.

Das Menü einrichten

MENUE.BAT, mit dem das ganze Menü gestartet wird, besteht, abgesehen vom üblichen Kommentarkopf, nur aus vier Zeilen, und wenn man die obligatorischen Anweisungen für das Ausschalten von ECHO und das Löschen des Bildschirmes außer acht läßt, bleiben noch zwei Programmzeilen übrig, die tatsächlich etwas tun.

Zunächst wird die aktuelle PROMPT-Zuweisung (in der Regel also ein selbstdefiniertes Bereitschaftszeichen) als Umgebungsvariable gesichert. Warum das so sein muß, wird gleich noch klar werden.

Die Menüauswahl

Sodann wird eine Batch-Datei namens M.BAT aufgerufen. Das bedeutet also, MENUE.BAT gibt die Kontrolle an M.BAT weiter.

Und hier wird schon das Prinzip dieses Menüs sichtbar. Es verzweigt nicht innerhalb eines Programmes zu bestimmten Aktion, sondern jeder Menüpunkt ist eine eigene Batch-Datei.

Deswegen ist M.BAT im wesentlichen eine Bildschirmmeldung: über die Menüpunkte, die zur Auswahl stehen.

Dann ist dieses Programm zu Ende, DOS kehrt normalerweise zu seinem Bereitschaftszeichen zurück, und statt aus einem Menü auszuwählen, startet man eine andere Batch-Datei.

Täuschungsmanöver

Das tut man natürlich auch bei diesem Menü, doch wenn Sie es einmal ausprobiert haben, dann haben Sie auch gemerkt, daß es einen ganz anderen Eindruck erweckt.

Es tut so, als würde man tatsächlich auswählen. Wie im Beispielprogramm DOSMENUE.BAT. Nur, daß man hier noch Variablen angeben kann.

Eine formidable Täuschung. Als schuldig daran wird die Zeile 31 entlarvt.

Das ist eine Variante des PROMPT-Befehls, der nur selten eingesetzt wird. Sie setzt den Cursor an eine definierte Position, hier in Zeile 18, Spalte 42 – genau hinter die Aufforderung, die Auswahl zu treffen.

Zuvor ist in Zeile 11 die bestehende PROMPT-Anweisung gelöscht wird. Denn gibt man nur den Befehl

PROMPT

besteht das Bereitschaftszeichen aus gar nichts mehr (und deshalb mußte es in MENUE.BAT gesichert werden).

Was hier aussieht, als ob man auch in diesem Menü, wie im DOS-MENUE, immer im selben Programm bliebe, ist eigentlich etwas ganz anderes.

In Wahrheit ist DOS am Ende von M.BAT wieder auf Betriebssystemebene zurückgekehrt, nur merkt man davon nichts, weil das Bereitschaftszeichen sozusagen abgeschaltet und der Cursor absolut positioniert worden ist.

```
1  @ECHO OFF
2  REM
3  REM   Datei:          MENUE.BAT
...
10 SET tmp=%prompt%
11 CLS
12 m
```

```
            DER PC-MANAGER

(1)  Diskette formatieren
     Aufruf: 1 Laufwerk /Schalter
(2)  Inhaltsverzeichnis anzeigen
     Aufruf: 2 Verzeichnis
(3)  Textprogramm starten


(0)  Ende, zurück zu DOS



Bitte treffen Sie Ihre Auswahl:
```

```
1  @ECHO OFF
2  REM
3  REM   Datei:          1.BAT
...
11 CLS
12 FORMAT %1 %2
13 CALL zurueck
14 m
```

```
1  @echo off
2  REM
3  REM   Datei:          ZURUECK.BAT
...
10 ECHO.
11 ECHO -------------------------------------
12 ECHO  Bitte eine beliebige Taste drücken,
13 ECHO  Sie kehren dann zum Hauptmenü zurück
14 ECHO -------------------------------------
15 PAUSE > nul
```

```
1  @ECHO OFF
2  REM
3  REM   Datei:          2.BAT
...
11 CLS
12 IF "%1"=="" GOTO fehler
13 DIR \%1 /p
14 GOTO meldung
15 :fehler
16 ECHO          Sie müssen das
   Verzeichnis angeben
17 :meldung
18 CALL zurueck
19 m
```

```
1  @ECHO OFF
2  REM
3  REM   Datei:          3.BAT
...
11 CLS
12 ECHO Hier kommt der Aufruf Ihres
   Textprogrammes, z.B:
13 ECHO word %1
14 CALL zurueck
15 m
```

```
1  @ECHO OFF
2  REM
3  REM   Datei:          0.BAT
...
11 PROMPT=%tmp%
12 SET tmp=
13 CLS
```

Wie ein Programm das andere ruft

Tatsächlich startet man, nachdem M.BAT seine Schuldigkeit getan hat, auf DOS-Ebene eine andere Batch-Datei. Nur dank des PROMPT-Tricks scheint das anders zu sein.

Man spiegelt etwas vor, was gar nicht ist. Dabei ist es ja keineswegs so, daß man DOS ausmanövriert, im Gegenteil. Es werden nur alle DOS-Möglichkeiten konsequent ausgenutzt.

Auf die Namen achten!

Und nun ist der weitere Programmablauf ja kein Geheimnis mehr. Alle Menüpunkte sind eigene Programme.

Notwendigerweise müssen sie aber den Namen haben, mit dem sie im Menü ausgewählt werden. Denn die Menüauswahl ist ja, im Gegensatz zum DOSMENUE, keine echte Auswahl, sondern der Aufruf eines anderen, separaten Programmes.

Wenn man dann noch, wie hier, eine Zahl als Dateinamen wählt, ist die Täuschung perfekt. Das verstärkt den Eindruck, als würde man auswählen. (Daß es auch anders geht, werden Sie im nächsten Abschnitt sehen.)

Die Unterprogramme

Die Einzelprogramme selbst – nennen wir sie etwas professioneller Unterprogramme – sind wie gehabt, und es läßt sich mit ihnen so ziemlich alles das machen, was man sonst macht, wenn man »normale« Batch-Dateien konzipiert.

Zum Beispiel kann man auf die übliche Art Fehleingaben abfangen (ausgeführt hier nur in 2.BAT, um die Einzelprogramme überschaubar zu halten).

3.BAT soll ein Beispiel dafür sein, wie man aus dem Menü heraus auch ein Anwendungsprogramm aufrufen kann. Der Menüpunkt freilich funktioniert nicht und gibt nur eine Meldung aus, weil wir ja nicht wissen, welches spezielle Programm Sie damit starten wollen. (Man könnte natürlich auch das berücksichtigen und nur mit Variablen arbeiten statt mit einem konkreten Programmaufruf.)

1.BAT und 2.BAT rufen, wenn sie ihre Aufgabe erledigt haben, mit dem bekannten Befehl CALL die Batch-Datei ZURUECK.BAT auf.

Das ist schlicht eine ausgelagerte Meldung, die die notwendige Pause beschert, um die Bildschirmanzeige in Ruhe betrachten zu können. Ausgelagert ist sie deshalb, weil sie in einem Menü häufig benötigt wird.

Marsch, zurück

Am Ende jedes Einzelprogrammes aber muß die Rückkehr zum Menü erfolgen. Das ist ja ganz einfach: Es muß nur M.BAT wieder aufgerufen werden.

Und wenn M.BAT in einem Verzeichnis steht, auf das DOS mit PATH zugreifen kann, ist es ohne weiteres möglich, auch einen Menüpunkt zum Verzeichniswechsel mit aufzunehmen. Auch dann ist eine »Rückkehr« zum Menü gewährleistet.

Und vielleicht wird erst jetzt so recht einsichtig, weshalb es der Initialisierungsdatei MENUE.BAT bedarf.

Deren einzige Aufgabe ist es, die aktuelle PROMPT-Zuweisung zu retten, damit man in M.BAT das Spielchen mit dem Als-wäre-es-ein-richtiges-Menü treiben kann.

Halten Sie sich die Lage vor Augen. Jedes Einzelprogramm muß das Menü, also M.BAT, wieder aufrufen. Würde an dessen Beginn der PROMPT gesichert, bestünde er aus einem abgeschalteten Bereitschaftszeichen und einem Cursor mitten im Bildschirm – nicht das, was man gern hätte, wenn man das Menü verläßt.

Deshalb hat 0.BAT, das Unterprogramm zum Beenden des Menüs, auch nur eine einzige Aufgabe: den PROMPT-Urzustand wiederherzustellen. Die gespeicherte Umgebungsvariable wird als neuer PROMPT wieder zugewiesen und hernach gelöscht.

Man könnte auf MENUE.BAT als Initialisierungsdatei verzichten, würde man in 0.BAT einen PROMPT gezielt zuweisen. Dazu sollte man aber wissen, was gewünscht ist. In dieser Form ist das Menü universell einsetzbar.

Und immer noch nicht perfekt

Wie weiter oben schon erwähnt, kann man die Einzelprogramme alles machen lassen, was Batch-Dateien gemeinhin so tun.

Eine Ausnahme gibt es allerdings: Der Benutzer sollte ein Programm tunlichst nicht abbrechen.

Denn es gibt keine Möglichkeit, dann wieder das Menü aufzurufen. Ein Abbruch ist demnach ein endgültiger Ausstieg aus dem gesamten Menükonzept – und dann ergibt sich wieder das Problem mit dem geänderten PROMPT.

Das läßt sich bereinigen, wenn man 0.BAT nochmals eigens aufruft. Eleganter wäre es, das Menü selbst könnte einen Abbruch anbieten.

Daß das geht, wie das geht, erfahren Sie im nächsten Abschnitt.

Beispiele für die Menügestaltung

159

Das Auswahlmenü
(Programm MK_MEN.BAT)

```
         Kopieren und Verschieben mehrerer
         Dateien in ein anderes Verzeichnis

         Als erstes muß das Zielverzeichnis bestimmt werden!


         ZV    Zielverzeichnis wählen
               Aufruf:   ZV Zielverzeichnis

         KO    Dateien kopieren
               Aufruf:   KO Dateiname[n]

         VE    Dateien verschieben
               Aufruf:   VE Dateiname[n]
         0     Ende

         Ihre Auswahl:
```

Die ausgelagerten Meldungen AUFRUF.BAT und ZUR.BAT

```
 1  @ECHO OFF
 2  REM
 3  REM    Datei:         AUFRUF.BAT
 4  REM    Aufgabe:       Meldung zur Syntax (verwendet in MK_MEN.BAT
 5  REM    DOS-Version:   5.0
 6  REM    Erstellt von:  Autorengruppe Kost/Steiner/Valentin
 7  REM                   Aus dem Band "Batch-Dateien"
 8  REM                   in der Reihe "So geht's!"
 9  REM
10  CLS
11  ECHO.
12  ECHO    Tut uns leid, aber so kann das Programm nicht
13  ECHO    aufgerufen werden. Bitte beachten Sie die Syntax.
14  ECHO.
```

```
 1  @ECHO OFF
 2  REM
 3  REM    Datei:         ZUR.BAT
 4  REM    Aufgabe:       Meldung (verwendet in MK_MEN.BAT
 5  REM    DOS-Version:   5.0
 6  REM    Erstellt von:  Autorengruppe Kost/Steiner/Valentin
 7  REM                   Aus dem Band "Batch-Dateien"
 8  REM                   in der Reihe "So geht's!"
 9  REM
10  ECHO.
11  ECHO    Mit einer beliebigen Taste zurück zum Menü
12  ECHO.
13  PAUSE > NUL
14  mk_men
```

Zurück zur Menüauswahl

Ein Menü mit allem Drum und Dran

Das Menüsystem, das Sie jetzt kennenlernen, ist von der Technik her eine Synthese aus den beiden vorangegangenen.

Die einzelnen Menüpunkte sind Einzelprogramme, aber diese verwenden wiederum ANTWORT.COM, präsentieren also gewissermaßen Untermenüs.

Gleichzeitig ist dies der Beweis dafür (wenn es seiner noch bedürfte), daß Menüs keine Spielerei für Batch-Enthusiasten sind, sondern daß man damit auf elegante Art Probleme lösen kann.

Menüs helfen Probleme lösen

Starten Sie dieses Menü mit MK.BAT, und Sie werden schnell merken, wovon die Rede ist.

Zumindest, wenn Sie dieses Buch kontinuierlich durchgearbeitet haben. Dann werden Sie sich nämlich an die Programme KOPIE.BAT und MOVE.BAT aus dem Kapitel »Beispiele für die Dateiverwaltung« erinnern.

Das eine kopiert, das andere verschiebt Dateien in ein anderes Verzeichnis.

Das Problem dabei war, daß entweder das Zielverzeichnis zuvor zu bestimmen war oder daß sich das Programm nur auf eine Datei oder eine mit Jokern definierte Dateigruppe anwenden läßt, da sonst die Variablenliste nicht ordnungsgemäß verschoben werden kann.

Dieses Menü nun löst das Problem. Zwar ist immer noch die gleiche Schwierigkeit zu bewältigen, aber dank des Menüsystems ist es jetzt einfacher, das Zielverzeichnis zu bestimmen und weiterzuverwenden.

Die Bestandteile des Menüsystems

Das Menüsystem besteht wiederum aus mehreren Einzelprogrammen. Die eigentlichen Menü-Dateien sind von ihrem Aufbau und den eingesetzten Mitteln her gleich wie beim »PC-Manager« der letzten Abschnitte:
☐ MK.BAT (zusammengezogen aus »Move« und »Kopie«) richtet das Menü ein, indem es den PROMPT als Umgebungsvariable speichert.
☐ MK_MEN.BAT baut das Menü auf dem Bildschirm auf und verwendet wiederum die Möglichkeit, den PROMPT zu löschen und den Cursor zu positionieren, um den Eindruck eines »echten« Menüs zu erzeugen.
☐ ZV.BAT, KO.BAT und VE.BAT sind die Unterprogramme, die die Hauptarbeit zu erledigen haben.
☐ ZUR.BAT und AUFRUF.BAT sind Meldungen, auf die von allen Unterprogrammen mit CALL zugegriffen wird.
☐ 0.BAT beendet das Menü und führt auf die DOS-Ebene zurück.

Auch zwei Buchstaben sind zur Auswahl im Menü möglich – sogar mehr, nämlich bis zu acht (bis zur Länge eines Dateinamens eben), aber mehr sind vielleicht nicht unbedingt sinnvoll.

Selbst so haben Sie wohl ausreichend Kombinationen zur Verfügung, um sich jegliche Menüwünsche zu erfüllen.

Mehrfachverwertung

Weil Sie wissen, daß in einem Verzeichnis zwei Dateien nicht den selben Namen haben dürfen, schließen Sie messerscharf, daß 0.BAT eben jene Datei ist, mit der auch der »PC-Manager« beendet worden ist – ein Beispiel für eine wahrhaft modulare Programmierung.

Nehmen Sie das gleich als guten Ratschlag mit nach Hause: Versuchen Sie, Unterprogramme für Menüsysteme möglichst so zu gestalten, daß sie mehrfach verwendet werden können. Das verlangt zwar etwas Disziplin, erspart aber eine Menge Arbeit.

Das betrifft auch die Fehlermeldungen. ZUR.BAT und AUFRUF.BAT sind so gehalten, daß sie universell einsetzbar sind.

AUFRUF.BAT gibt nur die allgemeine Fehlermeldung aus, daß der Menüpunkt so nicht aufgerufen werden kann. Die richtige Syntax ist in das Menü gepackt. Und ZUR.BAT ist die übliche Pause mit einer entsprechenden Nachricht.

Wenn Sie sich KO.BAT und VE.BAT anschauen, sehen Sie, daß man noch weitere Meldungen hätte auslagern können, die in beiden Programmen ähnlich oder gar identisch sind. Wir haben darauf verzichtet, um den Dateiwirrwarr nicht noch größer zu machen.

Schauen wir uns die Unterprogramme jetzt einmal näher an (die anderen, wie gesagt, bringen nichts Neues).

ZV.BAT erledigt die notwendigen Vorarbeiten für die folgenden Aktionen, bestimmt das Zielverzeichnis und überprüft auch gleich, ob es überhaupt vorhanden ist.

Interessanter sind dann schon KO.BAT und VE.BAT.

Das Programm VE.BAT

Ist das Zielverzeichnis bestimmt worden?

Die erste Abfrage

Die zweite Abfrage

```
11  IF "%1"=="" GOTO fehler
12  IF "%ZIEL%"=="" GOTO meldung
13  :schleife
14  CLS
15  IF "%1"=="" GOTO ende
16  ECHO.
17  ECHO      Dieses Programm verschiebt die Datei:   %1
18  ECHO                         in das Verzeichnis:  %ziel%
19  ECHO.
20  :nochmal
21  ECHO                      Wählen Sie:
22  ECHO                      (1)   Weitermachen
23  ECHO                      (2)   Abbrechen
24  :loop
25  antwort
26  IF ERRORLEVEL 51 GOTO falsch
27  IF ERRORLEVEL 50 GOTO ende
28  IF ERRORLEVEL 49 GOTO eins
29  REM Falsche Eingabe abfangen
30  :falsch
31  ECHO     Falsche Eingabe!
32  GOTO loop
33  :eins
34  CLS
35  IF NOT EXIST %1 GOTO nicht
36  IF NOT EXIST \%ZIEL%\%1 GOTO schieb
37  ECHO.
38  ECHO            Die Datei
39  ECHO                  %1
40  ECHO            existiert bereits!
41  ECHO.
42  ECHO                   Wählen Sie:
43  ECHO                   (1)   Trotzdem verschieben
44  ECHO                   (2)   Diese Datei übergehen
45  :loop2
46  ANTWORT
47  IF ERRORLEVEL 51 GOTO falsch2
48  IF ERRORLEVEL 50 GOTO weiter
49  IF ERRORLEVEL 49 GOTO schieb
50  :falsch2
51  ECHO    Falsche Eingabe!
52  GOTO loop2
53  REM Jetzt wird endlich verschoben
54  :schieb
55  CLS
56  COPY %1 \%ZIEL% > NUL
57  ATTRIB -R %1
58  IF %1==*.* GOTO alles
59  IF EXIST \%ziel%\%1 DEL %1
60  :alles
61  IF EXIST \%ziel%\%1 ECHO J | DEL %1 > NUL
62  ECHO.
63  ECHO                   %1 erfolgreich verschoben!
64  ECHO.
65  :weiter
66  SHIFT
67  GOTO schleife
68  :nicht
69  ECHO              Die Datei %1 gibt es nicht!
70  GOTO nochmal
71  :meldung
72  ECHO     Vor dem Programmaufruf muß mit dem Menüpunkt ZV
73  ECHO     das Zielverzeichnis festgelegt werden.
74  ECHO.
75  CALL zur
76  GOTO ende
77  :fehler
78  CALL aufruf
79  CALL zur
80  :ende
81  SET ziel=
82  mk_men
```

Mehrfache Abfragen für alle Eventualitäten

Die Umgebungsvariable »Ziel«, von ZV.BAT erfragt und gespeichert, wird am Ende von KO.BAT und VE.BAT jeweils gelöscht, muß also vor jedem Kopieren oder Verschieben neu eingegeben werden. Das ist eine reine Vorsichtsmaßnahme, um zu verhindern, daß Dateien in das falsche Verzeichnis kommen.

Eine andere Lösung

Man könnte das auch auf andere Weise lösen, sich zum Beispiel am Anfang von KO.BAT und VE.BAT das Zielverzeichnis (abgefragt über die Umgebungsvariable »Ziel«) nochmals zeigen und bestätigen lassen – wie immer, gibt es viele Wege zum perfekten Programm, und man muß sich aussuchen, welcher seinen eigenen Vorstellungen am nächsten kommt.

Statt dessen melden sich beide Programme nur, wenn das Zielverzeichnis nicht bestimmt worden ist. Das ist übrigens eine der Meldungen, die man ebenfalls als eigene Batch-Datei auslagern könnte, da sie von beiden Unterprogrammen in Anspruch genommen wird.

Beschränken wir die Analyse auf VE.BAT, denn KO.BAT ist ähnlich aufgebaut. Nur hat VE.BAT eine Abfrage mehr.

Wenn Sie VE.BAT mit MOVE.BAT vergleichen, werden Sie weitreichende Unterschiede feststellen, obschon beide doch dieselbe Aufgabe erledigen.

Das machen die eingebauten Abfragen. Um Ihnen solche Vergleiche in der Programmiertechnik zu ermöglichen, wurde die Struktur des Programmes weitgehend belassen, wenn sie vielleicht auch nicht in allen Teilen mehr sinnvoll ist, da sie nun in ein Menü eingebunden wurde.

Am Anfang die üblichen Meldungen, wenn der Programmaufruf falsch erfolgt ist, und in Zeile 13 der Beginn der Schleife, innerhalb derer die Variablenliste verschoben wird.

Die Abfragen

Dann kommt auch schon die erste Abfrage. Der Benutzer muß entscheiden, ob er die Datei tatsächlich verschieben oder das Programm abbrechen will. Diese Frage wiederholt sich bei jeder angegebenen Datei, da dieses Untermenü ja in die SHIFT-Schleife eingebunden ist.

Man hätte noch eine dritte Möglichkeiten anbieten können, nämlich diese Datei zu übergehen, so wie das in der nächsten Abfrage geschieht (Zeile 37 ff.).

Die kommt nur zum Zuge, wenn die Datei im Zielverzeichnis bereits existiert.

In beiden Abfragen werden die selben Eingabezeichen vorgegeben. Das ist ohne weiteres möglich, sie beißen sich nicht. Allerdings müssen sowohl die Abfrageschleifen wie die Sprungmarken unterschiedlich benannt werden.

Es gibt ziemlich viele Sprünge in diesem Programm, und man muß höllisch aufpassen, daß man DOS nicht zum falschen Sprungziel leitet.

Beim Programmentwickeln kann das zu einem Problem werden, da ein solches Programm nicht mehr auf eine Bildschirmseite paßt, man also nicht den gesamten Ablauf vor Augen hat.

Man kann sich behelfen, wenn man zuerst eine Grobstruktur erstellt: die Sprungmarken bestimmt und die Sprungziele richtig verteilt, sich statt des eigentlichen Programmcodes aber vorerst nur eine knappe Notiz macht.

Der Rest des Programmes bringt nichts Neues im Vergleich zum Ursprungsprogramm MOVE.BAT, und KO.BAT ist, wie schon gesagt, in der Struktur ähnlich.

Was man daraus lernen kann

Dieses Menüsystem also bedient sich des Vorteils der Abfragen, den ANTWORT.COM bietet, hebt aber andererseits dessen Nachteile auf, indem die Menüfunktionen in Unterprogramme ausgelagert wurden.

Auf diese Weise kann man sich Menüsysteme in allen nur denkbaren Varianten erstellen und damit fast alles erledigen lassen, was man mit Batch-Datei überhaupt erledigen kann.

Auch ein mehrfach verschachteltes Menüsystem ist denkbar, in dem von einem Hauptmenü aus mehrere Untermenüs aufgerufen werden, und das läßt sich, mit entsprechendem Aufwand, so ausgefeilt vorstellen, daß man mit dem Betriebssystem selbst gar nicht mehr in Berührung kommt.

Das wichtigste dabei ist die gedankliche Vorarbeit: Module so zu konzipieren, daß sie mehrfach verwendet werden können. Das geht hin bis zu den Bildschirmmasken.

Alle Beispieldateien dieses Buches können Sie so, nach entsprechenden Umarbeitungen, zu einem großen Menüsystem zusammenfassen.

Erweiterte Batch-Befehle

Der Befehlsumfang der Batch-Sprache ist begrenzt und hat sich kaum geändert, seit es DOS gibt. Das hat viele Programmierer nicht ruhen lassen, und so haben sie Programme entwickelt, die vielen Mängeln abhelfen und die Möglichkeiten von Batch-Dateien teilweise beträchtlich erweitern.

Auf einen Blick

Was ist zu tun
Lehnen Sie sich bequem zurück, öffnen Sie vielleicht eine Flasche guten Wein, und schmökern Sie ganz entspannt in den folgenden Seiten.

Und wenn der Wein gut genug ist, wird sich bald Ihre Phantasie auf die Reise begeben, und Sie malen sich aus, wie wohl Ihre Batch-Dateien aussehen würden, wenn Sie ...

Kenntnisse, Hintergrundwissen
Sie sollten die Beispiele dieses Buches gründlich studiert, vielleicht auch schon eigene Batch-Programmierversuche unternommen haben, um abschätzen zu können, ob die vorgestellten Programme für Sie etwas bringen.

Ergebnis
Wir beschreiben in diesem Kapitel, was einige Batch-Zusatzprogramme leisten. Die Aufzählung ist nicht vollständig, wir haben eine Auswahl getroffen.

Gemeinsam ist diesen Programmen allen, daß sie käuflich erworben werden müssen und auf der Beispieldiskette demgemäß nicht enthalten sind.

Der Batch-Enhancer der Norton Utilities ist ein Teil des gleichnamigen Pakets, alle anderen Programme stammen aus der Shareware-Szene. Das sind Programme, deren Verbreitung zwar erwünscht und gestattet ist (allerdings nicht kommerziell), bei denen der Autor allerdings einen Obulus erwartet, wenn sie auch eingesetzt werden: ein Appell an die Ehrlichkeit der Benutzer.

Die Programme sind über die diversen Shareware-Händler zu beziehen, unter anderem über Kirschbaum Software und PD-Service Lage.

Ideen
Natürlich ist es sinnlos, fertige Lösungen mit den Batch-Erweiterungen vorzustellen, denn sie setzen ja immer voraus, daß Sie über die entsprechenden Programme verfügen – und das können wir nicht voraussetzen. (Den Batch-Enhancer der Norton Utilities erleben Sie jedoch in dem Band über die Norton Utilities in Aktion.)

Aber vielleicht bringt Sie die Vorstellung der Programme auf den Geschmack, weil Sie genau das entdecken, was Sie zur Vervollkommnung Ihrer Batch-Dateien noch brauchen.

Einiges wird da schon dabei sein für den engagierten Batch-Programmierer. Die Leistungsfähigkeit der DOS-Batch-Befehle ist zwar unbestritten – ihre Mängel aber auch.

Der Norton Batch Enhancer

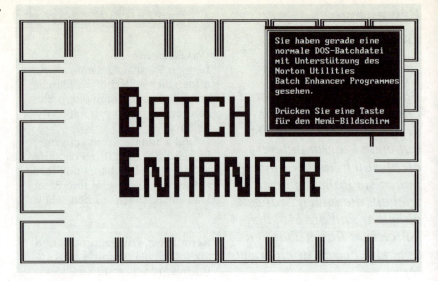

Ausschnitte aus dem Programmcode

```
echo off
REM  DER OBERE BEFEHL SCHALTET DIE DOS-RÜCKMELDUNGEN AUS
:again
REM DIESER BEFEHL ZEIGT DAS MENÜ AUF DEM BILDSCHIRM AN
be menu.dat

REM  WARTET AUF BENUTZEREINGABE UND SETZT DIE DEMO FORT.
be ask " " qsdnb DEF=q leuchtend gelb

REM BEACHTEN SIE, DASS DIE OPTIONEN IN UMGEKEHRTER REICHENFOLGE
REM    EINGEGEBEN WERDEN MÜSSEN.
REM STARTEN DES AUSGEWÄHLTEN PROGRAMMES.
if errorlevel 5 goto BE
if errorlevel 4 goto NI
if errorlevel 3 goto DS
if errorlevel 2 goto SF
if errorlevel 1 goto QUIT


:BE
REM BE WIRD JETZT MIT EINER ANDEREN KOMMANDODATEI AUFGERUFEN:
be bedemo.dat
goto again
```

Definition von Fenstern und Farben

```
REM  ZUERST WERDEN EINIGE FENSTER AUF DEM BILDSCHIRM ANGEZEIGT
window 0,0,24,79 leuchtend gelb on blau explode
window 4,11,20,68 leuchtend gelb on grün explode shadow

REM  NUN WIRD DER TEXT FÜR DIE MENÜOPTIONEN EINGEBUNDEN
rowcol 8,28 "Wählen Sie ein Programm:" leuchtend gelb
rowcol 10,25 "BE - Weitere Batch-Enhancer-Funktionen" leuchtend weiß
rowcol 11 25 "NI - Der Norton Integrator" leuchtend weiß
rowcol 12,25 "DS - Directory Sort" leuchtend weiß
rowcol 13,25 "SF - Das Norton-Format-Programm" leuchtend weiß
rowcol 14,25 "Quit" leuchtend weiß

REM  AUSWAHLBUCHSTABEN BEKOMMEN EINE ANDERE FARBE
```

Mängelbericht – und ein erster Ansatz zur Abhilfe

Wenn Sie in diesem Buch nicht hier eingestiegen sind, sondern am Anfang zu lesen begonnen haben, dann wissen Sie, daß Batch-Dateien leistungsfähiger sind, als die paar Batch-Befehle vermuten lassen.

Sie haben aber auch die Lücken kennengelernt, die diese Programmiersprache läßt (wenn man sie überhaupt so nennen will). Vielleicht haben Sie sich sogar manchmal geärgert und sich gesagt: Es müßte doch möglich sein ...

Wenn doch möglich wäre ...

Das haben auch schon andere gesagt, und sie sind zu der Schlußfolgerung gekommen: Ja, es ist möglich.

Und sie haben sich hingesetzt und sich Zusatzprogramme ausgedacht, die den Mängeln abhelfen.

Daraus sind die Sammlungen der Batch-Erweiterungen entstanden. Manchmal sind es nur kleine Programme, auf ein ganz bestimmtes Ziel gerichtet, manchmal ganze Programmpakete, die ständig verbessert und erweitert werden.

Sie decken mittlerweile sehr viele Wünsche ab. Aber man darf sich auch nicht zuviel von ihnen erwarten.

Je weitreichender die Erweiterungen sind, desto mehr löst man sich von den einfachen (und darum auch mühelos erlernbaren und einsetzbaren) Strukturen der Batch-Programmierung.

Und zwangsläufig nähert man sich damit fast schon den »richtigen« Programmiersprachen – und dann kann man gleich den Schritt über den Rubikon tun und sich mit Basic, Turbo Pascal oder C auseinandersetzen.

Damit kann man auf alle Fälle immer noch mehr machen als mit der weitestgehenden Batch-Erweiterung.

Die Tugend aus der Not

Vielen Batch-Erweiterung ist anzumerken, daß sie aus der Not entstanden sind. Da ist einer nicht weitergekommen, und er hat ein Hilfsprogramm geschrieben, das genau diesen Fort-Schritt ermöglicht und weiter gar nichts im Sinn hat.

Und so sind dann Lösungen entstanden zum Beispiel für das alte Problem der Benutzereingaben, die normalerweise nicht abgefragt und ausgewertet werden können – ANTWORT.COM, das wir in diesem Buch vorgestellt und verwendet haben, ist nur die allereinfachste Lösung.

Manche haben sich der Batch-Philosophie untergeordnet: möglichst einfach in der Syntax, möglichst einfach einzubinden in normale Batch-Dateien.

Andere waren mit diesen Lösungen wiederum nicht zufrieden und haben weiterentwickelt, mit der logischen Folge: Je differenzierter die Funktion, desto komplizierter die Anwendung.

Auf den folgenden Seiten stellen wir Batch-Erweiterungen aller Sparten vor und beschreiben kurz, was sie leisten. Auf Seite 174 finden Sie eine tabellarische Übersicht der wichtigsten Funktionen.

Abgedruckt ist jeweils ein Auszug aus dem Programmcode (vielfach verwenden wir die mitgelieferten Demoprogramme).

Damit können Sie abschätzen, ob die Hilfsprogramme Ihrem Programmierehrgeiz entgegenkommen oder ob Ihnen das vielleicht doch zu undurchschaubar ist, mag der Effekt auch noch so beeindruckend sein.

Peter Nortons Batch Enhancer

Was Peter Norton, der PC-Doktor, zur Batch-Erweiterung beigetragen hat, war vielleicht nur als nette Beigabe gedacht für eine ganz anders geartete Programmsammlung.

Man kann es auch umgekehrt sehen: Wer die Norton Utilities allein wegen des Batch Enhancers erwirbt, erhält nebenbei mächtige Werkzeuge für alle Problemfälle des Computer-Alltags (davon handelt ein eigener Band in der Reihe »So geht's!«).

Nortons Batch-Erweiterungen bestehen aus folgenden Komponenten:

☐ Benutzereingaben sind als ein Zeichen möglich; zusätzlich läßt sich eine Zeitspanne definieren, während der auf die Eingabe gewartet wird.

☐ Statt des eintönigen DOS-Piepses können Tonfolgen erzeugt und diese auch zum wiederholten Gebrauch in einer Datei gespeichert werden.

☐ Ein Fenster läßt sich beliebig auf dem Bildschirm plaziert, ebenso eine Meldung; auch der Cursor ist frei positionierbar. Das bringt Abwechslung in die Menügestaltung.

☐ Bildschirmfarben lassen sich mit einfachen Kommandos zuweisen und ändern.

Diese Batch-Erweiterungen helfen zweifelsohne den ärgsten Mängeln ab, und sie sind auch unkompliziert einzusetzen.

Freilich ist Nortons Batch-Enhancer längst nicht mehr das Maß der Dinge. Die Konkurrenz schläft nicht, und die Kreativität mancher Programmierer aus der Shareware-Szene ist beeindruckend, wie Sie den folgenden Seiten entnehmen können.

GET
Auszug aus einem Programmcode

```
:loop
echo      a Freie Umgebung
echo      b Freier Speicher
echo      c Freier Arbeitsspeicher
echo      0 Ende
get s "Auswahl: "
if %get%==a goto eins
if %get%==b goto zwei
if %get%==c goto drei
if %get%==0 goto ende
:eins
get e
echo Freie Umgebung: %get%
goto loop
```

IFF
Auszug aus einem Programmcode

```
REM invoke IFF with the rAm option looking for 128k of available memory
ECHO TESTING FOR 128K OF AVAILABLE RAM.
IFF A 128
REM test the return codes from IFF.  79 means not enough room, 69
REM paramter error and 0 enough room.
IF ERRORLEVEL 79 GOTO NOT
IF ERRORLEVEL 69 GOTO PROB
REM otherwise we had the space
GOTO YES
REM PROBlem heading label.  Just give the user a note and end.
:PROB
ECHO THERE IS A PROBLEM
GOTO END
```

HACKER
Bildschirmpräsentation

```
              HACKER  demonstration.


        And a Good Thursday morning to you !



         Your current drive (A:) has a label.
```

Auszug aus dem Programmcode

```
hacker is volume *
if errorlevel 1 goto i
hacker note Your current drive (%i%) has no label.
goto j
:i
hacker note Your current drive (%i%) has a label.
:j
echo
echo
hacker what depth
if errorlevel 1 goto k
hacker note Your current directory is the root.
goto l
```

Verbesserte Möglichkeiten der Abfrage

Das Programm ANTWORT.COM, das in diesem Buch schon mehrfach eingesetzt wurde, ist nur eine sehr einfache Möglichkeit, in Batch-Dateien Benutzereingaben zuzulassen und auszuwerten. Andere Programme ähnlicher Art gehen weit darüber hinaus. Es gibt eine Reihe solcher Erweiterungen.

GET: Jede Menge Informationen

GET ist ein kleines Einzelprogramm, ähnlich einzubinden wie ANTWORT.COM. Ein zusätzlicher Buchstabe definiert, was abgefragt oder ermittelt werden kann.

Hilfreich ist, daß bestimmte Zustände abgefragt werden können, nämlich
□ die DOS-Version,
□ den verbleibenden Platz in der Umgebung, im Hauptspeicher und auf der Festplatte oder Diskette,
□ ob ANSI.SYS installiert ist,
□ ob ein mathematischer Coprozessor vorhanden ist,
□ ob ein Drucker existiert.

Das macht es möglich, eine Batch-Datei abzubrechen, wenn eine bestimmte Situation nicht gegeben ist. Zum Beispiel können keine Farbzuweisungen erfolgen, wenn ANSI.SYS nicht installiert oder der Umgebungsbereich zu klein ist, CALL funktioniert erst ab DOS 3.3.

Abgefragt werden kann ferner die Größe einer Datei und der Name des aktuellen Verzeichnisses.

Das allein ist schon nützlich. Noch nützlicher aber, daß innerhalb einer Batch-Datei auch Benutzereingaben ausgewertet werden können. Das geht bis hin zu Zeichenfolgen in beliebiger Länge. Ein Verzeichniswechsel beispielsweise oder die Angabe eines Verzeichnisnamens für ein Inhaltsverzeichnis sind kein Problem mehr, der lästige Umweg über Einzelprogramme entfällt.

Alle Informationen und Eingaben werden als Umgebungsvariable »GET« gespeichert oder haben einen vorgegebenen ERRORLEVEL und können so abgerufen und ausgewertet werden.

GET übrigens ist ein Public-Domain-Programm, das heißt, der Autor Bob Stephan erwartet nicht einmal eine Registriergebühr wie in der Shareware, sondern stellt sein Programm kostenlos zur Verfügung.

IFF

IFF ist eine Sammlung von Hilfsprogrammen für den normalen Batch-Alltag. Mit Farb- und Fensterspielereien hat IFF nichts im Sinn, hat statt dessen zu bieten:
□ Ein gesamtes Laufwerk (!) kann nach einer Datei durchsucht werden; deren Verzeichniseintrag wird angezeigt. Anschließend kann auf Wunsch in dieses Verzeichnis gewechselt werden.
□ Benutzereingaben beliebiger Länge, einzelner Zeichen oder als Ja/Nein-Alternative.
□ Die Batch-Datei kann eine bestimmte Zeitspanne angehalten werden.
□ Überprüft werden können: Labels (Diskettennamen), EMS-Speicher, freier Platz im Arbeitsspeicher und auf Diskette/Festplatte und auch, ob die Diskette überhaupt formatiert ist.

Die Auswertungen erfolgen, wie üblich, über den ERRORLEVEL, der hier jeweils fest vorgegeben ist.

Zu jeder Funktion gibt es eine eigene kleine Beispieldatei, deren Code überdies in der Anleitung abgedruckt ist. Das ist sehr praktisch, kann man daraus doch den praktischen Einsatz ersehen. Gleichzeitig ist das eine Art Programmbibliothek, aus der man schöpfen kann.

Hacker

Ein bißchen Spieltrieb ist dabei und vor allem viel enervierendes Gedudel (jede Menge Melodien sind gespeichert, die allesamt an die Geräuschkulisse von billigen Spielen erinnern), aber einige mehr oder weniger nützliche Funktionen hat Hacker doch auch zu bieten.
□ Benutzereingaben sind nur als ein Zeichen möglich, wobei die Auswahl vorgegeben werden kann.
□ Der Cursor kann verschiedene Gestalt annehmen und Zeilen höher rutschen, was den Eindruck erweckt, als würde der gesamte Bildschirm nach oben geschoben.
□ Diverse Dinge können abgefragt werden: Diskettenname, aktuelles Laufwerk und Verzeichnis, Tiefe der Verzeichnisstruktur, Existenz von verborgenen Dateien (nützlich, wenn Verzeichnisse gelöscht werden sollen), zudem Monat, Tag und Zeit.

PCMENÜ
Bildschirmdarstellung

```
┌═══════[AUSWAHLMENÜ]═══════┐    ┌─────────┐
│                           │    │09/13/90 │
│  [ 1] Ende                │    │10:28:15 │
│  [ 2] Textprogramm starten│    └─────────┘
│  [ 3] Untermenü aufrufen  │
│  [ 4] Inhaltsverzeichnis  │
│                           │
└───────────────────────────┘
```

Auszug aus dem Programmcode

```
@echo off
echo Ende > menufile
echo Textprogramm starten >> menufile
echo Untermenü aufrufen >> menufile
echo Inhaltsverzeichnis >> menufile
echo -50 4 >> menufile
:loop
cls
pcmenu 10 5 menufile "AUSWAHLMENÜ"
if errorlevel 4 goto inhalt
if errorlevel 3 goto unter
if errorlevel 2 goto text
```

Eissinger Utilities
Bildschirmdarstellung

```
┌─────────────────────────────┐
│   GetResp Demo Menu System  │
└─────────────────────────────┘

       ┌──────────────────────┐
       │ 1 - pc-Write         │
       │ 2 - pc-File          │
       │ 3 - proComm          │
       │ 4 - directory Listing│
       │ 5 - cHeck disk       │
       │ 6 - display Time     │
       │ 7 - display Date     │
       │ 8 - eXit menu        │
       └──────────────────────┘

Enter the number or pick key of the desired option :
```

Auszug aus dem Programmcode

```
color 4 15
putcurs 5 /c
eko grmenu.txt 1
eko grmenu.txt 2
eko grmenu.txt 3
getresp Enter the number or pick key of the desired option :
if errorlevel = 90 goto ask
if errorlevel = 89 goto ask
if errorlevel = 88 goto xit
rem W
if errorlevel = 87 goto pcw
```

Von diesem und jenem etwas

Batch-Erweiterungen versuchen, mal diesen und mal jenen Mißstand zu beheben. Deutlich ist oftmals der Ursprung zu merken: Die meisten sind entstanden, weil irgendwer ein Problem hatte, das mit den herkömmlichen Batch-Befehlen nicht zu lösen ist.

PCMENU

PCMENU erzeugt einzig und allein Auswahlmenüs. Das Prinzip ist ähnlich wie bei ANTWORT.COM: Variablen können nicht übergeben werden.

Ansonsten ist natürlich PCMENU weitaus professioneller. Die Auswahl im Menü geschieht über die Eingabe einer Zahl oder eines Buchstabens – oder mit den Cursortasten; so etwas hat die Konkurrenz nicht zu bieten.

Das Menü kann durch einfache Koordinatenangaben beliebig auf dem Bildschirm positioniert werden und präsentiert sich in Farben nach Wunsch.

Die Menüeinträge werden in einer Datei gesammelt, die sich, wie unser Programmbeispiel zeigt, auch während des Ablaufs erzeugen läßt.

Ein netter Clou ist ein eigenes Fenster für Datum und eine mitlaufende Uhr, die sich auch so schalten läßt, daß sie sich zur vollen Stunde mit dem berühmten Big-Ben-Glockenschlag meldet.

Die Eissinger Utilities

Die Utilities des Herrn Michael A. Eissinger aus Hanford, Kalifornien (erwünschte Registriergebühr: 25 Dollar) sind eine Sammlung diverser Hilfsprogramme, zu denen auch eine Reihe von Batch-Erweiterungen gehört.

Benutzereingaben beschränken sich auf einen einzelnen Buchstaben oder die Ja/Nein-Alternative (die Auswertung erfolgt wie üblich über den ERRORLEVEL), wobei Zeichen automatisch in Großbuchstaben umgewandelt werden; das hilft Fehleingaben vermeiden.

Weil aber eben nur ein Zeichen erlaubt ist, beschränkt sich der Einsatz auf eine Menüauswahl mit vorgegebenen Befehlen, die keine Variablen erwarten.

Die Stärke und der Nutzwert der Eissinger Utilities liegt überhaupt bei der Menügestaltung.

Farben können definiert, der Cursor kann positioniert werden, und das alles etwas unkomplizierter als mit den üblichen PROMPT-Anweisungen. Zudem belastet das nicht den Umgebungsbereich.

Teile des Bildschirmes lassen sich löschen: oberhalb oder unterhalb einer Zeile, nur eine Zeile oder ein Rechteck.

Das erspart oft, den gesamten Bildschirm neu aufzubauen. (Gehässige Zungen könnten behaupten, dies sei schiere Notwendigkeit, da die Eissinger Utilities recht träge arbeiten.)

Einige Standard-DOS- und Batch-Befehle wurden umgeändert. TYPE in der Version Eissinger beispielsweise hält automatisch am Ende einer Bildschirmseite, zeigt den Text in Originalform oder wahlweise in Klein- oder Großbuchstaben und behält alle Farbattribute bei, was ebenso auf die PAUSE-Meldung zutrifft.

Der Befehl EKO, eine Variante von ECHO, kann unter Angabe der Zeilennummer Text aus einer Datei herausziehen und auf dem Bildschirm anzeigen.

Das erlaubt es, alle Bildschirmmeldungen in einer Datei abzulegen und sie nach Belieben in verschiedenen Batch-Programmen zu verwenden.

Schließlich können noch Datum und Zeit angezeigt, eine Tonfolge kann komponiert werden.

Die Abbildung zeigt ein mitgeliefertes Demo-Programm; der Ausschnitt aus dem Programmcode wurde um die erklärenden Kommentare bereinigt.

Fugue Utilities

Die Fugue Utilities erlauben Abfragen nach dem Ja/Nein-Muster oder die Eingabe eines einzelnen Zeichens, dessen ASCII-Wert dann über den ERRORLEVEL abgefragt wird (wie bei ANTWORT.COM).

Bei einem weiteren Utility ist eine Textfolge möglich, die aber dann auf umständliche Art gespeichert wird. Sie wird nämlich einer anderen, vorgegebenen Zeichenfolge angehängt, beides zusammen läßt sich dann in eine Datei umleiten, und wenn man der die Endung BAT gibt, kann man sie dann sogleich aufrufen.

Auch ein Ton kann erzeugt werden, aber nur einer, der dann dafür eine halbe Sekunde lang ist.

Trickreich ist EDITENV. Damit können Umgebungsvariablen auf verschiedene Weise manipuliert werden. Am Beispiel von PATH verdeutlicht: Ein neues Verzeichnis läßt sich vorne oder hinten anfügen oder kann ein anderes Verzeichnis im Pfad ersetzen. Ebenso kann ein Teil aus der PATH-Angabe herausgelöscht werden.

Auf der Diskette befindet sich auch ein kleiner Texteditor mit WordStar-kompatiblen Kommandos – ideal für die Erstellung und Bearbeitung von Batch-Dateien.

BatKit
Bildschirmdarstellung

Auszug aus dem Programmcode

```
%BDIR%\SAVEDIR %BDIR%
%BDIR%\GetKey /K"12345DPHLX-"/F"%BDIR%\MENU.GKF"/E
if errorlevel 88 goto STOP
if errorlevel 80 goto PRINT

getkey /w10/m"@H@T    #&1E  This is just an #&9Esample#&1E menu
```

BatMan
Bildschirmdarstellung

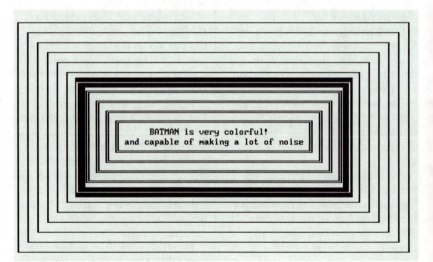

Auszug aus dem Programmcode

```
BACK(BLUE) BOX(1,1,80,24,SINGLE,SINGLE)
BACK(GREEN) BOX(3,2,76,22,SINGLE,SINGLE)
BACK(CYAN) BOX(5,3,72,20,SINGLE,SINGLE)
BACK(RED) BOX(7,4,68,18,SINGLE,SINGLE)
BACK(LIGHTGRAY) BOX(13,7,56,12,SINGLE,SINGLE)
GOTO(28,12) FOR(WHITE) WRITE(BATMAN is very colorful!)
PAUSE(2) GOTO(23,13) FOR(YELLOW) WRITE(and capable of making a lot of noise)
```

Farbenfroh und musikalisch

Bei vielen Batch-Hilfswerkzeugen legen die Programmierer ihre ganze Liebe in die Menügestaltung, wobei zu Farben offensichtlich auch Töne gehören müssen. Hier zwei Sammlungen, die kaum Wünsche offen lassen.

BatKit

Die kleineren Programme dieser Batch-Utility-Sammlung zuerst: WAIT hält ein Batch-Programm eine bestimmte Zeitspanne an, die konkret vorgegeben werden kann (von einer Sekunde bis 24 Stunden).

SAVEDIR speichert Laufwerk und Namen des aktuellen oder eines vorgegebenen Verzeichnisses als Umgebungsvariablen und ermöglicht es, auf einfache Weise zum ursprünglichen Standort zurückzukehren.

Das mächtigste Werkzeug ist GetKey, das vielerlei Funktionen vereint. Wer das Demo-Programm ablaufen läßt (ein ausgefeiltes Menü), ist tief beeindruckt.

Ein Blick in das Programmlisting zeigt allerdings, daß GetKey fast eine eigene Programmiersprache ist. Alle Möglichkeiten auszuschöpfen, erfordert Einarbeitung und wohl auch viele Fehlversuche.

Der Schwerpunkt liegt auch hier in der Menügestaltung. Der Menütext selbst wird in einer eigenen Datei gespeichert und mit speziellen Kommandos strukturiert.

Die Funktionsvielfalt von Get-Key ist immens. Eine Auswahl aus den Möglichkeiten:
☐ Sämtliche Tastatureingaben können abgefragt werden, auch die Funktionstasten.
☐ Eingaben sind in beliebiger Länge möglich, wobei die Länge auch begrenzt werden kann.
☐ Es kann auch definiert werden, daß eine Eingabe mit ⏎ beendet wird, ehe GetKey sie akzeptiert.
☐ Alle Rückmeldungen können von selbstdefinierten Tonfolgen begleitet werden. (Im Demo-Programm kann man Töne auch auf einfache Weise ausprobieren.)
☐ Datum und Zeit können eingeblendet werden, ebenso die Umgebungsvariablen.
☐ Der Videomodus kann umgeschaltet werden (bewirkt zum Beispiel Großschrift).
☐ Farbdefinitionen können in aller nur denkbarer Vielfalt erfolgen. Das geht bis hin zur Hervorhebung einiger Wörter, die dazuhin auch noch blinken können – wenn man es nicht vorzieht, den gesamten Bildschirm flackern zu lassen, und das auch noch in schnell wechselnden Farben.
☐ Text oder Grafik kann auch über den Bildschirm wandern, wobei die Bildschirmausgabe so schnell ist, daß tatsächlich der Eindruck einer Animation entsteht.

Wer das sieht, mag kaum glauben, daß das alles in eine normale Batch-Datei eingebunden werden kann. Ken Hipple, der Programmierer, hätte gern 25 Dollar für seine Mühen.

BatMan

BatMan ist eine dieser süffisanten Abkürzungen, für die die englischsprachige Welt ein Faible hat, und steht für »Batch Job Manager«.

BatMan dient vornehmlich der Menügestaltung in Batch-Dateien und hat daher folgendes zu bieten:
☐ Auswertung von Benutzereingaben, jedoch nur einzelne Zeichen oder Ja/Nein-Alternativen.
☐ Der Ablauf des Programms kann eine beliebige Zeitspanne lang angehalten werden.
☐ Musikalische Begleitung, wobei in BatMan differenzierter komponiert werden kann als beispielsweise mit dem BatKit. Die Anleitung hat sogar eine Tabelle mit den Codes für alle Töne vom tiefen A bis zum hohen C. Drei komplette Melodien sind gespeichert und abrufbar.
☐ Freie Positionierung von Textelementen und Cursor auf der Bildschirmfläche.

Dieser letzte Punkt ist einer der Stärken von BatMan. Auch hier können Bildschirm und Meldungen beliebig eingefärbt werden (das Demoprogramm präsentiert beispielsweise eine bildschirmgroße US-Flagge), können auch blinken, zudem lassen sich Fenster definieren.

BatMan ist vom Funktionsumfang und der Zielsetzung her mit BatKit zu vergleichen, kann nicht ganz so viel, ist aber einfacher zu handhaben.

Die Batch-Utilities im Vergleich

Programm	Textfolge speichern	1 Zeichen speichern	Ja/Nein	Farbwahl	Töne	Cursor-position	Bereich löschen	Fenster
PCMENU		x		x				x
GET	x	x	x					
EISSINGER		x	x	x	x	x	x	
FUGUE	x	x	x		x			
BatKit	x	x	x	x	x	x	x	x
BatMan		x	x	x	x	x	x	x
IFF	x	x	x					
Hacker		x			x			
Norton		x	x	x	x	x		x

Wer die Wahl hat ...

Die Dame Batch, die uns seit ihrem vielbestaunten Auftritt im ersten Kapitel an der Hand genommen und behutsam in ihre Geheimnisse eingeweiht hat, sie hat also Kinder und Enkel bekommen.

»Wie das bei Kindern so ist«, sagt der junge Autor (und denkt dabei an sich selber), »sie wollen alles besser machen als ihre Eltern.«

»Wohl wahr«, grummelt der Lektor (und denkt dabei an seine Bande zuhause). Und philosphiert: »Und trotzdem geht's der Menschheit nicht besser.«

Einige Minuten Stille. Nachdenkliche Stille. Der Lektor denkt: Der Junge ist begabt; wenn das mein Sohn wäre ... Der Autor denkt: Der ist ja bescheuert, der Alte; wenn das mein Vater wäre ...

Dann springt der Lektor jäh auf: »Junger Mann, lobenswert ... äh, will ich mal sagen, was Sie da so recherchiert haben. Aber es fehlt noch was!«

»Ehrenwort«, empört sich der Autor, »es ist alles drin. Mehr hat die Dame Batch nicht zu bieten. Sicher, man könnte dutzende, hunderte von Beispielen bringen, aber was soll's? Jetzt ist der Leser soweit, daß er sich selber zusammenbasteln kann, was er braucht.«

»Denken Sie an die Kinder! Die Kinder!« ruft der Lektor.

»Welche Kinder? Ich habe keine. Wenigstens weiß ich von keinen«, sagt der Autor, der seinen Vergleich mit den Kindern und Enkeln der Dame Batch schon längst wieder vergessen hat.

»Na, diese ... diese Enhan ... oder wie diese Dinger heißen.«

»Ach so, die! Klar, davon gibt es noch mehr. Aber sollen wir die denn alle beschreiben? Auch diejenigen, die nichts taugen?«

»Nein, nein«, beugt der Lektor vor, der an seine Druckkosten denkt (noch mehr Seiten! noch mehr Papier!). »Aber Sie sollten Ihren Lesern sagen ... äh, will ich mal sagen ... welche davon ... nicht wahr, und wofür sie sich entscheiden sollen.«

»Meinen Sie nicht, daß das als Produktwerbung mißverstanden werden könnte?«

Da hat er auch wieder recht, denkt der Lektor (der Junge ist wirklich begabt) und sagt: »Da haben Sie auch wieder recht. Aber mir können Sie's doch sagen. Hört ja sonst keiner.«

»Mal überlegen«, sagt der Autor. »Also, wenn Sie die Norton Utilities eh schon hätten, dann hätten Sie eigentlich schon ziemlich viel an zusätzlichen Batch-Möglichkeiten, so quasi im Vorübergehen.«

»Und wenn nicht?«

»Tja, dann haben Sie die Qual der Wahl. PCMENU ist immer empfehlenswert, da kriegen Ihre Menüs einen richtig professionellen Touch. Und das ist kinderleicht in jede Batch-Datei zu integrieren. Das schaffen sogar Sie.«

Das will er aber überhört haben, der Lektor. Um des lieben Friedens willen sagt er freilich nicht, was er gern gesagt hätte.

»Für Abfragen ist GET hervorragend geeignet«, fährt der Autor fort, »und genauso leicht einzubinden, etwas leichter sogar als IFF, das solches ja auch schafft. Sie können mit beiden beliebig langen Text abfragen und auswerten. BatMan kann das nicht, dafür kann man damit Meldungen sehr leicht auf dem Bildschirm positionieren und farblich hervorheben. Macht ganz schön Eindruck. BatKit kann das sogar noch besser, aber ist ziemlich kompliziert und für einen ...«, er zögert einfühlsam, »einen ... Anfänger vielleicht nicht ganz so geeignet.«

»Jeder fängt mal klein an«, sagt der Lektor in ungewohnter Selbsteinsicht und fühlt sich überhaupt nicht beleidigt.

»Und der Rest – naja, den kann man für Spezialaufgaben heranziehen.«

»Na, junger Mann, dann setzen Sie sich mal neben mich, und her mit dem Zeugs, und dann fangen wir an!«

»So einfach ist das nicht ...«

»Gemeinsam schaffen wir das!«

»Nein, das wiederum ist nicht so schwer, ich meine, Sie müssen sich bewußt sein, daß es sich hier zumeist um Shareware handelt.«

»Hat das was mit den Schären zu tun?« fragt der Lektor, der an seinen letzten Urlaub denkt.

»Schaun Sie mal, da haben sich Leute Mühe gemacht und geben ihre Programme trotzdem für sozusagen nichts her, aber dann erwarten sie wenigstens, daß man ihnen eine kleine Gebühr überweist, wenn man ihre Programme tatsächlich einsetzt.«

»Daran ... äh, will ich mal sagen, soll's nicht scheitern!« erklärt der Lektor großmütig. »Wird sofort überwiesen.«

So spendabel hat der Autor seinen Lektor noch nie erlebt. Naja, wenn's um Batch-Dateien geht ...

Erweiterte Batch-Befehle

Die wichtigsten Fachbegriffe

Arbeitsspeicher   Der innere Speicher Ihres Computers, in dem erst mal die Daten gespeichert werden, die Sie eintippen. Es handelt sich um einen »flüchtigen« Speicher, der die Informationen nur solange hält, wie er mit Strom vesorgt wird.
   Deshalb sollten Sie vor dem Ausschalten Ihre Daten auf einen nichtflüchtigen Speicher ablegen, also eine Diskette oder Festplatte.

ASCII-Code   (Engl. *American Standard Code for Information Interchange*) In diesem Code sind Buchstaben, Zahlen, Sonderzeichen und Steuerzeichen enthalten. Jedes Zeichen besitzt dabei eine ganz bestimmte Nummer. Über den ASCII-Code erfolgt der Austausch von Zeichen zwischen Tastatur, Bildschirm und Drucker.
   Sie können jedes Zeichen über seinen ASCII-Code eingeben, indem Sie die Taste [Alt] festhalten und dann den entsprechenden Code über den Ziffernblock eintippen.
   Nach Loslassen der Taste [Alt] erscheint das Zeichen am Bildschirm. Ob es auch gedruckt wird, hängt allerdings vom verwendeten Drucker ab.

ASCII-Datei   Eine Datei, die nur aus druckbaren Zeichen besteht und keine Steuerzeichen verwendet. Textprogramme erzeugen ASCII-Dateien, indem sie ihre Texte »unformatiert« speichern, der DOS-Editor macht das automatisch. Batch-Dateien müssen beispielsweise ASCII-Dateien sein.
   Und DOS kann eine ASCII-Datei mit seinem Befehl TYPE am Bildschirm zeigen.

AUTOEXEC.BAT   Die DOS-Startdatei, in der die ersten Befehle stehen, die das Betriebssystem beim Starten braucht. Hier werden Treiberprogramme geladen und Menüs aufgerufen oder spezielle Anpassungen vorgenommen.

Batch-Datei   Auch Stapeldatei genannt. Eine Aneinanderreihung von DOS-Befehlen, Programmaufrufen und speziellen Batch-Befehlen, die DOS selbsttätig und nacheinander ausführt. Sie müssen die Endung BAT haben. Die Startdatei AUTOEXEC.BAT ist zum Beispiel eine Batch-Datei.

Bildschirm   Sie sehen ihn vor sich, wenn Sie mit einem Computer arbeiten. Das wichtigste Anzeigemedium eines Computers, da er für die direkte Kommunikation zuständig ist.
   Es gibt eine Reihe von verschiedenen Anzeigearten, zum einen monochrom (einfarbig), zum anderen farbig. Außerdem eine Vielzahl von Anzeigestandards, die die Punktauflösung und die Anzahl Farben bestimmen (CGA, EGA, VGA).

Booten   Der Startvorgang des Computers. Wenn der Computer hängen bleibt und sich gar nichts mehr tut, muß man »neu booten«, also neu starten.

CGA   (Engl. *Color Graphic Adapter*) Grafikkarte mit einer geringen Auflösung von 320x200 Bildpunkten.

COM   Bezeichnung für eine serielle Schnittstelle.

CONFIG.SYS   Eine der beiden Startdateien, die DOS benötigt, um das System richtig in Gang zu setzen.

CPU   (Engl. *Central Processing Unit*) Die Zentraleinheit des Computers mit Prozessor und Laufwerken.

Cursor   Eine kleine Marke (Schreibmarke), die in Eingabezeilen die Stelle kennzeichnet, an der ein Zeichen erscheint, sobald Sie eines auf der Tastatur tippen.

Datei   Hierin werden Daten auf Diskette oder Festplatte gespeichert. Damit haben sie einen Namen und können unter diesem wiedergefunden werden.

Dateiname   Die Bezeichnung einer Datei, wie sie im Inhaltsverzeichnis erscheint. Ein Dateiname von DOS besteht aus zwei Teilen: dem eigentlichen Dateinamen mit maximal acht Zeichen und einem Zusatz (Namenserweiterung oder Endung) mit bis zu drei Zeichen. Die beiden Teile werden durch einen Punkt geteilt.

Dateizuordnungstabelle   Deutsche, deshalb zwar korrekte, jedoch umständliche Bezeichnung für die FAT, die *File Allocation Table*, das interne Verzeichnis für die Datenspeicherung.

Datum   Ihr Computer kennt normalerweise das aktuelle Datum, es nennt sich auch Systemdatum. Man kann es auf DOS-Ebene mit dem Befehl DATE einstellen.

Directory   Englische Bezeichnung für ein Verzeichnis: die Schublade, in der Dateien abgelegt werden.

Diskette   Eine flexible Magnetscheibe, auf der Daten gespeichert werden können. Es gibt verschiedene Größen, die jeweils unterschiedliche Diskettenlaufwerke benötigen.
   Ein relativ langsamer Langzeitspeicher, der meistens nur zur Ablage von Daten verwendet wird.

DOS   Das Betriebssystem, das Ihren Computer steuert und dafür zuständig ist, daß Sie richtig mit der Tastatur eintippen können und

177

alles richtig am Bildschirm erscheint. Es verwaltet auch den Arbeitsspeicher und die Langzeitspeicher wie Disketten und Festplatten.

Drucker Hier erhalten Sie Ihre Ausgaben auf Papier. Es gibt eine Vielzahl von verschiedenen Druckern wie Matrixdrucker und Laserdrucker. Je nach Druckeraufbau müssen sie verschieden bedient werden.

Druckertreiber Eine Datei, die den angeschlossenen Drucker steuert. In dieser Datei sind Steurzeichen (Codes) enthalten, die den Ausdruck steuern. Zusätzlich sind die für den Drucker verfügbaren Schriften sowie die Maße der einzelnen Zeichen enthalten. Druckertreiber sind nur bei Anwendungsprogrammen von Bedeutung.

DTP (Engl. *Desktop Publishing*) Darunter versteht man die Fähigkeit, vom Schreibtisch aus Texte zu setzen und zu gestalten. Diese Buchreihe wird zum Beispiel mit DTP-Programmen erstellt.

EGA (Engl. *Enhanced Graphic Adapter*) Erweiterte Grafikkarte mit einer Auflösung von 640x350 Bildpunkten. Diese Karte besitzt auf einem Farbbildschirm in etwa die gleiche Qualität wie die Hercules-Grafikkarte auf einem Monochrom-Bildschirm.

Einfügemodus Wenn Sie Zeichen an einer Stelle eintippen, wo dahinter noch welche stehen, werden diese eingeschoben und der Rest nach hinten verschoben.

Endung Der zweite Teil eines Dateinamens, von diesem durch einen Punkt getrennt. Die Endung darf aus höchstens drei Zeichen bestehen. Andere Bezeichnungen dafür, die alle das gleiche meinen: Erweiterung, Suffix oder – auf englisch – *Extension*.

Escape (Esc) Ein Steuerzeichen, das bei Druckern einen Befehl einleitet. Es gibt auch eine Taste mit diesem Namen, die meistens die Funktion eines Abbruchs hat. Dieses Steuerzeichen verwendet auch der PROMPT-Befehl.

FAT (Engl. *File Allocation Table*) Das interne Inhaltsverzeichnis einer Diskette oder Festplatte. Hier notiert sich DOS, in welchem Sektor und welcher Spur Daten gespeichert sind.

Festplatte Ein Langzeitspeicher wie eine Diskette, aber sehr viel schneller und für größere Datenmengen. Hier werden normalerweise die Daten abgelegt, die von einem Programm gespeichert werden.

Hauptspeicher Andere Bezeichnung für Arbeitsspeicher (s.d.).

Hercules-Grafikkarte (HGA = Hercules Graphic Adapter) Die Standard-Grafikkarte der meisten PCs. Sie besitzt eine Auflösung von 720x348 Bildpunkten und liefert für monochrome Monitore eine akzeptable Auflösung.

Interface (Schnittstelle) Der Ausgang eines Computers, an den zum Beispiel ein Drucker angeschlossen werden kann. Es gibt parallele und serielle Schnittstellen, die sich in Art und Geschwindigkeit der Übertragung von Daten unterscheiden. Für beide werden verschiedene Kabel und Stecker benötigt.

Joker Die beiden Zeichen ? und *, die an die Stelle beliebiger anderer Zeichen treten können.
Das macht es möglich, Dateien mit ähnlichen Namen für bestimmte Befehle zusammenzufassen oder herauszufiltern, z.B. beim Öffnen einer Datei im DOS-Editor. Statt Joker sagt man auch Wildcards oder Stellvertreterzeichen.

LPT Bezeichnung für eine parallele Schnittstelle.

Maus Ein Zeigegerät, daß an den Computer angeschlossen ist und in Anwendungsprogrammen (aber nicht auf der DOS-Befehlsebene, hingegen in der DOS-shell und im Editor) zur Markierung, zur Cursorbewegung und zum Zeichnen verwendet werden kann.

Namenserweiterung Andere Bezeichnung für Endung (s.d.).

Netzwerk Verbund mehrerer Rechner über Kabel. Die Daten werden dabei zentral auf dem sogenannten Server verwaltet und den einzelnen lokalen Stationen zur Verfügung gestellt. Das bekannteste PC-Netz stammt von der Firma Novell.

NLQ (Engl. *Near Letter Quality*) Bezeichnet bei Matrixdruckern eine Schrift, die fast Briefqualität besitzt. Die genaue Schriftbezeichnung ist dabei vom Drucker abhängig.

ON LINE Eine spezielle Taste beim Drucker, die bewirkt, daß der Drucker »an der Leine« ist oder nicht. Um vom Computer Daten empfangen zu können, muß diese Funktion eingeschaltet sein, was meistens durch ein Licht angezeigt wird.

Partition Die Unterteilung einer Festplatte in logische, das heißt nur vorgetäuschte Laufwerke.

Pfeiltasten Die Tasten →, ←, ↓ und ↑, die den Cursor auf dem Bildschirm zeichenweise bewegen.

Proportionalschrift Schrift, bei der die einzelnen Zeichen in unterschiedlichen Breiten gedruckt werden. Jedes Zeichen erscheint nur mit dem Raum, den es benötigt. Ein »w« ist breiter als ein »i«. Das

Gegenteil sind Schriften mit festem Zeichenabstand.

Schnittstelle   Der Ausgang eines Computers, an den zum Beispiel ein Drucker angeschlossen werden kann. Es gibt parallele und serielle Schnittstellen, die sich in Art und Geschwindigkeit der Übertragung von Daten unterscheiden. Für beide werden verschiedene Kabel und Stecker benötigt.

Sektor   Ein Bereich auf der Diskette oder Festplatte. DOS unterteilt diese Speichermedien in Spuren (konzentrische Kreise) und Sektoren (wie Tortenstücke). Damit kann genau festgehalten werden, wo Daten gespeichert werden.

Sicherungskopie   Die Kopie einer Datei, meist auf Diskette. Falls etwas falsch gemacht worden ist, kann auf die Sicherungskopie zurückgegriffen werden.

Speichern   Ein Dokument wird auf der Diskette/Festplatte abgelegt und kann von dort später jederzeit geladen werden.

Speichererweiterung   DOS kann nur 640 Kbyte Arbeitsspeicher verwalten. Weil das für viele Anwendungen nicht (mehr) ausreicht, kann man den Speicher ausbauen zu Expanded oder Extended Memory, braucht jedoch spezielle Dienstprogramme, um DOS auszutricksen.

Spur   Eine Diskette oder Festplatte oder Festplatte wird beim Formatieren in Spuren (konzentrische Kreise) und Sektoren (wie Tortenstücke) unterteilt, damit genau bestimmt werden kann, wo Daten gespeichert sind.

Stapeldateien   Eindeutschung von Batch-Dateien (s.d.).

Startdateien   Die beiden Dateien AUTOEXEC.BAT und CONFIG.SYS werden nach dem Start des Computers gelesen und verarbeitet und sorgen dafür, daß alles richtig funktioniert.

Stellvertreterzeichen   Andere Bezeichnung für Joker (s.d.).

Suffix   Andere Bezeichnung für Endung (s.d.).

Systemdateien   Zwei Dateien mit dem Namen IO.SYS und MSDOS.SYS (bzw. IBMBIO.SYS und IBMDOS.SYS in der IBM-Version PC-DOS), sozusagen das Herzstück des Betriebssystemes, ohne die nichts läuft.

Damit sie nicht aus Versehen gelöscht werden, sind sie versteckt und werden im Inhaltsverzeichnis nicht angezeigt.

Überschreibmodus   Wenn Sie Zeichen an einer Stelle eintippen, wo dahinter noch welche stehen, diese einfach über den Rest drübergeschrieben. Um sie nicht zu überschreiben, muß in den Einfügemodus umgeschaltet werden.

Verzeichnis   Verzeichnisse sind wie die Schubladen eines Schrankes. Alle Dateien, die zusammengehören, kommen in dasselbe Verzeichnis. Verzeichnisse können tief verschachtelt in mehreren Ebenen angelegt werden.

VGA   (Engl. *Video Graphic Adapter*) Der derzeitige Standard bei Farb-Grafikkarten mit einer Auflösung von 640x480 Bildpunkten. Es werden aber auch schon VGA-Karten mit höherer Auflösung angeboten.

Wildcards   Andere Bezeichnung für Joker (s.d.).

WYSIWYG   (Engl. *What you see is what you get*) So, wie man es am Bildschirm sieht, erscheint es später auch auf dem Drucker.

Zylinder   Hut ab: Zylinder sind Sektoren (s.d.) bei Festplatten.

A
Abbruch 63, 105
ANSI.SYS 135, 149
ANTWORT.COM 87, 125, 151, 161
ASCII-Text 25
ATTRIB 101
AUTOEXEC.BAT 143, 145

B
Batch-Befehle
– CALL 93, 145, 159
– CLS 109
– ECHO 53
– ERRORLEVEL 85
– FOR 89, 107, 123, 127
– GOTO 67, 109
– IF 75
– IF ERRORLEVEL 125, 153
– IF EXIST 81, 101
– PAUSE 63, 105
– REM 59
– SHIFT 71, 111
Beispielprogramme
– 0.BAT 157, 159, 161
– 1.BAT 157
– 2.BAT 157
– 3.BAT 157
– ADDPATH.BAT 33, 143
– ASCII.BAT 107
– AUFRUF.BAT 161
– AUTOPFAD.BAT 33, 143
– DATDIR.BAT 131
– DELDIR.BAT 99
– DELDIR2.BAT 111
– DELDIR3.BAT 111
– DELDIR4.BAT 113
– DKOPIE.BAT 133
– DOSMENUE.BAT 151
– F.BAT, 127
– FARBE.BAT 141
– KILL.BAT 123
– KILL2.BAT 123
– KILL3.BAT 125
– KO.BAT 161
– KOPIE.BAT 119
– KOPIE_A.BAT 117
– M.BAT 157
– MENUE.BAT 157
– MK.BAT 161
– MK_MEN.BAT 161
– MOVE.BAT 121
– MOVE_A.BAT 121
– NODIR.BAT 131
– REP.BAT 131
– TASTEN.BAT 137
– VE.BAT 161, 163
– X.BAT 131
– ZUR.BAT 161
– ZURUECK.BAT 157, 159
– ZV.BAT 161

C
COPY CON 27
Cursor positionieren 157

D
Dateien löschen 101
Dateien verschieben 121
Dateifilter 43
Disketten kopieren 133
DOS-Shell 37

E
Editor 35
– Befehle wählen 41
– Dateien öffnen 43
– Dateifilter 43
– Dialogfenster 41
– drucken 49
– Hilfestellung 41
– Maus 41
– Menüleiste 41
– Parameter beim Start 39
– Suchen und ersetzen 49
– Text markieren 45
– Textmarken 45
– Verzeichnis auswählen 43
– Verzeichnisliste 43
– Zwischenablage 45
– F1 41
– Entf 45
– ⇧+Einfg 45
– ⇧+Entf 45
– Strg+Einfg 45
EDLIN 45
Escape 137

F
Farben zuweisen 141
Fehleingaben abfangen 103
Filter 103
FIND 131
FORMAT 127
Formatieren ohne Risiko 127

G
Grafikmodus 41
Grafikzeichen 107

I
Inhaltsverzeichnis selektieren 131

K
Kommentar 117

L
Leerzeilen 107
Linien 107
Löschen mit Bestätigung 123

M
Mauszeiger 41
Mehrere Dateien kopieren 117
Mehrere Dateien löschen 123
Menü 151
MORE 113

N
NUL 63, 81, 101, 119

P
PATH 29, 143
Pfad ergänzen 143
Programmhierarchie 23
PROMPT 137, 157
Pseudo-Einheit 63, 81

Q
QBasic 35

R
Rahmen 107
REPLACE 131

S
SET 119
Sprungmarke 67
Systemmeldungen abfangen 103

T
Tasten belegen 137
Textmodus 41

U
Umgebungsbereich vergrößern 139
Umgebungsvariable 119, 139
Umleitungen 63
Unformatiert speichern 25
Unterprogramme 161

V
Variablen 71
Verzeichnis löschen 99
Verzeichnis prüfen 119
Verzeichnis überprüfen 101
Verzeichnisliste 43

W
Wahrheitswerte 75

X
XCOPY 131

Z
Zwischenablage 45

So geht's!
Lösungen für Anwender

Eine Reihe aus dem Markt&Technik Verlag
Jeder Band DM 39,80
Stand: Mai 1992

Word 5.0	**Sonderausgabe (MT 91298)** Drei Bände So geht's! für DM 89,00 **Starthilfen** Aller Anfang ist schwer. Nicht aber, wenn Sie wissen, wie man Befehle wählt, Text erfaßt, überarbeitet, gestaltet und schließlich auch zu Papier bringt. **Korrespondenz** Die private und geschäftliche Korrespondenz spielend erledigen. Gestalten von Briefformularen, Anpassung an bestehende Formulare, Textbausteine, Dokumentenverwaltung und vieles mehr. **Formulare und Tabellen** Wie werden Tabellen und Listen richtig gesetzt und Formulare erstellt? Wie sortiert, numeriert und druckt man? Wie kann man mit Rahmen, Linien und Rastern gestalten? Wie helfen Makros, Textbausteine und Druckformatvorlagen bei der Arbeit?
DOS 3.3	**Starthilfen (MT 90992)** Die DOS-Shell und wie man sie richtig nutzt. Keine Angst vor DOS-Befehlen! Alles, was der Anfänger braucht, um sein System zu beherrschen und anzupassen. Wie man Dateien am besten verwaltet, erstellt und druckt. **Batch-Dateien (MT 90993)** Die Batch-Befehle und ihre Anwendung in der Praxis. Komplette Lösungen zur individuellen Anpassung. Vorstellung einiger Hilfprogramme mit erweiterten Batch-Befehlen.
DOS 5.0	**Starthilfen (MT 91123)** Die DOS-Shell und wie man sie richtig nutzt. Keine Angst vor DOS-Befehlen! Alles, was der Anfänger braucht, um sein System zu beherrschen und anzupassen. Wie man Dateien am besten verwaltet, erstellt und druckt. **Arbeiten mit der Festplatte (MT 91124)** Intelligente Verzeichnisstrukturen machen die Arbeit leichter und DOS schneller. Strategien zur Datensicherung: Gefeit gegen unliebsame Überraschung. Was man tun muß in Problemfällen.
Windows 3.0	**Starthilfen (MT 91122)** Maus, Fenster, Menüs und alles drumherum. Die Arbeit mit dem Programm- und dem Datei-Manager. Windows optimal anpassen und effektiv nutzen.

Windows 3.1	**Starthilfen (MT 91315)** Maus, Fenster, Menüs und alles drumherum. Die Arbeit mit dem Programm- und dem Datei-Manager. Windows optimal anpassen und effektiv nutzen. **Schreibtisch-Organisation (MT 91126, 3. Quartal 1992)** Schreiben mit Write, Malen mit Paintbrush. Wie man die Windows-Hilfsprogramme am besten einsetzt. Noch mehr Nutzen: ein Überblick über billige Windows-Zusatzprogramme.
Word 5.5	**Starthilfen (MT 91096)** Aller Anfang ist schwer. Nicht aber, wenn Sie wissen, wie man Befehle wählt, Text erfaßt, überarbeitet, gestaltet und schließlich auch zu Papier bringt. **Korrespondenz (MT 91144)** Die private und geschäftliche Korrespondenz spielend erledigen. Gestalten von Briefformularen, Anpassung an bestehende Formulare, Textbausteine, Dokumentenverwaltung und vieles mehr. **Formulare und Tabellen (MT 91203)** Wie werden Tabellen und Listen richtig gesetzt und Formulare erstellt? Wie sortiert, numeriert und druckt man? Wie kann man mit Rahmen, Linien und Rastern gestalten? Wie helfen Makros, Textbausteine und Druckformatvorlagen bei der Arbeit?
Word für Windows 2.0	**Starthilfen (MT 91314)** Aller Anfang ist schwer. Nicht aber, wenn Sie wissen, wie man Befehle wählt, Text erfaßt, überarbeitet, gestaltet und schließlich auch zu Papier bringt. **Korrespondenz (MT 91313, 3. Quartal 92)** Die private und geschäftliche Korrespondenz spielend erledigen. Gestalten von Briefformularen, Anpassung an bestehende Formulare, Textbausteine, Dokumentenverwaltung und vieles mehr. **Formulare und Tabellen (MT 91326, 3. Quartal)** Wie werden Tabellen und Listen richtig gesetzt und Formulare erstellt? Wie sortiert, numeriert und druckt man? Wie kann man mit Rahmen, Linien und Rastern gestalten?
Works für Windows	**Starthilfen (MT 91312)** Die grundlegende Arbeitsweise von Works für Windows. Was Sie mit der Textverarbeitung, der Tabellenkalkulation und der Datenbank machen können. **Adreßverwaltung und Korrespondenz (MT 91332)** Die private und geschäftliche Korrespondenz spielend erledigen. Gestalten von Briefformularen, Anpassung an bestehende Formulare, Textbausteine, Dokumentenverwaltung und vieles mehr. Adreßbestände für die Korrespondenz nutzbar machen. **Rechnen, Auswerten, Präsentieren (MT 91343)** Was ist ein Arbeitsblatt, was steht drin? Wie wertet man Daten aus? Wie macht man Zahlen durch Diagramme anschaulicher?

Works 2.0 **Starthilfen (MT 91111)**
Die grundlegende Arbeitsweise von Works.
Was Sie mit der Textverarbeitung, der Tabellenkalkulation und der Datenbank machen können.
Adreßverwaltung und Korrespondenz (MT 91108)
Die private und geschäftliche Korrespondenz spielend erledigen.
Gestalten von Briefformularen, Anpassung an bestehende Formulare, Textbausteine, Dokumentenverwaltung und vieles mehr.
Adreßbestände für die Korrespondenz nutzbar machen.
Rechnen, Auswerten, Präsentieren (MT 91202)
Was ist ein Arbeitsblatt, was steht drin? Wie wertet man Daten aus? Wie macht man Zahlen durch Diagramme anschaulicher?

WordPerfect 5.1 **Starthilfen (MT 91175)**
Aller Anfang ist schwer. Nicht aber, wenn Sie wissen, wie man Befehle wählt, Text erfaßt, überarbeitet, gestaltet und schließlich auch zu Papier bringt.
Korrespondenz (MT 91174)
Die private und geschäftliche Korrespondenz spielend erledigen.
Gestalten von Briefformularen, Anpassung an bestehende Formulare, Dokumentenverwaltung und vieles mehr.
Formulare und Tabellen (MT 91203)
Wie werden Tabellen und Listen richtig gesetzt und Formulare erstellt? Wie sortiert und druckt man? Wie kann man mit Rahmen, Linien und Rastern gestalten? Wie helfen Makros und Styles bei der Arbeit?

WordPerfect für Windows **Starthilfen (MT 91204, 3. Quartal 1992)**
Aller Anfang ist schwer. Nicht aber, wenn Sie wissen, wie man Befehle wählt, Text erfaßt, überarbeitet, gestaltet und schließlich auch zu Papier bringt.
Korrespondenz (MT 91206, 3. Quartal 1992)
Die private und geschäftliche Korrespondenz spielend erledigen.
Gestalten von Briefformularen, Anpassung an bestehende Formulare, Dokumentenverwaltung und vieles mehr.

Excel 3.0 **Starthilfen (MT 91109)**
Was ist denn eigentlich ein Arbeitsblatt und was steht drin?
Grundwissen über Starten, Beenden, Bildschirmanzeigen und Hilfe sollte man haben. Außerdem finden Sie hier alles vom Eintragen von Daten über Rechnen und Formate bis zum Drucken.

Excel 4.0   **Starthilfen (MT 91110)**
Was ist denn eigentlich ein Arbeitsblatt und was steht drin?
Grundwissen über Starten, Beenden, Bildschirmanzeigen und Hilfe sollte man haben. Außerdem finden Sie hier alles vom Eintragen von Daten über Rechnen und Formate bis zum Drucken.
Abrechnungen (MT 91278, 3. Quartal 1992)
Kassenabrechnung, Reisekosten, Autokosten: Wie Excel Ihre Abrechnungen fast selbst macht.
Sie passen die Abrechnung auf Ihre eigenen Bedürfnisse an.
Um das Maß voll zu machen, automatisieren Sie einiges noch mit Makros: jetzt geht's noch automatischer.
Präsentationen (MT 91278, 3. Quartal 1992)
Diagramme machen Zahlen anschaulicher.
Alles auf einer Seite: Diagramme, Tabelle, Beschriftungen.
Wie man Tabellen und Diagramme aussagekräftig gestaltet.

Lotus 1-2-3, Version 3.1   **Starthilfen (MT 90988)**
Was ist denn eigentlich ein Arbeitsblatt und was steht drin?
Grundwissen über Starten, Beenden, Bildschirmanzeigen und Hilfe sollte man haben. Außerdem finden Sie hier alles vom Eintragen von Daten über Rechnen und Formate bis zum Drucken.